▲ 图1-7（正文第13页） 七宝棉纺织馆中的木制弹弓

▲ 图1-10（正文第15页） 黎族腰织机

◀ 图1-15（正文第20页）
《捣练图》中的妇人

◀ 图2-1（正文第37页）
海南的黎族小搅车

▲ 图1-16（正文第20页） 《虢国夫人游春图》中的妇人

▲ 图2-7（正文第40页）　黄道婆纪念馆中的弹弓

▲ 图2-9（正文第41页） 单锭棉纺车

▲ 图2-10（正文第41页） 三锭棉纺车

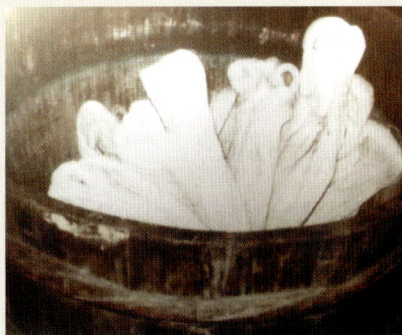

▲ 图2-15（正文第44页） 浆好的棉纱（七宝棉纺织馆）

▲ 图2-16（正文第45页） 平纹斜织机（黄道婆纪念馆）

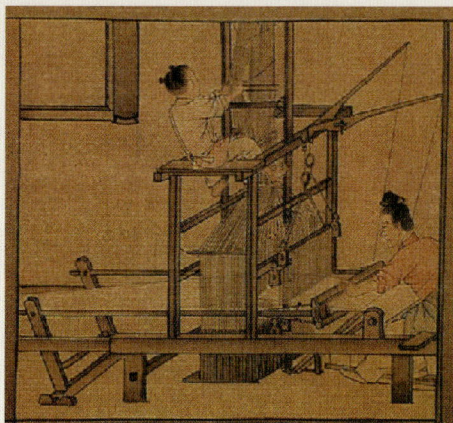

▲ 图2-17（正文第45页） 小花楼提花织机（《蚕织图》）

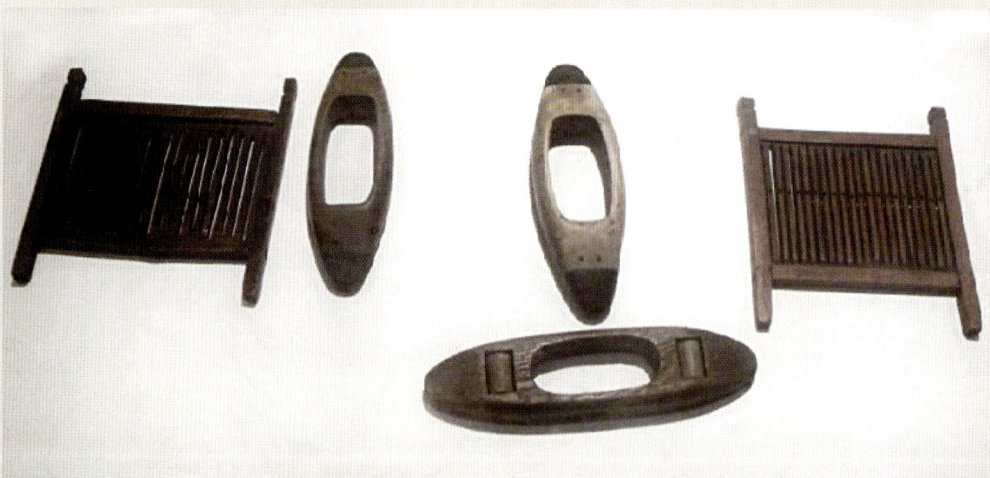

▲ 图2-18（正文第46页） 梭子和织带提综装置

▲ 图2-19（正文第47页） 织带机的操作

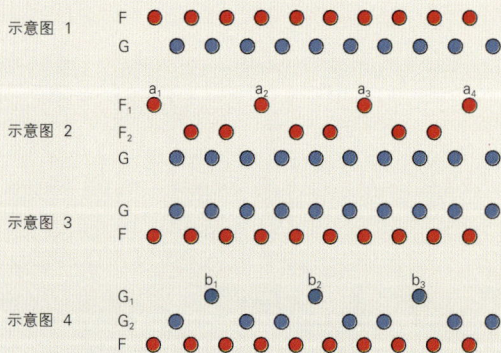

▲ 图2-21（正文第49页） 原始腰机经线局部正面分层图

▲ 图3-1（正文第67页） 夹缬蓝印花布

◀图3-4（正文第69页） 吉庆有余

◀图3-6（正文第69页） 凤穿牡丹

▲ 图3-9（正文第70页） 福在眼前包袱布

▲ 图3-10（正文第70页） 蓝印花布帐檐

▲ 图3-8（正文第70页） 平安富贵门帘

▲ 图3-11（正文第70页） 福禄长寿肚兜

▲ 图3-12（正文第71页） 蓝印花布的衣服图案

▲ 图3-14（正文第72页） 麒麟送子

▲ 图3-15（正文第72页） 狮子滚绣球

▲ 图3-16（正文第73页）　四君子

▲ 图3-17（正文第73页）　刘海戏金蟾

▲ 图3-19（正文第74页）　蓝底花版

▲ 图3-20（正文第75页） 白底花版

▲ 图3-21（正文第75页） 龙凤呈祥剪纸

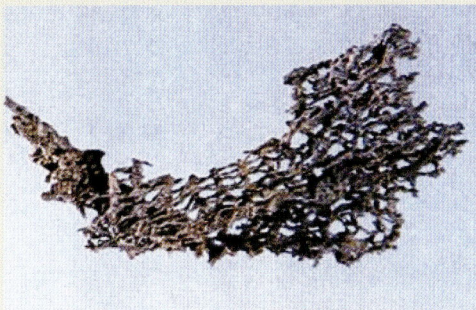
▲ 图4-2（正文第89页）　罗织物（河南荥阳青台村）

▲ 图4-3（正文第89页）　半个茧壳（山西夏县西阴村）

▲ 图3-22（正文第75页）　断刀形成的凤

▲ 图3-23（正文第77页）　喜上眉梢剪纸

▲ 图3-25（正文第77页）　凤戏牡丹剪纸

▲ 图3-26（正文第77页） 麒麟送子蓝印花布

▲ 图3-27（正文第77页） 福寿眼前剪纸

▲ 图4-4（正文第90页） 上海徐浦黄道婆纪念馆中的织机

▲ 图4-9（正文第106页） 早期珍妮纺纱机

▲ 图4-10（正文第106页） 改进后的珍妮纺纱机

▲ 图5-1（正文第123页） 黄道婆纪念馆中的康新琴

▶图5-2（正文第127页）
黄道婆纪念馆

▲图5-3（正文第130页）　上海七宝棉织坊

▶图5-7（正文第136页）
"纺织图"

▶图5-8（正文第137页）
"年年有余"系列饰品

▲ 图5-9（正文第137页） "喜相逢桌旗系列"

▲ 图5-11（正文第139页） 蓝底白花蓝印花布

▲ 图5-12（正文第141页） 2013 年Valentino秋冬成衣系列

（a）

（b）

▲ 图5-13（正文第141页） 2009年Dior青花瓷系列女装

▲ 图5-14（正文第142页） 蓝印花布框式构图在现代女装中的运用　　▲ 图5-15（正文第142页） 散花式构图在旗袍中的运用

▲图5-16（正文第143页） 蓝印花布花版作为女装腰部的装饰

▲图5-17（正文第144页） 填充手法

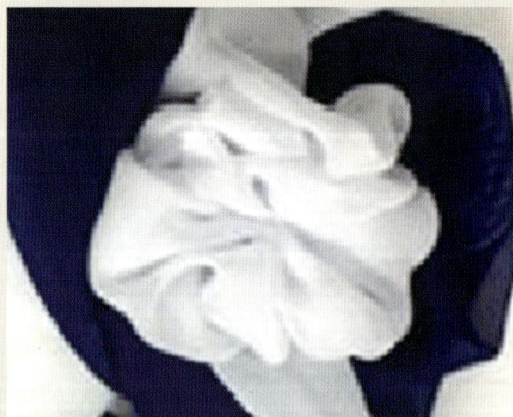

▲图5-18（正文第144页） 多层覆盖手法

纺织服装传统文化与技艺丛书

武汉纺织大学学术著作出版基金资助出版

黄道婆文化的历史解构与当代建构

刘安定　李　斌　邱夷平 ◎ 著

李艳芳

梁文倩 ◎ 绘图

中国纺织出版社有限公司

内 容 提 要

本书站在长三角地区传统棉染织史的维度，运用调查研究法、文献研究法以及比较研究法，对黄道婆文化的产生背景、萌芽与发展的嬗变过程进行系统深入的研究。全书分为文化起源篇、技术内核篇、社会外延篇、保护传承篇四部分。文化起源篇、技术内核篇构成了黄道婆文化的历史解析部分，主要从黄道婆文化的两大核心传统棉染织技术——上海乌泥泾棉纺织技术与南通蓝印花布印染技术的起源与技术进行详细的解析，还原其物质本原；社会外延篇与保护传承篇构成黄道婆文化的当代建构部分。最后提升至染织类非物质文化遗产传承保护策略层面，形成规律性的结论。

本书图文并茂、史论结合，是一本研究棉染织类非物质文化遗产与文化的专业参考书籍。

图书在版编目（CIP）数据

黄道婆文化的历史解构与当代建构／刘安定，李斌，邱夷平著 . -- 北京：中国纺织出版社有限公司，2022.11

（纺织服装传统文化与技艺丛书）

ISBN 978-7-5180-9833-0

Ⅰ.①黄…　Ⅱ.①刘…②李…③邱…　Ⅲ.①黄道婆（约1245-？）—人物研究　Ⅳ.①K826.16

中国版本图书馆 CIP 数据核字（2022）第 163998 号

责任编辑：宗 静　　　特约编辑：韩翠娟
责任校对：楼旭红　　　责任印制：王艳丽

中国纺织出版社有限公司出版发行
地址：北京市朝阳区百子湾东里 A407 号楼　邮政编码：100124
销售电话：010—67004422　传真：010—87155801
http://www.c-textilep.com
中国纺织出版社天猫旗舰店
官方微博 http://weibo.com/2119887771
北京通天印刷有限责任公司印刷　各地新华书店经销
2022 年 11 月第 1 版第 1 次印刷
开本：787×1092　1/16　印张：12　彩插：24
字数：200 千字　定价：98.00 元

感谢下列项目和组织的大力资助：

武汉纺织大学学术著作出版基金

湖北省非物质文化遗产研究中心（武汉纺织大学）

湖北省服饰艺术与文化研究中心（武汉纺织大学）

武汉纺织服装数字化工程技术研究中心

江西服装学院

湖北省科学技术史学会

前言

本专著的学术价值在于站在长三角地区传统棉染织史的维度，运用调查研究法、文献研究法以及比较研究法对黄道婆文化的产生背景、萌芽与发展的嬗变过程进行研究。不仅全面解析黄道婆文化的本质（工匠精神、民族交流与合作），而且从技术内核、文化外延两个方面进行解析，总结出黄道婆文化形成的因素与规律，为当代工匠精神的传承与民族交流合作提供场域建构的启示。本专著的应用价值在于以黄道婆文化的历史解析为基础，其目的在于当代传统棉染织技术的传承与保护场域的建构，发掘黄道婆文化中的工匠精神以及提取传统棉染织技艺中的优秀元素，为上海与海南两地的黄道婆文化合作建设提供有益的建议，实现两地在黄道婆文化建构上的共赢。

目前，学术界将黄道婆文化限定在棉纺织文化的范畴，且将研究的精力投放在黄道婆的籍贯、身份及与黎族的关系等"黄道婆身世经历问题"上。笔者认为，一方面，黄道婆文化不仅仅是长三角地区传统棉纺织文化，同时还应包括该地区的棉印染文化，毕竟，黄道婆所创造的上海乌泥泾棉纺织技术后续工序是蓝印棉花布，它们共同推进了长三角地区地域文化的形成，因此，将南通蓝印花布技术并入黄道婆文化合情合理，凸显文化外延的特性；另一方面，将元明时期的学者都未能明确"黄道婆的身世经历问题"进行重新研究，其结论的科学性受到质疑。显而易见，目前大多数学者所做的研究是对黄道婆的历史记载和民间传说的推论和演绎，辉格史观严重。对黄道婆文化的研究应跳出这种毫无结果的怪圈，站在黄道婆文化本质的高度，从其产生的基础和条件出发，全面考察黄道婆文化的技术内核和社会外延，探究其从地方性染织知识到染织文化的嬗变，从而解读黄道婆文化对地域文化的深刻影响。

本专著的研究内容主要是对黄道婆文化从起源、内核、本质、外延四方面进行解构，分析归纳出海南黎族传统棉纺织技术到黄道婆文化的嬗变因素，以及南通蓝印花布印染技术的产生与发展规律，建构出当代传统棉染织技术传承与保护场域，促进传统文化弘扬与复兴。本专著得到如下基本观点：（1）黄道婆文化的内核与外延的解构。①乌泥泾棉花加工器具（搅车、弹弓）和纺车是在黎族棉花加工工艺及纺车的基础上改进性地继承与发展，极大地提高了棉花去籽和纺棉的效率；②乌泥泾棉织技术是由黄道婆及后继者创新性的发明，完全超越黎族的棉织技术；③从黄道婆文化的外延上看，黄道婆文化在形成过程中深刻地影响着长三角地区地域文化的形成。向内方面，黄道婆文化通过祭祀、礼仪、表演等方式不断强化其内核（棉纺织技术）的传播与发展。向外方面，黄道婆文化提高了长三角地区妇女的地位，重新构建出极具特色的地域文化；（2）黄道婆崇拜与嫘祖崇拜的比较分析。笔者认为：嫘祖是以自上而下的路径完成其作为"先蚕"的崇拜，即官方祭祀和崇拜→民间祭祀和崇拜→丝纺织文化。黄道婆则完全相反，由自下而上的路径完成其作为"先棉"的崇拜，即民间崇拜和祭祀→官方崇拜和祭祀→棉纺织文化。另一方面，她们之间的差异性（技术发明可信度和崇拜区域的巨大差异）是由各自身份的这一特征所决定的。首先，身份的悬殊导致技术创造发明可信度的巨大差异，即黄道婆卑贱的身份是其技术创造发明的可信度远高于身份高贵的嫘祖的主要原因。其次，身份的差异→文化象征的差异→影响区域的差异，即嫘祖崇拜祭祀主要源于政治因素，黄道婆最初的崇拜祭祀则主要源于经济因素，文化象征意义的不同是导致她们的崇拜区域差异性的根本原因；（3）黄道婆文化不断建构的过程。后世有关黄道婆的事迹传说均是在《南村辍耕录》中不足百字的基础上重新创作和建构的，并且明显反映了时代的特征，上海地区有关黄道婆的传说建构充分反映了这一点，如黄道婆身世道姑说、童养媳说等。此外，黄道婆在海南的传说也充分说明了文化是被建构的精神产品。黄道婆在海南崖州水南村传说的产生机制充分反映了每一段没落的记忆可能在特定情况下重新走进人们的视野，并能进一步影响社会。因此，过去是由社会机制存储和解释的。

黄道婆文化的历史解构与当代建构

文化起源篇

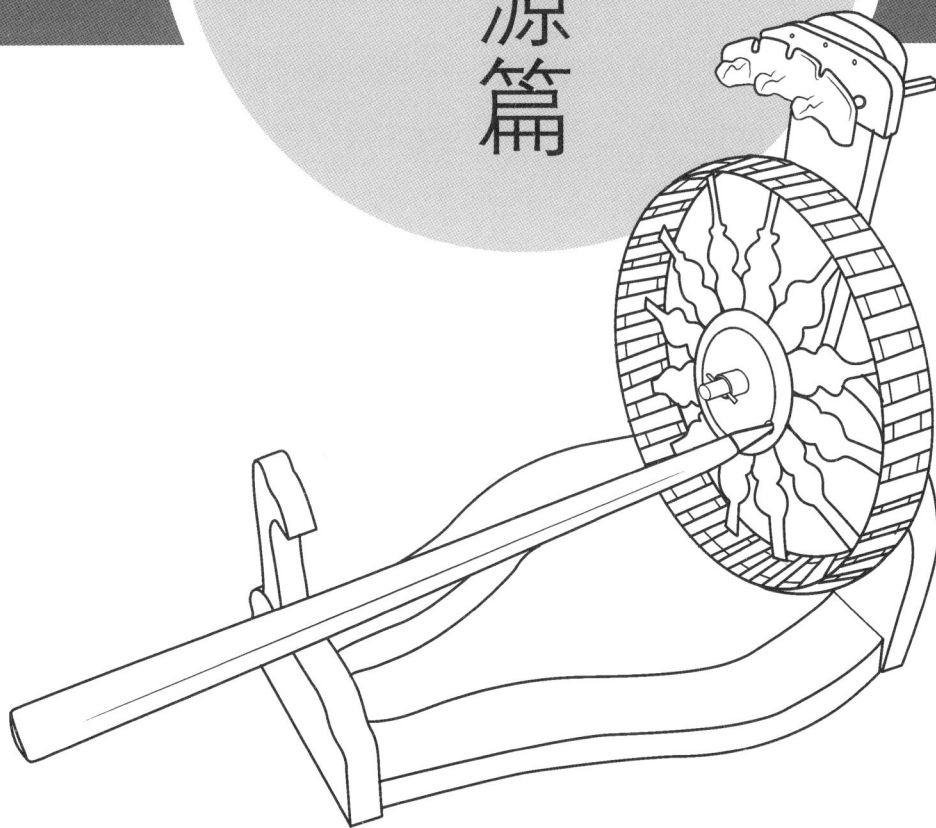

黄道婆文化是在宋元之际上海松江乌泥泾地区独特的自然、社会、经济环境背景下产生的。海南黎族棉纺织技术向长三角地区传播与发展是历史的必然，即使没有黄道婆的出现，类似上海乌泥泾传统棉纺织技艺也会在长三角地区产生与发展。在黄道婆出现在乌泥泾之前，植棉、纺棉、织棉就已经在长三角地区开始传播，充分说明了这一事实。限于闽广地区传播到长三角地区的棉纺织技术较为落后，并没有产生深远的影响。上海乌泥泾地区土地贫瘠、人口众多，水稻的种植不足以使当地人生活富足。同时，随着中国古代经济中心的南移，长三角地区承受了较大比例的赋税，促进了长三角地区人民能够接受新事物，具有开放创新的意识。黄道婆来到上海乌泥泾传播并革新棉纺织技术，必然得到当地人民的响应与支持，从而使更加先进的传统棉纺织技术能够在长三角地区得到广泛流传。此外，棉布的出现又为棉布印染技术的发展提供了机遇，南通蓝印花布印染技术应时而生，发展迅速。从棉布到蓝印花布，极大地促进了长三角地区普通老百姓经济环境的改善。黄道婆去世后，当地人民开始崇拜与祭祀对当地经济发展起到至关重要的人物，通过各种活动与神话对黄道婆文化进行建构，并将其文化特征深深地植入长三角地区的区域文化中。

黄道婆文化的因果解析

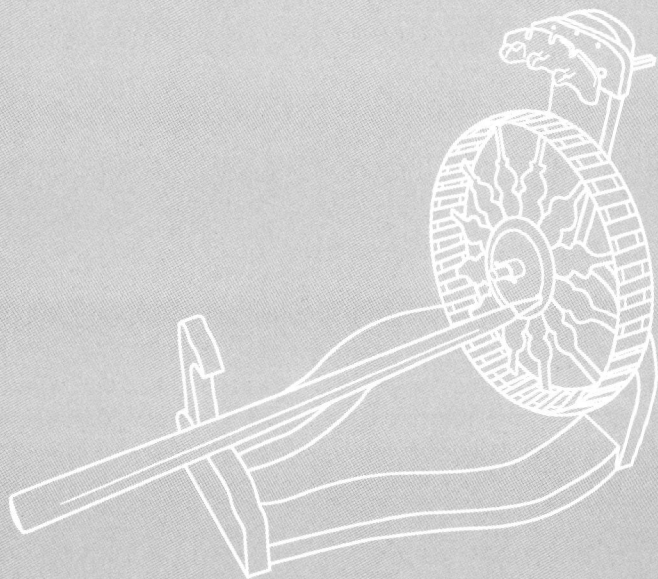

众所周知，任何一种文化的产生都是其内在因素与外在因素相互作用而产生的，黄道婆文化也不例外。黄道婆文化的产生与发展是历史的必然性与偶然性的完美体现，其历史必然性是植棉与织棉技艺向中国北方传播与发展的历史趋势，不以个人的意志为转移。即使历史上没有出现黄道婆本人，也会出现类似黄道婆式的人物来推进棉纺织业在全中国的蓬勃发展。而黄道婆文化产生与发展的历史偶然性则是在棉纺织业向长流域推进的历史背景下产生，黄道婆应势而出，开创了以自己名字命名的文化。

第一节　黄道婆文化产生的内外史因素分析

"海上丝绸之路"是中国与世界其他国家、地区进行政治、经济以及文化交流的海上航线，它与"陆上丝绸之路"有着异曲同工之处，同时又具有规模庞大、航线易变的特点。它萌芽于商周（公元前1600～公元前256年），发展于春秋战国（公元前770～公元前221年），形成于秦汉（公元前221～公元220年），兴于唐宋（618～1279年），转变于明清（1368～1911年）[1]。按其航线的走向看，它由两大干线组成，一是东海航线，即由中国通往朝鲜半岛及日本列岛的海上航线；二是南海航线，即由中国通往东南亚及印度洋地区的海上航线。众所周知，中国在宋代（960～1279年）以前汉族聚居区的衣料主要是丝、麻织物，棉织物只能作为稀罕物为皇室、官僚、豪族等统治阶级所享用。宋代之后，棉花、棉布开始频繁出现在中国史料和官府的文书中，到了明代棉布甚至取代了麻布，成为中国平民百姓的主要衣料。中国棉纺织技术的产生、萌芽和发展与"海上丝绸之路"有着密切的关系。目前学术界对"海上丝绸之路"的研究比较多，但对"海上丝绸之路"与中国棉纺织技术传播的探究却比较少见，且不够系统。仅有司徒尚纪、许桂灵[2]明确地将"海上丝绸之路"与中国棉纺织技术的产生与发展联系起来。他们仅从元代（1271～1368年）纺织专家黄道婆（1245～约1330年）技术人生的角度与"海上丝绸之路"联系起来，并未从中国棉纺织史的角度进行系统的研究。因此，笔者认为，很有必要从植棉技术与棉纺织技术两维的角度对它们与"海上丝绸之路"的关系进行深入的研究。

一、棉种传入中国的海上路线

笔者认为，亚洲棉种以及植棉技术传入中国南方路线应该由一条陆上中印通道和海上多条扩展路线构成，中印陆上通道是"海上棉花之路"的基石，正是借助"海上丝绸之路"的便利，棉种及植棉技术得以在中国内地广泛传播。

1. 滇西中印通道为"海上棉花之路"奠定了坚固的基石

早在汉代（公元前202～公元8年，23～220年）初年，中国就已经存在着一条通往印度阿萨姆的捷径，即由四川经滇西哀牢夷聚居区（今保山、永平两县），通过缅甸北部进入印度阿萨姆邦。据《后汉书》中对哀牢夷的记载："土地沃美，宜五谷蚕桑，知染采文绣，罽毲帛叠，兰干细布，织成文章如绫锦"[3]。而帛叠与兰干细布都是棉织品[4]，说明了至少在汉代云南棉织物已经成为当地人日常生活中的必需品。同时，有确切的证据证明植棉与棉纺织技术在汉武帝（公元前156～公元前87年，在位公元前141～公元前87年）时期曾经在蜀郡得到广泛流传，甚至由于品质较高还返销回印度和阿富汗。公元前122年，张骞（公元前164～公元前114年）出使西域归国时提及在大夏国（今阿富汗）见到过蜀布（白叠布）。而据众多学者的考证，张骞所见到的蜀布是蜀郡商人经过滇越，贩运到印度，再转卖到大夏国的[5]。

笔者认为，在航海技术不够发达的秦汉时期，正是有了这条从中国云南经缅甸联结印度阿萨姆邦的通道，才能将棉花及植棉技术输送到中国西南边疆地区，并在此生根发芽，为"海上棉花之路"奠定了坚实的基础。主要有以下两点原因：①亚洲棉的发源地是印度的阿萨姆邦，该地属于亚热带季风气候，降水量丰富、气温舒适，非常适合木本亚洲棉（图1-1）的生长，中国云南地区的纬度和气候与印度阿萨姆较为类似，有利于木本亚洲棉移植；②秦汉时期，在中印之间就已形成了一个畅通便利的海路网络，但那时西航印度半岛需要十个月的时间，通过航海路线将木本亚洲棉棉种带到中国沿海地区显然不合适。一方面，古代作物栽培一般是沿着陆路或海岸线缓慢接力式地传播，很少进行点对点式的传播，其主要原因在于作物对于气候非常敏感，只有当作物适应了传播第一站的气候才能进行第二站的传播；另一方面，古代通过航海线传播的作物要想获得成功，必然要有优于本地作物的特征。众所周知，最初棉花的采摘、去核工序所花的人力比起葛麻作物的杀青、绩接等工艺并不占有任何优势。因此，在棉花去核工艺的效率没有提高的状态下，植棉想要得到广泛传播几乎是不可能的。综上所述，木本亚洲棉的传播开始必然是通过中印之间业已存在的陆上通道缓慢地传播至中国云南境内，并试图向西川和向东两条陆路发展，向西川发展的那一支

▲ 图1-1　木棉

▲图1-2 新型亚洲棉

受到丝织工业的抵制，向东发展则未遭遇重大阻力[6]。由此可知，植棉向东蔓延的结果必然是发展到中国以及中南半岛的沿海地区，从而为"海上棉花之路"奠定坚实的基础。随着宋代"海上丝绸之路"的兴盛，由印度培育的新型亚洲棉（图1-2）经海路开始传播至中国境内，为中国"棉花革命"准备好了燃爆的导火索。

2. "海上丝绸之路"视域下的中国"海上棉花之路"的考证

笔者认为，在"海上丝绸之路"的时代背景下，对中国"海上棉花之路"的考证需要由点到线跃迁。首先，应该对中国古代沿海地区的植棉情况进行系统的分析，确定相应的传播点；其次，在棉纺织品考古实物与相关古文献分析的基础上，按照时间顺序将各个传播点有机地串联起来，从而佐证"海上棉花之路"的存在。

（1）植棉在中国古代沿海地区的传播分析

植棉由云南向东传，首先到达广西及越南边境带[7]。同时，植棉由印度传入缅甸后又向南传播至中南半岛。从第七世纪左右开始，植棉逐渐传播到广西、广东及福建。最早记录广西植棉情况的是三国时期（220～280年）吴国（222～280年）的万震（生卒不详），其著作《南州异物志》中指出："五色斑布，以丝布，古贝木所作。此木熟时状如鹅毳，中有核如珠绚，细过丝棉。人将用之，则出其核，但纺不绩，任意小轴相牵引，无有断绝。欲为斑布则染之五色，以为布，弱软厚致，上毳毛"[8]。广东植棉的历史则只能追溯到唐代，据唐代诗人王建（768～835年）《送郑权尚书南海》诗云："七郡双旌贵，人皆不忆回。戍头龙脑铺，关口象牙堆。敕设薰炉出，蛮辞咒节开。市喧山贼破，金贱海船来。白氎家家织，红蕉处处栽。已将身报国，莫起望乡台。"这反映了早在唐代中期广州（南海）本地已有棉布（白氎）和红蕉的生产，并与龙脑香料、象牙的交易成为广州的特色[9]，从侧面也说明了在唐代广州当地已有棉花种植，从而出现"白氎家家织"的情形。又据北宋（960～1127年）熙宁（1068～1077年）时学者彭乘（985～1049年）的《续墨客挥犀》记载："予后因读南史，海南诸国传言，林邑等国出古贝木，其华成时如鹅毳，抽其绪纺之，以作布，与纻布不异，亦染成五色织为斑布，正此种也，盖俗呼古为吉耳"[10]，说明早在南北朝时期，中国人就已知道林邑出产棉布。据史籍记载，林邑国位于今天越南中部，是一个与中国保持着密切联系的古国[11]。然而，在林邑国处于敌国林立的时代背景下，"海上丝绸之路"是林邑与中国联系的最有效通道。据刘永连统计，仅唐代高祖至玄宗时期（618～756年），林邑国通过"海上丝绸之路"就向大唐朝贡过27次[12]。因此，早在唐代之前就已存在"海上棉花之路"，不排除植棉通过"海上丝绸之路"向中国东南沿海扩散的可能。

进入宋代以后，植棉向北开始扩展到福建等地。据《续墨客挥犀》中记载北宋时"闽岭以南多木棉，土人竞植之，采其花为布，号吉贝布。"[10]然而，直到南宋中后期，木棉虽然开始向江南地区扩展，但并未取得类似闽南的效果。南宋诗人谢枋得（1226～1289年）在其诗作《谢刘纯父惠布》中提及当时江南地区植棉的情形："嘉树种木绵，天何厚八闽？厥土不宜桑，蚕事殊艰辛。木绵收千株，八口不忧贫。江东得此种，亦可致富殷。奈何来瘴疠，或者畏苍旻。吾知饶信间，蚕月如歧邠。儿童皆衣帛，岂但奉老亲。妇女贱罗绮，卖丝买金银。角齿不兼与，天道斯平均。所以木绵利，不畀江东人。"[13]由此可知，直至南宋时期，由八闽（福建的旧称）传入江东（江南地区）的棉花由于气候、水土等因素，栽培情况并不是很好，没有取得像江东人"富殷"的效果。

（2）"海上棉花之路"存在的分析

笔者认为，在"海上丝绸之路"的时代背景下，同样存在着一条棉花及其棉纺织技术的"海上棉花之路"。理由主要有如下两方面：

一方面，目前中国发现最早的棉织物所在地点为福建武夷山地区商代（约公元前1600～约公元前1046年）船棺中。1978年9月，中国的考古工作者在考察武夷山西北部莲花峰的船棺时，在一个船棺的男性老年尸骸上发现了含有大麻、苎麻、丝绢、棉布四种质料的衣服。经放射性同位素鉴定，这具船棺距今已有3300～3600年的历史[14]。很明显，这座船棺内的棉织物并不是本地特产，而是通过对外贸易所获得。同时，武夷山正是闽江的源头，闽江直通东海，向西的交通则非常困难。因此，武夷山莲花峰船棺中的棉织物非常有可能来自于闽江入海口，从而有存在"海上棉花之路"的可能。

另一方面，从中国古代沿海各地区最早有关棉花及其纺织技术记载上看，棉花传播的据点呈现出海上传播特征。根据唐代诗人王建（768～835年）《送郑权尚书南海》中描述广州"白氎家家织"的情形，说明了早在唐代广州就已经开始种植棉花、纺织棉布。然而，直至宋元之际广州以南其他港口地区才有植棉的记载，如宋代（960～1279年）学者周去非（1134～1189年）的《岭外代答》所言："吉贝雷、化、廉州（今广东海康、化州、广西合浦）及南海黎峒（海南岛）富有，以代丝纻。"[15]而雷、化、廉州以及海南岛均为沿海地区，且都有港口与海舶交易。正如明代邱濬（1420～1495年）《大学衍义补》所言："宋元之间，始传其种入中国，关陕闽广首得其利，盖此物出外夷，闽广海通舶商，关陕接壤西域故也。"笔者虽然对宋元之间棉种开始传入中国的观点有所保留，但对在南路棉花的传播过程中，海上之路起到关键性的作用比较赞同。如果不存在"海上棉花之路",棉花的传播路径应按时间顺序是沿着从云南至广州展开,并会出现相关的历史记录,现实的历史记载顺序却是广州最先,往南的沿海地区反倒稍晚些,这一现象充分说明了海上传播的路线是必定存在的。

基于以上分析,笔者认为,中国南路棉花的传播可分为三个阶段(图1-3)。阶段一:棉布传播阶段,即先秦时期。印度的棉织物早在夏商之际就已经通过沿海的航线传播到中国福建武夷山地区,否则无法解开船棺中棉织物来源之谜。阶段二:棉种陆路传播阶段,即秦汉之际,中国西南少数民族利用通往印度阿萨姆的陆上通道已经将亚洲棉种及棉纺织技术传播至滇西地区,并成功地向川西、广西内陆地区以及中南半岛传播扩散,使棉布成为当地人日常生活之物。阶段三:棉种海上传播阶段,即南北朝(420~589年)至宋元时期,当棉种传播至中国南海港口与中南半岛的林邑国之时,"海上丝绸之路"对于棉种的传播起到了积极的推动作用,呈现出由点及线、相互反馈的传播方式,迅速扩张至广阔地区。并通过长期棉种的交流与培养,创造出适合江南地区生长的棉种,在元代大力提倡棉花种植政策的鼓励下,继而迅速推进到江南地区,为黄道婆推进中国式棉花革命奠定了充分的物质基础。

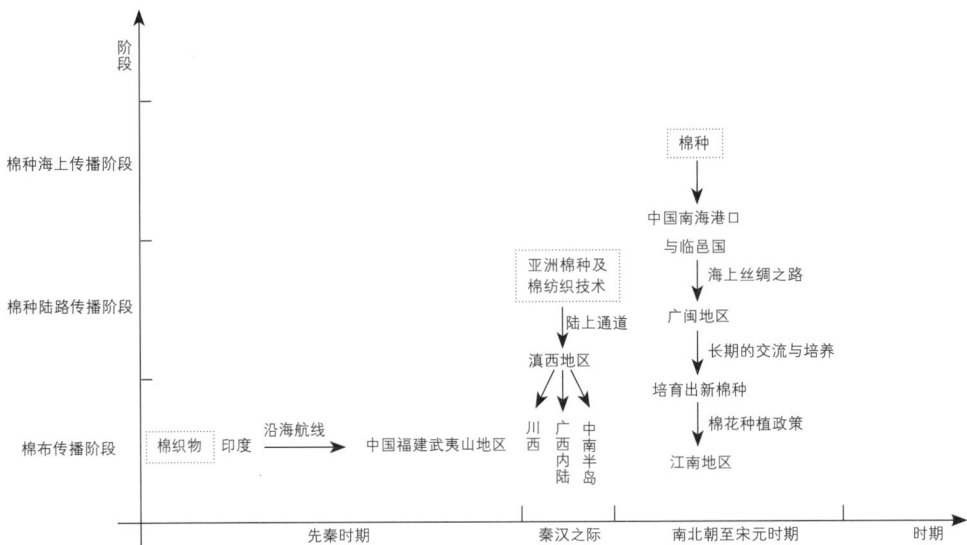

▲ 图1-3 中国南路棉花的传播分期图

二、棉纺织技术的海上传播因素分析

中国棉纺织技术海上传播路线有一个关键性的人物——黄道婆,她的个人经历成为研究中国棉纺织技术海上传播的重要资料。然而,中国棉纺织技术的海上传播并不是一蹴而就的,从其传播的本质上看,其必须具备客观因素和主观因素。

1. 棉纺织技术海上传播的客观因素

棉纺织技术海上传播的客观因素应包括棉纺织技术的发源地、传播地以及传播地植棉的情形。从棉纺织技术海上传播的发源地海南崖州看，早在西汉时期（公元前202～公元8年），海南崖州就已出现较为先进的棉纺织技术。据《后汉书》南蛮传载："武帝末，珠崖太守会稽孙幸调广幅布献之，蛮不堪役，遂攻郡。杀幸，幸子豹率善人还复破之。"[16]清楚地说明了在西汉时期海南岛崖州的棉纺织技术已经达到很高的水平，一方面，棉布能作为贡物，其质量应该很高，如果质量太差就不会献给汉武帝；另一方面，棉布已经引起统治阶级的兴趣，然而，滇桂闽越地区棉布的质量不如海南地区，因此，统治阶级开始向海南黎族地区大量索取，并引起黎族的反抗。

从棉纺织技术传播地上海松江乌泥泾看，宋元时期的松江乌泥泾已经发展成为一个沿海经济繁荣的大镇。一方面，元朝廷多次疏浚乌泥泾并建造石闸两座等，都说明乌泥泾是宋元时期海上贸易重要的贸易集散地或中转站。同时，紧挨乌泥泾的青龙镇、华亭是唐宋时期上海重镇和海上丝路贸易重要港口。唐代时期日本等国船只已到达青龙镇，宋大观元年（1107年）设监镇理财官，治水利，兼领市舶；宋政和三年（1113年），在华亭县设置了管理对外贸易的市泊务。不难看出，宋元时期乌泥泾的繁荣与海上贸易有着密切的联系。另一方面，宋元时期乌泥泾已经非常繁荣。据考证，乌泥泾，别称乌泾，古名宾贤里，宋元间巨镇。早在至元二十二年（1285年）在乌泥泾已建成漕粮仓储太平仓，可储粮20万石。元代上海县共设五大巡检司（青浦、青龙、邹城、新泾、乌泥泾），乌泥泾就是其中之一。由此可知，乌泥泾早在宋元之际就成为一个行政机构完善、经济繁荣的沿海大镇。

从乌泥泾乃至江南地区植棉情况看。据北宋学者方勺（1066～？）《泊宅编》所载："闽广多种木棉，树高七八尺。叶如柞，结实如大菱而色青，秋深即开，露白绵茸然。工人摘取去壳，以铁杖赶尽黑子，徐以小弓弹令纷起，然后纺绩为布，名曰吉贝。……海南蛮人织为巾，上出细字杂花卉，尤工巧。即古所谓白叠巾。"[17]由此可知，至迟在北宋时期，植棉以及纺织工艺已经传播至福建、广东等地。南宋时期甚至已向长三角地区传播，据南宋诗人谢枋得（1226～1289年）的《谢刘纯父惠布》诗作中可知，南宋时期植棉已经扩展到江南地区，只是由于当地气候因素，而导致产量不佳。到了宋末元初，江南地区已经开始尝试引种新棉花，据陶宗仪《南村辍耕录》中对乌泥泾农民生活的描述"其地土田硗，民食不给，因谋树艺，以资生业，遂觅木棉之种。"[18]此处，"遂觅木棉之种"应为适合当地气候的棉花新品种。据J.B.Hutchinson,R.A.Silow和S.G.Stephens的研究，亚洲木本棉花最初传入中国时，还维持原状，但很久以后逐渐传入长江流域，由于纬度升高，气温降低，它竟转化成一年生植物，形状也由灌木变成低矮作物[19]。

显而易见，在黄道婆活动之前，棉纺织技术的海上传播的客观条件已经完全具备。一方面，早在汉代崖州黎族的棉纺织技术已经达到很高的水平，而海南崖州与上海乌泥泾在宋元之际又是"海上丝绸之路"的重要港口；另一方面，在宋末元初之际，江南植棉区已经培育出品质比较优良的棉花新品种。宋元之际，上海乌泥泾与海南崖州有关植棉、棉纺织方面的情况，充分说明了其具备黄道婆传授、改进棉纺织技艺的客观基础。

2. 棉纺织技术传播的主观因素

毫无疑问，中国棉纺织技术传播的关键人物为衣被天下的黄道婆，她不仅将海南崖州黎族的棉纺技术直接带到了上海乌泥泾，而且进行了改进。此外，黄道婆还将汉族的丝麻织造技术与黎族挑花工艺结合起来，创造出上海乌泥泾独特的"错纱配色、综线挈花"棉织技术。笔者认为，从乌泥泾棉纺织技术起源的角度看，黄道婆的经历有海南崖州学艺和上海乌泥泾传艺两个事实。笔者认为，黄道婆式的人物出现是历史的必然，而黄道婆的出现则是历史的偶然，其主观因素很强。如果没有黄道婆人生中的我们不可知的特殊身世、经历等蝴蝶效应因素的作用，她传艺的目的地是否为上海乌泥泾也不一定，如果去的地方是一个植棉并不广泛的地区，那么也创造不出中国式的棉花革命。

综上所述，从表象上看，中国南路棉纺织技术的传播路径是黄道婆自海南崖州至上海乌泥泾的航线。事实上中国南路棉纺织技术的传播在黄道婆出现前就已经展开，但是在其传播过程中却遇到两大困境。困境一：在棉种传播的过程中，气候、气温的变化使棉花的性状不稳定，无法顺利抵达江南地区。直至13世纪初，亚洲棉终于在长三角地区完成由多年生木本向一年生草本的转变，才解决棉花性状不稳定的问题。困境二：棉花去核、开松、纺纱、织造等工序效率低下的问题一直困扰着棉纺织技术的传播，当棉纺织的效率高于麻纺织时，棉布取代麻布的时机就到来了。黄道婆出现的时间正好是解决困境一之后，困境二的解决则主要是由黄道婆完成的。首先，将海南崖州黎族的棉扎车、弹弓等纺弹工具传播至上海乌泥泾，并对其进行改进，大大提高了棉花去核、开松的效率。其次，改进黎族单锭脚踏式棉纺车为上海乌泥泾三锭脚踏式棉纺车，使纺纱效率提高两倍。最后，将汉族的丝织整经制纬工具运用到棉纱的整经与制纬上，将麻布织机替代黎族的原始腰机，从而提高棉布的织造效率。

笔者认为，中国南路棉纺织技术的传播路径有狭义与广义之分。从狭义上看，中国南路棉纺织技术传播路径即黄道婆自海南崖州来到上海乌泥泾的海上航线。而从广义上看，该路径不仅包括沿海各个港口组成的复杂的航线，还包括沿海陆路的传播路径。一方面，随着造船技术、航海技术的发展，人类对海洋认识的不断加深，新的航线还会得到拓展和延长，从而使这个网络变得越来越广，越来越细密[20]。另一方面，棉纺织技术是随着棉种传播而同步进行传播的，不存在只传播棉种而不传播棉纺织技术的情况，这是由棉花的纺织特性所决定的。同时，海上航线也不能单独存在，需要沿海陆路支撑和辅助。因此，广义的南路棉纺织技术传播路径必然是由复杂的陆路和海路网络组成。

《第二节》 上海乌泥泾棉纺织技术的起源探析

上海乌泥泾棉纺织技艺的产生是中国古代汉族平民衣料由麻织物转向棉织物的起点，这一过程始于黄道婆所处的宋末元初之际，到了明代，中国平民的衣料已经基本以棉织物为主，完成了平民衣料的重大转型。众所周知，棉的产量、生产成本、服用性均优于麻，同时棉还可以作为被絮的原料，极大地改善了中国古人的生存状态。从某种意义上看，棉织物在中国长三角地区的传播和流行，成为汉族人口增长的一大重要因素。因此，上海乌泥泾棉纺织技艺产生是汉族发展史上的一件重大事件，非常值得研究。纺织史学界普遍认为，开启这一过程的人物是先棉黄道婆，并将研究的重点集中于黄道婆的籍贯、身世、事迹等问题。然而，笔者认为，上海乌泥泾棉纺织技艺的出现是历史的必然性和偶然性相互作用的结果，必然性是新型南道棉的出现为上海乌泥泾棉纺织技艺的产生奠定了物质基础，偶然性则是出现了黄道婆式的技术专家，将海南黎族先进的棉纺技术传播至上海乌泥泾地区，并结合黎族的挑花技术与汉族的麻织技术，创造出乌泥泾棉纺织技艺。

一、棉花传播至上海地区是乌泥泾棉纺织的基础

棉花是一种人们非常熟悉的植物纺织纤维，中国史书很早就有关于棉花的记载。如《后汉书·南蛮西南夷传》："武帝末，珠崖太守会稽孙幸，调广幅布献之。蛮不堪役，遂攻郡。杀幸，幸子豹率善人还复破之。"[21]这里的广幅布就是古代海南生产的棉布。又如唐代史学家李延寿（生卒不详）的《南史·高昌国传》："有草，实如茧，茧中丝为细纑，名曰白叠子，国人取织以为布，布甚软白，交市用焉。"[22]高昌原为西域国名，在今新疆吐鲁番一带，说明了早在唐代之前中国新疆地区就已经开始种植棉花。

中国古代的棉花源自印度（亚洲棉）和中亚（非洲棉），因此，棉花的传入主要通过两条路径：一是由南洋、中南半岛经闽广（包括海南岛）和云贵高原向内地传播，称为"南道"；二是通过中亚传入新疆地区，再经新疆地区向东传入内地，称为"北道"。那么，古代上海地区的棉花是通过哪条路径传来？根据元代陶宗仪（1329～约1412年）的《南村辍耕录》和明代地方志《松江府志》的记载，古代上海地区的棉花是由"南道"传入。棉花的种植在两宋时期得到很大的发展，但"南道棉"还仅限于两广和福建。南宋之后，"南道棉"

第一章 黄道婆文化的因果解析

越过岭南山脉和东南丘陵，向北推进到长江和淮河流域[23]。

笔者不禁产生这样的疑问，棉花的记载早在汉代就已经出现，那么，棉花在宋代以前的一千多年的时间里为什么仅局限于西北和西南边疆，而迟迟不能传播到长三角地区？从棉花传播的路径上看，一方面，从西北传入中原地区的"北道棉"属于一年生非洲棉，这种棉花具有植株矮小、叶小、生长期短、产量低、品质差的特点。早在汉武帝时期（前141～前87年），汉王朝已经加强了对西域地区的控制。由于非洲棉品质差、产量低，棉花纤维的质量与产量无法与中原地区葛麻植物纤维相比，因此，西北地区的"北道棉"很难通过技术扩展的方式迅速推广到内地，只是将上好的棉布作为方物纳贡给中原王朝，供皇室和贵族享用。另一方面，从南部传入的"南道棉"属于多年生亚洲棉，在向北的传播过程中遇到了生物技术方面的障碍，即气候的变化引起棉花的生物特性的变化。经过岭南人民一千多年的精心培育，"南道棉"终于在宋朝末年进化成一年生棉花，产量有了很大的提高，使棉花这种植物的种植具有了更高的经济价值。1957年，刁光中在福建长泰县研究过尚存的木本亚洲棉，单株籽棉年产量三斤[24]。如果以每亩植二十株计算，可得籽棉六十斤。而徐光启（1562～1633年）《农政全书》记载江南植棉"亩收二三石"[25]。考察明代的计量单位，一石等于一百零七斤[26]，因此，明代江南籽棉亩产约为二百一十四至三百二十一斤。另外，亚洲棉由多年生变成一年生以后，棉花品质也有所增进，棉绒变长，棉绒与籽的粘连不如以前固执，轧花工作容易多了[27]。因此，优质的一年生亚洲棉的出现，为棉花向长三角地区的传播提供了物质基础。

二、上海乌泥泾棉纺织技艺是黎汉两族纺织工匠合作的结晶

乌泥泾棉纺织技艺是黎汉两族纺织工匠共同创造出来的，由于黎族人利用棉纤维的时间要远早于汉族，有充足的时间积累棉纤维的加工技术，因此，在棉纤维加工领域黎族必然领先于汉族，反之亦然。汉族早在七千年前就创造出灿烂的丝绸文明，非常重视织造工艺，在织造机械和显花技术方面必然领先于黎族。当黄道婆将黎族的棉纺织技艺带回乌泥泾，就会对其进行继承与创新，创造出融合两族纺织技术的乌泥泾棉纺织技艺。

1. 上海乌泥泾棉加工技术源自黎族

棉花加工工具主要包括扎棉机和弹弓。笔者将乌泥泾与海南黎族的扎棉机和弹弓进行比较，发现这两者的实际差异并不是很大，反映出两者之间的亲缘关系。

首先，从扎棉机的形制上看，乌泥泾扎棉机的形制与黎族扎棉机有着惊人的相似之处。黎族扎棉机为木质，构造较为简单，由四块木板装成（图1-4）。木框上面树立两根木柱，高度一尺五寸许，柱头镶在一根方木下面，木柱的中央装着两个曲柄转轴。笔者在上海七宝

古镇棉纺织纪念馆也见到乌泥泾木绵搅车实物，其结构示意图如图1-5所示，其形制正如王祯（1271~1368年）《农书》中记载所言："木绵搅车，夫搅车、四木作框，上立二小柱，高约尺许，上以方木管之。立柱各通一轴，轴末柱窍不透。二人掉轴，一人喂上绵英；二轴相轧，则子落于内，绵出于外，比用碾轴，工利数倍。"[28] 由此可知，乌泥泾的木绵搅车在原理上承袭了黎族扎棉机，只是将其大型化和效益化。

▲ 图1-4　海南的黎族扎棉机

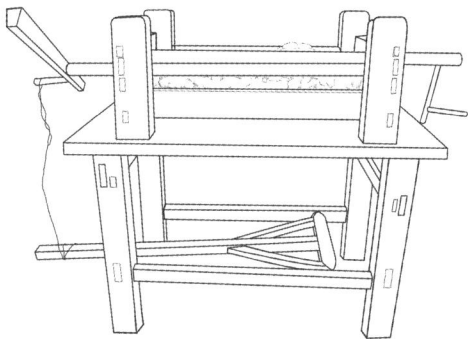

▲ 图1-5　上海的汉族扎棉机结构图

其次，从棉花开松器具弹弓的形制上看，乌泥泾弹弓也是在黎族弹弓的基础上进行了创新式改进。黎族弹棉是用竹制或木制的弹弓，其结构如图1-6所示，弹弓一般长80~100cm，宽约2cm，用竹篾或木片弯曲制成，没有弓椎。弹棉时，一手握弓，将弦伏于棉花上，另一手拉弦，弦震动将棉花弹散[29]。而乌泥泾的弹弓（图1-7）则采用绳弦而并非线弦，且弹弓长达到四尺[30]。这种改进后的弹弓大而有力，需要用到弓椎，弹出的棉花均匀、洁白，而且产量得到极大的提高。

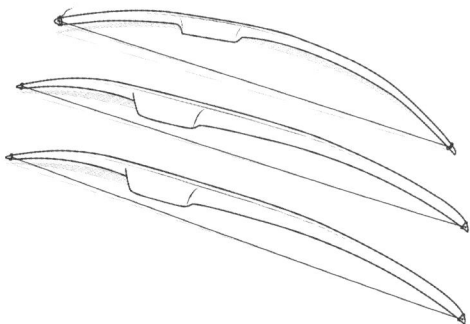

▲ 图1-6　海南省博物馆中的弹弓

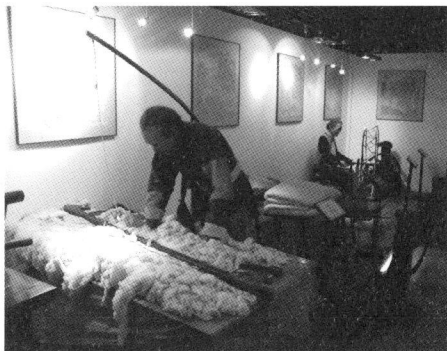

▲ 图1-7　七宝棉纺织馆中的木制弹弓

2. 上海乌泥泾棉纺车在细节上改进了黎族棉纺车

从纺车的操作原理上看，乌泥泾棉纺车与黎族棉纺车并无本质上的差别，只是在细节上对其进行改进。黎族所使用的棉纺车为脚踏式单锭纺车（图1-8），结构极为简单，纺车由机架、脚踏杆、传动轮、皮带、锭子等组成。而乌泥泾最典型的棉纺纱器具则为脚踏式三锭纺车（图1-9），笔者认为，与黎族棉纺车相比它主要具有三大优点：首先，脚踏式三锭纺车将黎族的单锭改为三锭，纺纱速度提高两倍。其次，将脚踏板一端用铁皮包成锥形，将锥尖放入轮面上靠近轮轴处一个小孔内，形成脚踏偏心轮的运动状态，这种改进不仅增加了纺车的使用寿命，而且更加省力。最后，为了提高棉纱的质量，脚踏式三锭纺车的纺轮明显要比黎族的单锭纺车的稍大一些，纺轮与锭子的传动比明显增大，就可以纺出更细的棉纱。

▲ 图1-8 黎族棉纺车结构图

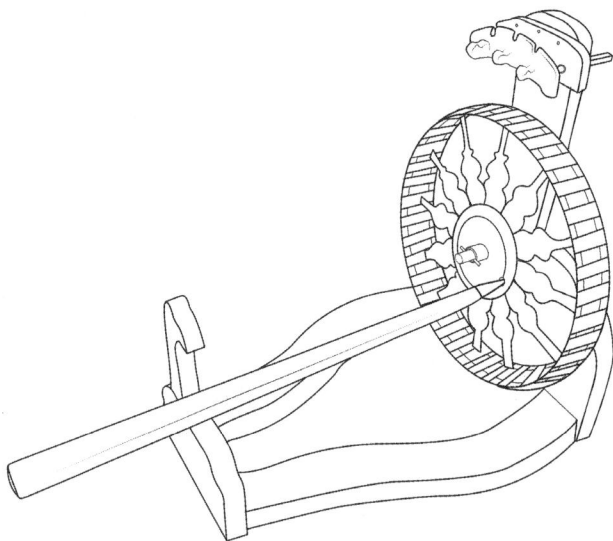

▲ 图1-9 上海徐浦黄道婆纪念馆中的三锭纺车结构图

三、上海乌泥泾棉织器具实现了对黎族棉织技术的超越

上海乌泥泾棉织器具包括整经制纬和织造的器具，根据王祯《农书》农器图谱集之十九纩絮门（木棉附）中所言"经纬制度，一仿绸类。织纴机杼，并与布同"，说明乌泥泾棉纺织技艺的整经制纬器具采用丝织的整经制纬工具，而织机则采用布机（织造麻布的织机）。

其实乌泥泾棉织机与黎族棉织机区别很大，从棉织机的形制上看，黎族棉织机属于多综竿原始腰机（图1-10）的范畴，工作原理非常简单，它是以人的双腿为机架，通过腰脊间的皮带来调节经纱的张力，可谓"人机合一"。同时，采用几根简单的木棍(卷布棍、地综、提花综、绕经纱棍、导纱棍、分绞棍)，并结合挑花技术来完成复杂纹样的织造。

▲ 图1-10　黎族腰织机

多综竿原始腰机提花的具体操作（图1-11）可表述为：织机上有两根地综竿，一根将原始腰机上奇数根经纱挑起，另一根则将偶数根经纱挑起。将任何一根地综竿提起，插入打纬刀、立起打纬刀、通引纬线、打纬，则可织平纹。此外，织机上也有多根提花综竿，它们组成一个纹样循环，利用这些提花综竿编排纹样图案。织完一个纹样后，可重新利用这些提花综竿编排另一个纹样。但如果织一纬提花纬，必须要在其前一纬和后一纬中织不同的平纹纹样，如一梭奇数根经纱提起后织一纬平纹，然后再织一梭提花纬线，随后要织一梭偶数根经纱提起的平纹。因为只有"一梭地，一梭花"，才能使经、纬线紧密交织在一起。随后操作如此循环。

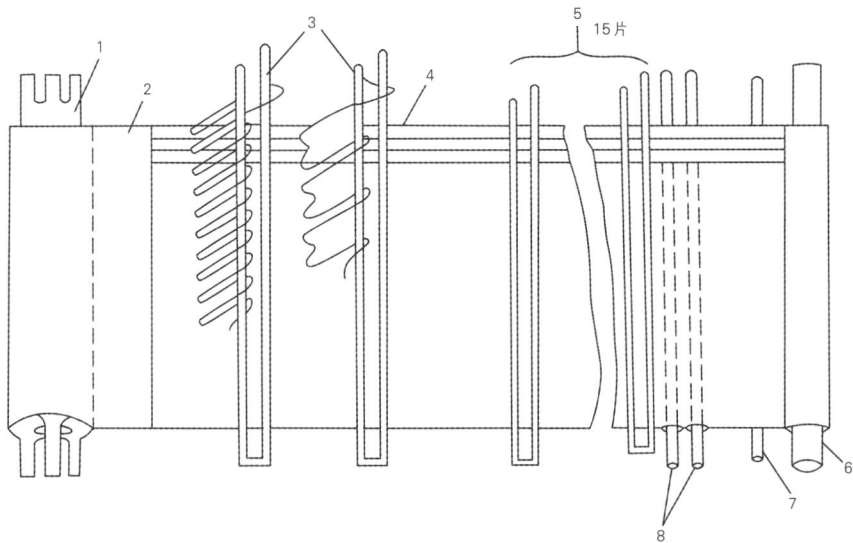

▲图1-11 原始腰机多综竿提花

1—卷布轴 2—织物 3—地综 4—经纱
5—提花综竿 6—卷经轴 7—导纱棒 8—分经棒

然而，乌泥泾棉织机属于斜织机的范畴，复杂程度要远高于原始腰机。笔者在上海市徐汇区黄道婆纪念馆看到过这种斜织机，其结构图可从清人卫杰（生卒不详）所著《蚕桑萃编》中清晰地展现出来（图1-12）。根据踏板与综框的联结方式可知，这种织机为典型的互动式双综双蹑织机。不难看出，其开口机构由两片综框、两个踏板组成。这种类型的提综方式本质上就是利用杠杆原理，使两层经纱分别朝相反的方向牵伸，形成更大的织口，方便打纬。

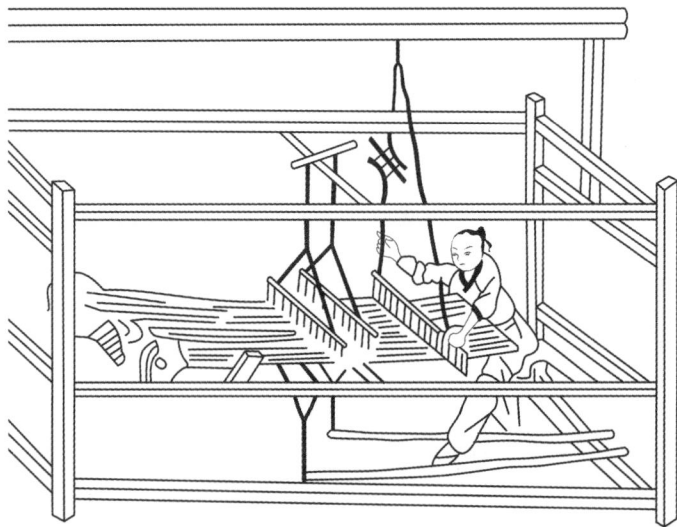

▲图1-12 《蚕桑萃编》中的互动式双综双蹑织机

四、黄道婆的人生经历成就了上海乌泥泾棉纺织技术

毫无疑问，在上海乌泥泾棉纺织技艺的产生过程中起到关键性作用的人物是黄道婆，然而，研究的重点应该放在黄道婆的棉纺织技术革新与其人生经历的关系上，而非拘泥于其籍贯、身世等枝节问题，建构出伪黄道婆文化。笔者认为，从乌泥泾棉纺织技艺起源的角度看，黄道婆的技术人生应该分为海南崖州学艺和上海乌泥泾传艺两个阶段。在黄道婆的技术人生中有两个不争的事实：第一，无论黄道婆是上海松江乌泥泾人，还是海南崖州黎族人，她年轻时曾经在海南崖州学习过棉纺织技艺，并精通此项技术。第二，无论黄道婆出于什么目的来到上海乌泥泾，如落叶归根说、传播明教说、逃避灾祸说等，其实对于笔者所研究课题并不重要，重要的是她曾经在乌泥泾努力改进并传播棉纺织技术。正是由于黄道婆技术人生中的这两个不争的事实，才成就了乌泥泾棉纺织技艺，使乌泥泾棉纺织技艺产生的历史的必然性（自然环境、税赋政策）和偶然性（黄道婆的人生经历）达到完美统一。

综上所述，上海乌泥泾棉纺织技艺源自海南崖州黎族棉纺织技艺。首先，从上海乌泥泾棉加工器具与海南崖州黎族地区进行对比，不难发现两者的形制和特点具有相似性。上海乌泥泾棉加工器具只是在适应本地区的自然条件和人口因素下，在器具大小及生产效率上进行了局部的改造，从而说明了上海乌泥泾棉加工技艺完全源自海南崖州黎族地区。其次，从上海乌泥泾棉织机与海南崖州黎族地区的比较，发现它们之间不存在可比性。海南崖州黎族地区的棉织机采用的是原始腰机，结构简单，但织造复杂的纹样则需要织工技艺高超。相反，上海乌泥泾棉织机采用的则是中国传统的互动式双综双蹑织机，完全是对黎族棉织机的一种超越，从而说明了上海乌泥泾棉纺织技艺不仅是对海南崖州黎族棉纺织技艺的继承，而且，也是在长三角地区丝麻纺织技术的基础上，对外来棉纺织技术的一次重大革新。

第三节　南通蓝印花布的起源

蓝印花布是中国古代民间印染艺术中流传最广、影响最深远的一种印染布料。它集实用性与艺术性于一身，以其朴实、纯真、色调和谐的蓝白之美闻名于世，深受中国古代民众的喜爱[31]。蓝印花布在中国各个地方的俗名都不一样，江苏称为"药斑布"，东北称为"麻花布"，湖北称为"豆染布"，福建称为"型染"，山东称为"猫蹄花印"，等等，可见其流传甚广。然而，蓝印花布以长三角地区嘉定安亭镇的"药斑布"为其历史记载的正源。其实蓝印花布的概念应有广义与狭义之分。广义的蓝印花布是指具有蓝、白两色花纹的印染品，不仅包括刮浆印染（灰缬），还包括夹缬、蜡缬和绞缬；狭义的蓝印花布则特指采用刮浆印染的灰缬，即用黄豆粉、石灰粉等做防染浆，采用刮浆印染的方式染制的蓝印花布。笔者认为，从染缬工艺和纹样特色的角度上考虑，将蓝印花布定义为灰缬蓝印花布更能反映其本质和特色。因此，笔者采用狭义的蓝印花布概念。目前，对于中国蓝印花布起源问题的研究，中国染织史学界根据古籍《古今图书集成·职方典》的记载，一致认为中国蓝印花布起源于宋代的"药斑布"。然而，对于"药斑布"的产生原因，学术界大多从染织史内史的角度进行讨论，缺乏一定的完整性。笔者认为，中国蓝印花布的起源不仅包括技术内史方面的因素，还包括政治、经济、文化等外史方面的因素，从内外史的角度上看，影响中国蓝印花布起源的因素中外因起到的作用甚至超过了内因。

一、中国蓝印花布工艺起源的多元性

笔者认为，南通蓝印花布技艺的起源具有多元性的特点，即至少融合了剪纸艺术、染缬工艺、拓本印刷工序。具体来看，剪纸艺术为蓝印花布花版提供了纹样基础，三大染缬工艺为蓝印花布染色奠定了技术支持，拓本印刷工序启发了蓝印花布刮浆防染工序。

1. 剪纸艺术为蓝印花布花版制作提供了纹样基础

剪纸艺术与蓝印花布花版的造型有着极其相似的地方，事实上，蓝印花布花版的制作从逻辑上看极可能源自剪纸艺术的启发。首先，蓝印花布的蓝底白花和白底蓝花花版类似于剪纸中的阴刻和阳刻。其次，蓝印花布花版与剪纸的原料都是纸，不同之处在于，蓝印花布的花版是2～3层贵阳皮纸，1～2层高丽纸裱成多层，进行雕刻然后刷一层熟桐油[32]。由此可

知，蓝印花布花版是多层相同纹样的剪纸叠加装裱并进行防水处理的镂空纸板。最后，剪纸艺术的起源时间要远早于蓝印花布的前身"药斑布"。1959年在新疆吐鲁番高昌遗址出土了北朝时期（386～581年）的对马团花剪纸残片（图1-13）[33]，此文物为目前中国发现最早的剪纸艺术作品，其复原图如图1-14所示。而蓝印花布前身药斑布，印染史学家普遍认为出现在宋代嘉定（1208～1224年）年间[34]。笔者认为，剪纸艺术出现时间要远远早于"药斑布"，至少在逻辑关系上能说明蓝印花布花版的制作深受剪纸艺术的影响。

▲图1-13 对马团花剪纸残片

▲图1-14 对马团花剪纸复原图

2. 三大染缬工艺为蓝印花布染色奠定了技术基础

众所周知，中国唐代（618～907年）中原地区至少有三种染缬技术普遍流行，即蜡染、夹缬和绞缬。笔者认为，这三大染缬技术与蓝印花布有着千丝万缕的联系。首先，从蜡染工艺上看，蜡染的防染原理为蓝印花布所吸收。现代蜡染与蓝印花布不同之处在于以下两方面：第一，现代蜡染没有花版，蜡染工匠使用蜡刀将热蜡在布面上作画，类似于艺术创作；而蓝印花布则使用花版，将灰浆镂空刮于布面上，类似于整版印刷。第二，两者所使用的防染剂不同，蜡染用蜡，蓝印花布则用灰浆。事实上，唐宋时期蜡染也有使用花版的情景，据宋徽宗（1082～1135年，1100～1126年在位）摹张萱《捣练图》中两三位妇女衣裙（图1-15）、《虢国夫人游春图》中几个骑马人衣服（图1-16）上蜡染的纹样可见，蜡染纹样标准统一，有采用花版的可能。此外，用蜡缬浸染蓝印花布最早的文字记载见于宋代学者周去非（1135～1189年）的《岭外代答》，其中记录了瑶人以染蓝布为班（斑），其法采用的是用两片镂空木板，夹布熔蜡灌于镂中形成防染效果，最终印染成蜡染的蓝印花布[35]。由此可知，中国古代蜡染有使用镂空夹板的情形。

▲图1-15 《捣练图》中的妇人

▲图1-16 《虢国夫人游春图》中的妇人

从夹缬工艺上看，夹缬印染技艺最迟在唐代已经流传到民间[36]。据《唐语林》所载，唐玄宗（685～762年，712～756年在位）后宫中受宠的柳婕妤，有一妹赵氏发明了夹缬。柳婕妤生日时，赵氏送给王皇后一匹夹缬织物，从此在宫中流行开来，后来传到宫外，流行天下[37]，沈从文先生据此认为现代蓝印花布源于古时的夹缬。最后，从绞缬工艺上看，绞缬是把成匹丝绸或衣裙，按照需要把某部分用线缚着、缝着或作成一定襞折，用线钉固，染后晒干，再剪去线结，就自然形成一定图案[38]。笔者认为，中国古代三大染缬是蓝印花布染色工艺的起源。首先，中国古代的蜡缬、夹缬最初使用的花版均有镂板夹持，它们都对蓝印花布花版的制作起到技术积累的作用。其次，中国古代蜡缬、夹缬、绞缬的浸染时间、氧化时间、固色方法都会对蓝印花布的印染起到启发作用。

3. 拓本印刷工序启发了蓝印花布刮浆防染工序

拓印是中国的一种传统技艺，是将纸覆在碑刻、青铜器、甲骨、陶瓦器、印章封泥、古钱币等器物上的文字、图形、纹饰之上，采用墨拓手段，将其拓印在纸上的技术[39]。本质上拓印工艺是一种凹版印刷技术，印刷技术与印染技术有着很大的关联性。笔者认为，要想厘清拓印与蓝印花布刮浆防染工艺的关系，必须从宏观上分析印刷工艺与印染工艺的产生时间和共同特点。由中国古代印染工艺与印刷工艺的特点比较（表1-1）可知，印染工艺经历了三个发展阶段：春秋时期的印玺→西汉的凹纹、凸纹印花→镂空版印花；印刷工艺也经历了三个发展阶段：中唐的雕版印刷工艺→萧梁的拓碑→北宋活字印刷工艺[40]。笔者认为，从时间序列上看，型版印花工艺中的凸纹印花技术促进了雕版印书的产生和发展。同样，凹纹印花技术促进了拓碑技术的发展，而拓碑技术的发展则反向促进了镂空版印花技术。其实在中国古代，印染制版和雕版刻字同属一个行业。据朱熹（1130～1200年）《晦庵先生朱文公集》卷十八中记载贪官唐仲友的罪状时，列举唐仲友利用官钱雕版印刷赋集之时，还乘势造花版印染斑缬之属凡数十片[41]。由此可知，同一行业内两种不同工艺的交融是完全可能的。因此，凹纹印花促进了拓印的产生和发展，拓印反过来也促进了镂空版印花（包括夹缬、蜡缬、灰缬）技术的发展。

表1-1　中国古代印染工艺与印刷工艺的特点比较

版型	印染工艺	印刷工艺
凸版	印玺（春秋） 凸纹印花（西汉）	雕版印刷（中唐） 活字印刷（北宋）
凹版	凹纹印花（西汉） 镂空版印花（隋唐）	拓碑（萧梁）

二、中国蓝印花布原料起源的跨时代性

中国蓝印花布的印染原料包括印染料和坯布，从印染料上看，蓝印花布的染料在明末清初之时由菘蓝向蓼蓝转型；从坯布上看，元代之后蓝印花布印染坯布逐渐由麻布转向棉布。

1. 明末清初之时印染料从菘蓝向蓼蓝转型

蓼蓝是中国最早使用的染料之一，据古代文献的记载早在夏商时代就有种蓝活动，如《夏小正》："五月，启灌蓝蓼。"《诗经·小雅·采绿》："终朝采蓝，不盈一襜。"这些都说明当时种蓝已经是农业生产的重要组成部分。中国古代的蓝草包括菘蓝（图1-17）、蓼蓝（图1-18）、马蓝（图1-19）和木蓝（图1-20），由于蓼蓝制靛工艺的不成熟，直至宋代还未采用蓼蓝制作的靛蓝，而是直接用于染制青绿色，到了明代才出现使用蓼蓝制作的靛蓝[42]。以中国蓝印花布的代表南通蓝印花布为例，最初的染料并不是蓼蓝，而是菘蓝。据明嘉靖（1522～1566年）《通州志》载：海门、通州均曾岁贡千斤以上菘蓝制作的土靛[43]。说明至少在明代中期南通蓝印花布所使用的染料为菘蓝。随着明末清初移民大量涌入南通，靛蓝染料的品种也由"菘蓝"转为"蓼蓝"，正如《天工开物》中所言："近又出蓼蓝小叶者，俗名苋蓝，种更佳。"这种转变说明，随着南通蓝印花布的发展，地域间科技交流的频繁，南通蓝印花布的染料也发生了重大转变。

▲图1-17　菘蓝

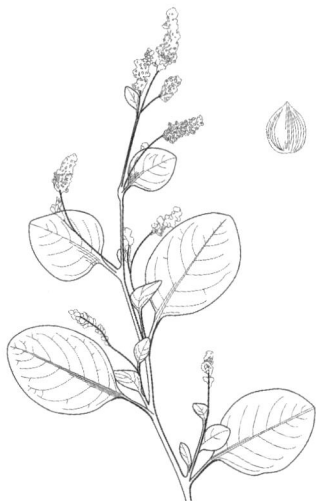

▲图1-18　蓼蓝

▲图1-19 马蓝

▲图1-20 木蓝

2. 元代之后印染坯布逐渐由麻布转向棉布

笔者认为，蓝印花布前身"药斑布"最初使用的坯布应是麻织物，而非棉织物。主要有以下两方面原因：一方面，"药斑布"产生之时棉布还没有普遍在江南地区流行，"药斑布"产生于宋嘉定中（1208~1224年）嘉定的安亭镇，而棉布在江南地区开始作为主要衣料则发生在黄道婆（1245~约1330年）在上海乌泥泾传播棉纺织技术之后。因此，"药斑布"产生之时人们的主要衣料依然还是丝、麻织物，"药斑布"最初不可能使用棉布作为坯布。另一方面，既然"药斑布"在产生之时的坯布可能是丝或麻织物，而根据"药斑布"的最早记录"宋嘉定中归姓者创为之。以布抹灰药而染青……"可知，"药斑布"最初的坯布是"布"而非"丝"或"绸"。那么，宋代的布又为何种织物？笔者认为应为"麻布"无疑。首先，宋代之时，平民均被称为"布衣"，正是因为当时的平民百姓主要用麻布制衣供日常生活使用，所以用"布衣"代称。其次，"药斑布"最初是作为平民的唯一印染手段，蜡缬和夹缬均受到宋代一系列染缬禁令的限制。而皇室、官方则并不在禁令之列，可以采用蜡缬、夹缬、绞缬在丝绸上印染纹样，没有必要采用灰缬来印染丝绸。因此，在"药斑布"产生之初其坯布必然为麻织物。

然而，到了元代，中国平民百姓的主要衣料发生了重大变革。随着植棉从闽南向江南地区的推广，棉花开始大面积在江南地区种植，棉布被作为重要的夏税征收之物。元朝统治者早就认识到植棉的重要性，于至元二十六年（1289年）专门设置"木棉提举司"开始向民间征收木棉，充实政府财政收支[44]。据《元史》记载"元贞二年（1296年），始定征江南夏税之制，夏税则输以木棉布绢绵等物"[45]。同时，黄道婆将黎族的棉纺技艺与汉族麻织技艺融合起来，创造出上海乌泥泾棉纺织技艺，并大力推广。据元代陶宗仪（1329～约1412年）《南村缀耕录》记载着黄道婆对上海乃至江南地区的影响，指出自崖州而来的黄道婆发明创造出捍弹纺织之具，并将错纱配色，综线挈花的技术传授给乌泥泾乡民，使乡民们的生活越来越殷实[46]。由此可知，随着黄道婆改革棉纺织技术，使得在元代棉布逐渐取代麻布，成为平民百姓的主要衣料成为可能。此外，棉布的可染性要远远好于麻，甚至超过丝。因此，在元代之后蓝印花布的坯布原料逐渐由麻转换成棉。

三、中国蓝印花布历史起源的偶然性

众所周知，任何一项新工艺的产生除了与其相关的技术内部因素有关外，还与相关的经济、政治、文化等外部因素有着密切的联系。南通蓝印花布的产生也是如此，甚至外部因素的影响起到的作用要远远大于内部因素。

1. 蜡染原料的短缺造成蜡染在中原地区的消亡

蜡染最重要的原料为蜡，而在宋代蜡的短缺促进宋人在防染方面必然要找到类似于蜡的物质。笔者认为，宋代蜡的短缺可从蜡的使用范围的扩大和产蜡地域的丧失两方面来看。一方面，宋代蜡的使用范围已经扩大到国家、民间两个层次。从宋代国家用蜡层面上看，蜡已经成为重要的战略物资。首先，蜡作为车辆、船舶的润滑剂和防渗剂，战略意义重大。车辆的车轴需要蜡作为润滑剂，有了润滑剂车才会更加灵活和轻便。宋代是中国历史上军队人数最多的朝代，据《文献通考》记载，"神宗即位之初，总治平之兵一百十六万二千，而禁军步、骑六十六万三千。"[47]如此庞大的军队数量需要车辆运输的物资亦非常庞大，而且60多万的禁军均驻留在内陆地区，因此，对于车辆的需求必然惊人。此外，蜡还具有防水拒水的作用，经过蜡渗透处理的木板，防水能力大大增强，能有效延缓木材腐烂的速度。而宋代又是我国"海上丝绸之路"最为繁荣的时期，海泊云集，一望无际。据福建泉州湾宋代海船的考古发现，当时的海船使用松香、石蜡等对隔舱壁进行渗透处理[48]。宋代的军队数量和海运规模在中国历史上都是史无前例的，而军队的粮草辎重需要车辆或船舶的运输。由此可知，蜡在车辆、船舶制造上的用量非常大；其次，宋代蜡还作为书信、公文的封印，防止信息的泄露。宋代在战争时期就经常使用蜡丸书进行信息的传递，甚至用它作为与辽（916～1125年）、金（1115～1234年）进行宣战、议和、沟通的手段。从宋代民间用蜡层面上看，民间日常生活中的用蜡量也非常大。首先，蜡是蜡烛制作的重要原料，早在唐宋时期皇室、官宦家庭就已经大量使用蜡烛。如在陕西乾县唐永泰公主墓中的壁画上，就发现有持蜡烛的侍女图[49]。又如宋代名臣寇准（961～1023年）"家未尝油灯，虽庖所在，必然炬烛"[50]。其次，蜂蜡可用于医药领域。蜂蜡本身就是一种中药，主要用于创伤、跌打损伤、骨折、骨碎的治疗，具有活血散淤、止痛、消肿活血、敛口生肌的功用[51]。此外，蜂蜡还可作为药丸的外衣，起到保护药丸的作用。最后，蜡除了运用于印染方面外，还是古代塑像、装裱书画的重要配料。油蜡可以使塑像面部呈现柔软、光泽的质感[52]。装裱书画用蜡主要是擦蜡砑光工序，据张彦远（815～907年）《历代名画记》中所言"汧国公家背书画入少蜡，要在密润，此法得宜"[53]。

另一方面，宋代能直接获取蜡的疆域和手段也大为缩小和减少。首先，从获取蜡的地域上看。纵观有宋以来，即使在北宋（960～1127年）最为强盛时期也未能控制东北、幽云十六州和西域地界。到了南宋时期（1127～1279年），北方大片领土丧失，龟缩于东南一隅，这种情形必然会影响到蜡的产量，使得蜡的价格非常昂贵。宋代《元丰九域志》《宋会要辑稿》《宋史》中有地方向皇室朝贡蜡制品的大量记载，其出现过具体数量蜡制品的地方如下：河南洛阳蜂蜡100斤、河南邓州花蜡烛100条、陕西延安蜡100斤、陕西兴州蜡30斤、山西新绛蜡烛100条、山西离石蜡20斤、甘肃成县蜡烛一百条、重庆开县黄蜡十斤、重庆奉节蜡30斤、重庆彭水蜡10斤、安徽合肥蜡20斤等[54]。由此可知，地方朝贡给皇室的蜡多不超过100斤，少则只有10斤，宋代的1斤相当于现在的640克，而蜡烛制品最多不超过100条。众所周知，地方官员向皇室交纳土贡时总是不遗余力，如此数量的蜡确实能反映出蜡的昂贵和短缺。到了南宋时期，河南、山西等地又割让给金国，蜡的短缺就可想而知了。其次，从获取蜡的手段上看宋代也非常少。宋仁宗（1010～1063年，1022～1063年在位）景佑三年（1036年），西北地区的党项族攻占肃、瓜、沙等州。沙州回鹘在抵抗失利后率众撤离敦煌。宝元元年（1038年），党项族建立西夏，宋朝与西域之间的"陆上丝绸之路"被彻底切断，毫无疑问，西域石蜡输入中原的难度加大。虽然宋代后来开通了"海上丝绸之路"，但有关蜡的进口情况还不可知。毕竟在当时养蜂业发达的中原地区一州仅上贡不超过百斤蜂蜡，那么，在还以采集天然蜂蜡为主的东南亚和养蜂业并不发达的阿拉伯人居住的地区，蜡的出口量也不会很多。

通过对宋代蜡的使用情况的分析及蜡的生产地的情况分析可知，由于蜡广泛使用在国家和民间的多个方面以及原料的短缺，必然导致其价格的昂贵，蜡染在中原地区民间必定无法流传下去。虽然，唐代中原地区曾经出现诸如《湖底云头禽鸟花草纹蜡缬绢》《绛底灵芝花鸟纹蜡缬绢》《黄底云头花鸟蜡缬绢》《土黄底花卉纹蜡缬绢》等制作精美的蜡缬织物，但宋代以后就难觅其踪了。然而，在社会、文化环境没有太多改变的情形下，一种工艺原料的缺乏，必然会促使人们去尝试寻找替代品。灰浆防染原料顺理成章地成为蜡的替代品，从蓝印花布的防染浆料上看，常见的主料是黄豆粉、绿豆粉之类的植物性粉料，辅以石灰粉调和[55]。因此，蓝印花布所使用的是民间较为常见的原料作防染浆料，其价值要比蜡便宜很多。

2. 宋代服制的改革加速蓝印花布的产生

宋代服制改革中最著名的是染缬禁令，据《宋史》记载，宋徽宗（1082～1135年，1100～1126年在位）政和二年（1112年）发布诏令："后苑造缬帛，盖自元丰（1078～1085年）初置为行军之号，又为卫士之衣，以辨奸诈，遂禁止民间打造。令开封府申严其禁，客旅不许兴贩缬版"[56]。除此之外，夹缬衣物也多用于仪仗旗符。如《宋史·仪卫一》记载宋初皇室舆辇人员的制服是"宜男缬罗单衫"[57]。由此可知，颁布染缬禁令的根本原因是染缬的衣物为皇宫仪卫和仪仗舆辇人员的制服，为了防止奸人混入其中，便禁止民间打造。由于牵涉到服制的问题，违反禁令的处罚力度非常大。尤其作为当时京城的开封，不仅不允许打造花版，就连贩卖也不行。事实上，夹缬在民间被完全禁止有一个时间过程，早在大中祥符七年（1014年），禁民间服销金及钑遮那缬，大中祥符八年（1015年），又禁民间服皂班缬衣。直至元丰初年，夹缬服饰正式成为宋代舆服制度的重要部分，遂加大打击禁止民间打造的力度，到了政和二年（1122年），则连贩卖缬版都禁止。笔者认为，在长达近百年的禁令下，宋代民间夹缬必然会衰败下去。然而，追求美是人的天性，民间染坊不可能只染色而不印花。同时，宋代印染业处于两种重大困境：客观上，蜡缬由于蜡原料的价格因素而使其在中原地区无法良性发展；主观上，服制的变革又使夹缬在民间逐渐禁绝。因此，时代呼唤民间印染技术要进行创新，克服主客观上的限制，满足平民百姓在服饰面料上的审美要求，而蓝印花布的前身"药斑布"就应运而生。

综上所述，中国蓝印花布直接源于宋代嘉定安亭镇的"药斑布"。然而，蓝印花布的产生不仅反映了中国印染技术发展内史中的某些特殊规律，同时它也反映了政治、经济、文化对印染技术的深刻影响。中国蓝印花布的产生过程如图1-21所示。首先，在宋代之前已经出现的剪纸、夹缬、蜡缬、绞缬以及拓本印刷技艺分别为"药斑布"的产生提供了工艺上的准备，消除了技术上的障碍。其次，到了宋代，染缬工艺外部环境逐渐恶化，蜡的缺乏和禁民间染缬的服制改革，从外部环境方面刺激了"药斑布"的产生。最后，随着元代以后平民百姓衣料逐渐由麻布向棉布的转变以及明末清初染料由菘蓝向蓼蓝的转型，极大地推动了蓝印花布的发展。

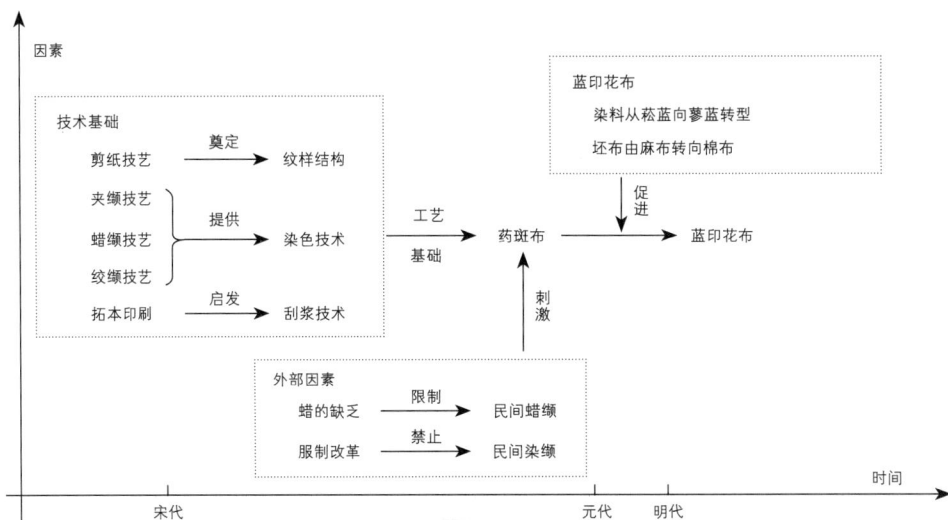

▲图1-21 中国蓝印花布起源的过程图

参考文献

[1] 钟海. 古代海上丝绸之路的兴与衰 [J]. 珠江水运, 2015(19): 66-67.

[2] 司徒尚纪, 许桂灵. 黄道婆对棉纺织业的贡献与我国海上丝绸之路 [J]. 新东方, 2017(3): 41-45.

[3] 范晔. 后汉书 [M]. 北京: 中华书局, 1965: 2849.

[4] 尤中. 公元十三世纪以前云南与中印半岛各地的交往 [J]. 云南社会科学, 1981(3): 55-61.

[5] 尤中. 古代中缅之间的经济文化交流 [J]. 云南民族大学学报: 哲学社会科学版, 1993(3): 20-23.

[6] 赵冈, 陈钟毅. 中国棉业史 [M]. 北京: 中国农业出版社, 1997: 21.

[7] 徐新吾. 江南土布史 [M]. 上海: 上海社会科学院出版社, 1992: 9.

[8] 李昉. 太平御览 [M]. 北京: 中华书局, 1960: 3650.

[9] 郑学檬. 唐宋元海上丝绸之路和岭南、江南社会经济研究 [J]. 中国经济史研究, 2017(2): 5-23.

[10] 陶宗仪. 说郛 [M]. 北京: 商务印书馆, 1927: 16.

[11] 王永平. 唐高宗、武则天时期中国与林邑的关系 [J]. 首都师范大学学报 (社会科学版), 2014(1): 23-27.

[12] 刘永连. 唐代中西交通海路超越陆路问题新论 [J]. 陕西师范大学学报 (哲学社会科学版), 2013(1): 112-118.

[13] 王缨. 上海植棉史考略 [J]. 中国农史, 1984(1): 38-43.

[14] 刘咸, 陈渭坤. 中国植棉史考略 [J]. 中国农史, 1987(1): 35-44.

[15] 江苏广陵古籍刻印社编. 笔记小说大观 (第七册)[M]. 扬州: 江苏广陵古籍刻印社, 1983: 334.

[16] 范晔. 后汉书 [M]. 北京: 中华书局, 1965: 2835.

[17] 上海古籍出版社. 宋元笔记小记大观 [M]. 上海: 上海古籍出版社, 2001: 2118.

[18] 陶宗仪. 南树辍耕录 [M]. 沈阳: 辽宁教育出版社, 1998: 288.

[19] 赵冈, 陈钟毅. 中国棉业史 [M]. 北京: 中国农业出版社, 1997: 2.

[20] 龚缨晏. 关于古代 "海上丝绸之路" 的几个问题 [J]. 海交史研究, 2014(2): 1-8.

[21] 范晔. 后汉书 [M]. 北京: 中华书局, 1965: 2835.

[22] 李延寿. 南史 [M]. 北京: 中华书局, 1975: 1983.

[23] 王金科, 陈美健. 总结我国古代棉花种植技术经验的艺术珍品——《棉花图》考 [J]. 农业

考古,1982(2):157-166,11.

[24] 于绍杰. 中国植棉史考证 [J]. 中国农史,1993(2):28-34.

[25] 徐光启. 农政全书 [M]. 陈焕良,罗文华,校注. 长沙:岳麓书社,2002:561.

[26] 田凯,高新伟. 从中国古代官吏的低薪看高薪养廉的制度瓶颈 [J]. 天府新论,2005(4):
107-110.

[27] 赵冈,陈钟毅. 中国棉纺织史 [M]. 北京:中国农业出版社,1997:29.

[28] 王祯. 王祯农书 [M]. 王毓瑚,校. 北京:中国农业出版社,1981:415-416.

[29] 王翠娥. 海南黎族纺织工艺考释 [C]//. 李铁柱. 中国博物馆协会民族博物馆专业委员会
2011 年年会暨学术研讨会. 2011:468-477.

[30] 仲富兰. 黄道婆与淞沪棉花传播考略 [J]. 历史教学问题,2006(6):21-24.

[31] 李斌,李强,杨小明,等. 南通蓝印花布印染技艺起源和发展研究 [J]. 武汉纺织大学学报,
2013(2):17-22.

[32] 李斌,李强. 织染江南:中国长三角地区染织类非物质文化遗产研究 [M]. 北京:中国纺织
出版社,2016:70.

[33] 周跃兵. 中国民间艺术初探——剪纸艺术的渊源与特点 [J]. 大众文艺,2011(19):182-
183.

[34] 吴元新. 江海之滨,终朝采蓝——南通蓝印花布工艺的传承与创新 [J]. 南通航运职业技
术学院学报,2009(2):5-8.

[35] 于雄略. 中国蓝印花布 [M]. 北京:人民美术出版社,2008:33.

[36] 李斌,李强,杨小明,等. 南通蓝印花布印染技艺起源和发展研究 [J]. 武汉纺织大学学报,
2013(2):17-22.

[37] [宋] 王谠. 唐语林 [M]. 北京:中华书局,1987:405.

[38] 沈从文. 谈染缬——蓝底白印花布的历史发展 [J]. 文物,1958(9):13-15.

[39] 陈朝晖. 浅谈拓印的历史与技法 [J]. 南方论刊,2017(8):71-72.

[40] 李强,李斌,杨小明. 中国古代造纸印刷工艺中的纺织考 [J]. 丝绸,2010(3):61-65.

[41] 朱熹. 朱子全集 [M]. 上海:上海古籍出版社,2002:836.

[42] 郑巨欣. 中国传统纺织品印花研究 [M]. 杭州:中国美术学院出版社,2008:109.

[43] 姜平. 南通土布的历史渊源及其贡献 [J]. 南通大学学报 (社会科学版),2008(2):86-91.

[44] 华业庆,刘燕. 论元代植棉业发展的原因及影响 [J]. 滇西科技师范学院学报,2010(2):
36-40.

[45] 李修生. 二十四史全译:元史 (第三册)[M]. 上海:汉语大词典出版社,2004:1856.

[46] 陶宗仪. 南村辍耕录 [M]. 沈阳:辽宁教育出版社,1998:288.

黄道婆文化的历史解构与当代建构

[47] 马端临. 文献通考 [M]. 北京:中华书局,1986:1333.

[48] 费利华. 泉州湾宋代海船保存现状的调查研究 [J]. 中国文物科学研究,74-79.

[49] 杨淑培. 中国古代对蜜蜂的认识和养蜂技术 [J]. 农业考古,1988(1):242-251.

[50] 脱脱等. 宋史 [M]. 北京:中华书局,1977:9534.

[51] 陈惟馨. 蜂蜡的应用概述 [J]. 明胶科学与技术,2006(3):153-158,160.

[52] 刘春宏. 灵岩寺宋代泥塑造像研究 [J]. 美术观察,2006(8):109-109.

[53] 张彦远. 历代名画记 [M]. 上海:上海人民美术出版社,1964:57-18.

[54] 张显运. 宋代养蜂业探研 [J]. 蜜蜂杂志,2007(5):14-16.

[55] 刘安定,李斌. 锦中文画:中国古代织物上的文字及其图案研究 [M]. 上海:东华大学出版社,2018:128.

[56] 脱脱等. 宋史 [M]. 北京:中华书局,1977:3576.

[57] 脱脱等. 宋史 [M]. 北京:中华书局,1977:3379.

文化起源篇小结

　　黄道婆文化作为中国古代长三角地区传统棉染织文化的典型代表，它的起源需要考虑三方面的内容，即黄道婆文化产生的内外史因素、上海乌泥泾棉纺织技术的起源以及南通蓝印花布印染技术的起源。

　　"海上丝绸之路"是古代中国与外部世界物质与精神交流的重要通道之一，它伴随着中华文明的诞生而萌芽，并随着中国古代皇朝的兴衰而发展（春秋战国时期）、形成（秦汉时期）、繁荣（唐宋时期）、衰落（明清时期）。中国南路棉花的传播正是借助"海上丝绸之路"的形成至繁荣时期完成其终极目标——衣被天下，顺利地将中国古代平民的服装衣料由麻织物转型为棉织物，影响深远。笔者认为，中国南路棉的传播路径是由陆路与海路复杂地交织在一起的。一方面，中国南路棉的传播主要分为三个阶段：第一，秦汉时期南路棉主要通过陆路由印度传播至滇西直至抵达广西、越南沿海地区。第二，南北朝时期至北宋时期逐渐适应了广西、越南沿海地区气候的南路棉主要通过"海上丝绸之路"传播至中国闽粤沿海地区，由于棉花性状的不稳定无法抵达江南地区。第三，南宋末年南路棉由木本转变为草本，性状逐渐稳定下来，通过陆路或海路顺利传播到江南地区。当然，随着棉花的传入，棉纺织技术也得到相应的传播。另一方面，元初时，黄道婆通过"海上丝绸之路"，顺利地将海南崖州黎族棉纺织技术与汉族丝麻纺织棉进行技术的融合创新，爆发式地提高了棉花的经济效益，为中国南路棉传播提供了强大的技术支持。简而言之，"海上丝绸之路"视角下中国南路棉花之路不仅是棉花与棉纺织技术的传播之路，还是西南多个少数民族与汉族共同对棉花的开发之路。

　　上海乌泥泾棉纺织技术对中国长三角地区的影响非常深远，它不仅从经济上全面改变了长三角地区的平民生活，而且从文化上塑造了该地区特有的平民文化。上海乌泥泾棉纺织技术，学术界普遍认为它是由黄道婆所创造。然而，通过对相关史料的分析，笔者认为，上海乌泥泾棉纺织技艺的产生是历史发展的必然。首先，在黄道婆进行棉纺织技术改造和传播之前，上海乌泥泾乃至长三角地区已开始了对南道棉花的改良工作，经过长期不懈的努力，终于在宋末元初培育出适合长三角地区栽培的棉种，为该地棉纺织技术的改造、创新做好了物质上的准备。其次，上海乌泥泾所特有的地理、政治环境均对棉纺织技术的传播提供了较好的自然和人文环境。最后，黄道婆的人生经历将长三角地区棉纺织技术的起源定格于上海乌泥泾。一方面，黄道婆具有在海南黎族地区学习黎族棉纺织技艺的经历，并且精通该项技术，为上海乌泥泾棉纺织技艺的诞生提供了技术支持。另一方面，黄道婆身上所有的"工匠精神"使得其能完成棉纺织技术的改造和创新，并无私地将棉纺织技艺传授给上海乌泥泾地区的乡民，最终才能形成上海乌泥泾所特有的棉纺织技术。

蓝印花布印染技术作为中国古代汉族地区流传最广的民间印染技术，给中国古代平民百姓创造出一片蓝天白云般的衣裳美。对于中国蓝印花布的起源问题，毫无疑问，它源于宋代的"药斑布"。但笔者认为，中国蓝印花布的产生是由多方面因素决定的。从工艺角度看，蓝印花布的前身"药斑布"融合了中国古代的剪纸、染缬、拓本印刷三大工艺。剪纸艺术为其花版制作奠定了纹样基础，三大染缬工艺则为其染色工艺提供了技术支持，拓本印刷工序启发了其刮浆防染工序。从原料的角度看，由于南北地域之间染织技术的交流，优良染料原料蓼蓝明末清初之时取代了原有的菘蓝染料；随着植棉在江南地区的传播与发展，印染坯布在元代之后逐渐由麻布向棉布转移。从外史的角度看，一方面，宋代蜡被广泛运用于生活的各个方面与获蜡途径的减少不仅导致蜡染在中原地区消亡，同时也决定了蜡不会被用于中原地区的染缬；另一方面，宋代服制改革，特别是染缬禁令在民间的强化，导致了夹缬和绞缬在中原地区的逐渐消亡，从而加速了蓝印花布的产生和发展。

技术内核篇

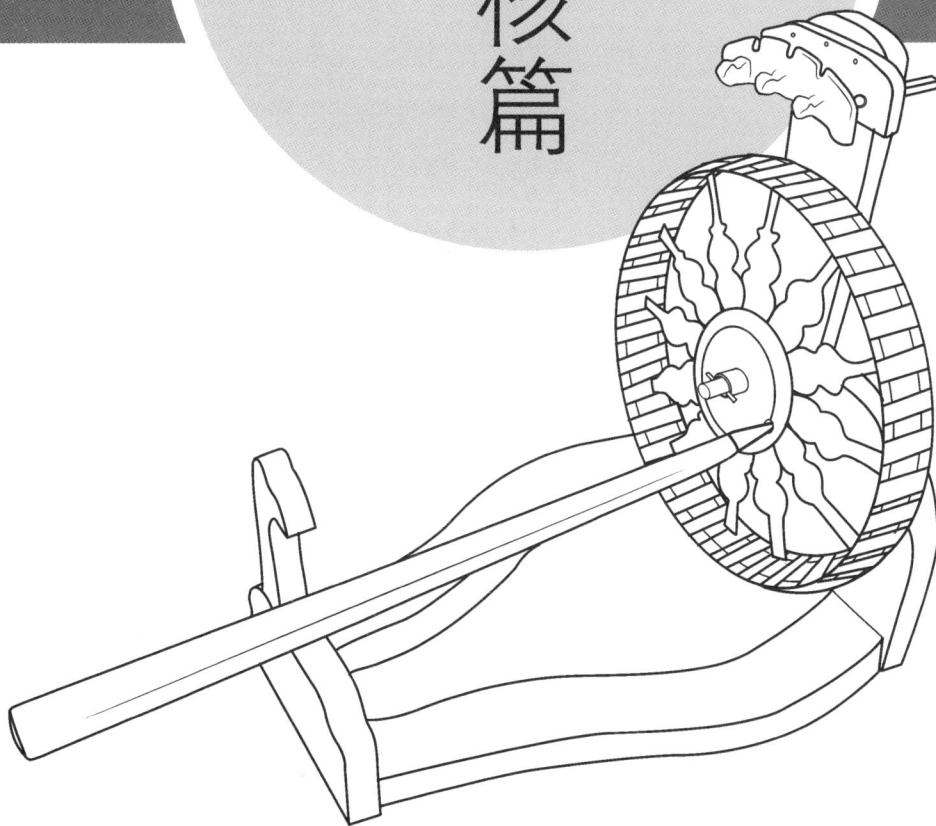

黄道婆文化的技术内核包括上海乌泥泾棉纺织技术和南通蓝印花布印染技术两部分内容。上海乌泥泾棉纺织技术是黄道婆文化的技术内核的核心，它是由黄道婆在融合海南黎族棉纺织技术与汉族丝麻织造技术的基础上创造出来，经过后世的"黄道婆"们不断革新而逐渐形成的一种区域性的棉纺织技术。而南通蓝印花布印染技术则是在中国长三角地区棉纺织业发展的基础上，将刮浆防染的灰缬技术运用到棉织物上，形成深受中国古代平民百姓喜爱的蓝印花布。简而言之，上海乌泥泾棉纺织技术是黄道婆文化的技术起点，而南通蓝印花布印染技术则是其技术外延，它们共同构成了黄道婆文化的技术内核。

上海乌泥泾棉纺织技术

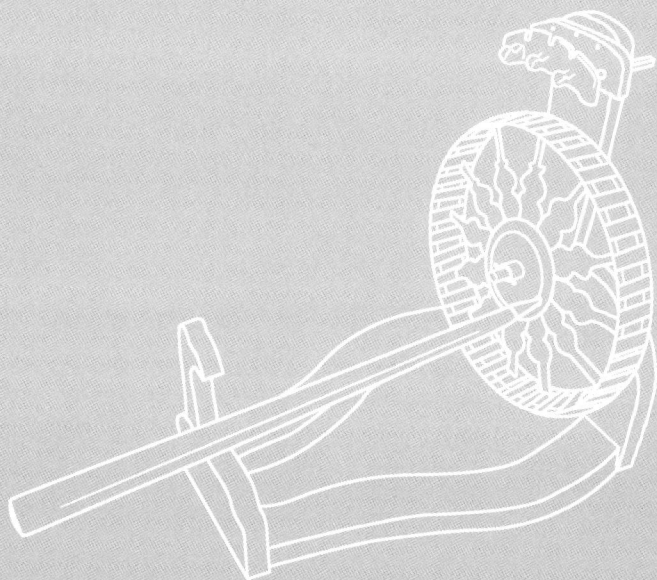

上海乌泥泾棉纺织技术包括棉花加工、纺纱、染纱、整经、络纬、浆纱及织造技艺。其中黄道婆的"错纱配色、综线挈花"织造技术是其核心，它能织出折枝团凤棋局字样，并且粲然若写的棉织物。既然黄道婆织出的棉织物其纹样形象逼真，那么，其织机类型有为花楼织机的可能，然而，上海乌泥泾棉纺织技术所采用的织机却非常简单，两者的矛盾必然激起我们探究上海乌泥泾棉纺织技术的本原。

第一节　上海乌泥泾棉纺技术

棉花属于种子纤维，在古代通过陆上或海上从国外被运往中国。早在公元前2世纪或更早的时候，中国就开始了对棉花的应用，但在宋代（960～1279年）以前，棉花的种植和利用仅局限在我国的南部、西南部和西北部少数民族地区，并未广泛传播到中原地区，这种情况大约持续了1000年之久[1]。直到宋元时期（960～1368年），棉花的许多优良纺织特性才被人们认识，加之棉花种植技术和棉纤维加工技术的突破，棉花才迅速取代苎麻纤维，成为和蚕丝一样重要的大宗纺织原料。

一、上海乌泥泾棉花的加工工序

棉花属于种子纤维，加工棉花的第一步就是要将棉团中的棉籽去除，如此才能供纺纱之用。在去籽过程中棉团很容易混入一些杂质和泥沙，因此，在去掉棉籽后必须进行弹棉这一步骤，将棉纤维开松，去除其中的杂质。最后，将棉纤维卷筳成棉条后才能更好、更有效率地供纺纱所用。

1. 去棉籽

去除棉花籽核的工艺经历了由原始的手剥法到轧棉法的发展历程，其中轧棉法先后经历了铁杖赶籽法、搅车轧棉法。搅车轧棉法又先后经历了三人操作的搅车轧棉法、一人操作的搅车轧棉法。手剥法这种原始的去棉籽方法，是最初使用的方法，是指徒手剥籽，而不利用任何工具。铁杖赶籽法的应用最早出现在宋代南方少数民族地区，北宋（960～1127年）成书的《泊宅编》、南宋（1127～1279年）成书的《岭外代答》和《诸番志》均有相关记载。如南宋地理学家赵汝适（1170～1231年）在《诸蕃志》中对捍棉的描述："南人取其茸絮，以铁箸碾去其子，即以手握茸就纺，不烦缉，绩以之为布。"[2]这种铁杖赶籽的方法被元初成书的《农桑辑要》所收录并加以推广，因此在元（1271～1368年）初，这种方法传入长江和黄河流域。王祯（1271～1368年）的《农书》中有图文记载搅车轧棉法，这时候的搅车需要三个人操作。同样成书于元代但晚于王祯《农书》的《辍耕录》中，记载了不久后出现的一人操作的搅车轧棉法，可惜记载不详细。后来，明代晚期成书的《农政全书》和《天工开物》中都用详细的版图，具体介绍了一人操作的搅车。笔者一直非常疑惑，长三角地区最初出现是三人操作的搅车，而不是一人操作的搅车，似乎不太符合技术由简至繁的规律。按照常理来看，长三角地区最初使用的搅车应该是海南黎族式小搅车（图2-1），这种小搅车是目前海南黎族地区使用的一人操作的传统搅车。这种现实与历史逻辑之间的矛盾，让笔者提出这样一种假设：出现在长三角地区的三人操作式的搅车是以海南黎族式小搅车为原型的，而最终出现的一人脚踏式搅车，是在此基础上进行了地方性改进而产生的。理由如下：①《泊宅编》《岭外代答》《诸番志》中均记载铁杖赶籽法，并加以推广，反映了在黄道婆出现之前，棉纺织技术以一种渐进式的、接力式的方式在向中原地

▲ 图2-1　海南的黎族小搅车

区传播。海南黎族发明创造的小搅车还没有传播至长三角地区；②海南黎族小搅车也许在黄道婆到达海南崖州前已经被创造出，又或是海南黎族在黄道婆的影响下完成了从铁杖赶籽的原始方法到小搅车轧棉法的转型，最终通过黄道婆的迁徙将其突发式、跳跃式地传播至长三角地区；③为了适应长三角地区农村人口资源丰富的特点，海南黎族小搅车必须扩大化和效率化，因此，黄道婆在对其进行传播的过程中，结合了长三角地区的社会、地理、经济以及文化等环境，对海南黎族小搅车进行了改良；④随着长三角地区搅车的进一步发展，丝麻纺织机械中的脚踏装置逐渐被采用，完成了从黎族小搅车发展到乌泥泾三人操作的大搅车，最终演变成为乌泥泾脚踏式大搅车的进化过程。

将黄道婆的事迹与相关农书中搅车的记载相互印证，同样能辅证笔者的假设。据《农桑辑要·卷二》（成书于1273年）记载："旋熟旋摘，随即摊于箔上，日曝夜露，待子粒干，取下。用铁杖一条，长二尺，粗如指，两端渐细，如赶饼杖样；用梨木板，长三尺，阔五寸，厚二寸，做成床子。逐旋取绵子，置于板上；用铁杖旋旋赶出子粒，即为净绵。捻织毛丝，或绵装衣服，特为轻暖。"[3] 棉花边熟边采摘，摘下后摊放在箔上日晒夜露，待其变干后收取。用长二尺、两头细、手指粗的铁杖和三尺长、五寸宽、二寸厚的梨木板一块，做成轧花床，将棉子放在轧花车的木板上，铁杖赶出棉花中的棉籽，边取边轧形成净棉。净棉用来捻棉纱，或作棉絮缝制出格外轻暖的棉衣。《农桑辑要》刊行在元宋隔江对峙之时，受蒙

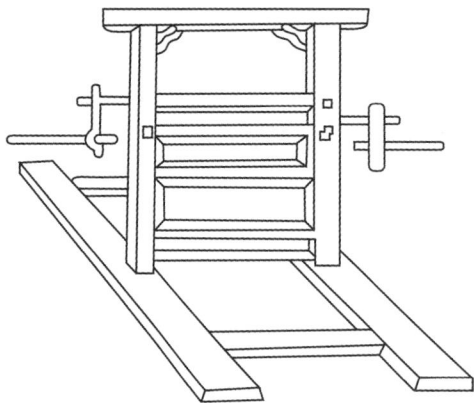

▲ 图2-2 王祯《农书》中的搅车

古灭金的战乱影响，黄河流域的生产遭到严重破坏。这部农书便是元初统治者为了恢复生产所组织编纂的，目的是指导各地的农业生产。由此可知，元初统治者已在黄河流域推广这种铁杖赶棉籽技术。到了黄道婆回到松江乌泥泾后十多年后，王祯《农书》记载的捍棉之具已经采用了搅车（图2-2）。"昔用辗轴，今用搅车，尤便。夫搅车，四木作框，上立二小柱，高约尺五，上以方木管之；立柱各通一轴，轴端俱作掉拐，轴末柱窍不透。二人抽轴，一人喂上棉花，二轴相轧，则籽落于内，棉出于外，比用辗轴（指二尺长的一条铁杖），功利效倍。"[4] 可见，黄道婆回到松江后，中国的捍棉技术发展很快，已经开始出现了搅车。

宋应星（1587～1666年）的《天工开物》、徐光启（1562～1633年）的《农政全书》中均描绘了明代出现的一人操作的搅车（图2-3、图2-4）。这种搅车明显属于四足脚踏式一人操作的搅车。一人操作的搅车的操作流程是右手摇动拐轴，左脚踩下踏杆，左手往搅车中喂入棉花，上海七宝棉纺织馆中保存着这种四足脚踏式一人操作的搅车。

▲ 图2-3 《天工开物》中一人操作的搅车版图

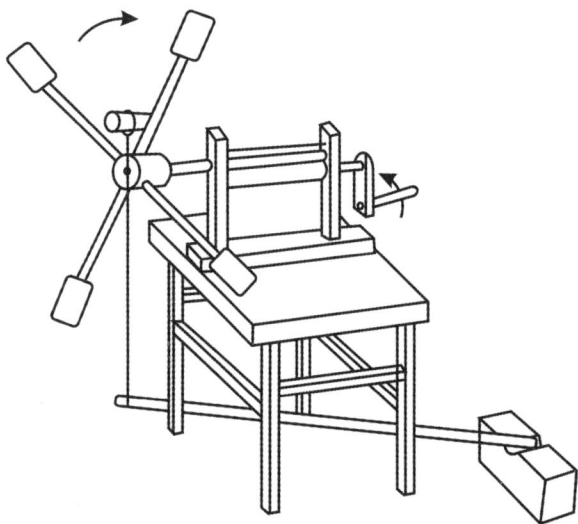

▲ 图2-4 徐光启《农政全书》中的搅车

2. 弹棉

弹棉又称弹花，是使用弹弓将棉花纤维进行开松，从而去除其中的杂质。古代长三角地区弹棉所用弹弓的图像信息是元代中期成书的王祯《农书》中的版画（图2-5），其弓"以竹为之，长可四尺许，上一截颇长而弯，下一截颇短而劲"，其操作是"控以绳弦，用弹棉英"。由此可知，元代中期使用的是以绳为弦的大弓，操作方式是手弹。这种弹弓与中国最早关于弹棉的文献中记载的弹弓相比，在形制和操作方面都有了很大的改进。南宋时期，当棉花还没有在长三角地区流传开来时，胡三省（1230~1302年）在《资治通鉴》卷一百五十九"身衣布衣，木绵帐皂"条目下指出弹弓"以竹为小弓，长尺四五寸许，牵弦以弹棉，令其匀细"，意思是弹弓是用竹子制成的小弓，长度在四五寸左右，小弓上牵有细弓弦用来弹棉，令弹出的棉花均匀精细。不难看出，弹弓最初具有外形较小，弓弦细，操作方式是手弹的特征，较元代中期的效率要低很多。

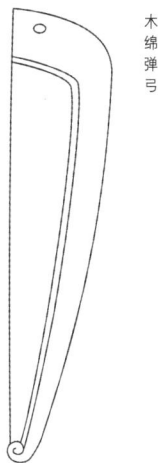

木绵弹弓

▲ 图2-5 王祯《农书》中的弹弓版图

到元末，出现了槌弹工艺。元末成书的《辍耕录》中有松江"初无踏车、椎、弓之制"，可知到成书之时已有"椎"（即槌弹）制。所谓槌弹是指用槌子突然打击弓弦，而引起弓弦强烈的震动，从而使弓弦下的棉花受到振动而开松。《辍耕录》中虽有文字记载，但可惜并没有槌弹的图版。直到明代《天工开物》中才有槌弹的图版（图2-6），并且"蜡丝为弦"，弓长较元代更大，为"长五尺许"。从图2-6中，可以看到柱旁的弯竹将弦挑起悬挂在一旁，因此明代的这种弹弓的弹力很大。这种形制的作用有二，一是将弹弓的重量负于柱上，减轻操作者的负担，二是加大了拉弦的力气，使弦拉得更紧，因此槌弹有更大的开松力。从清代成书的《木棉谱》中可知，清代的弓将弓弦换成了羊肠，弹棉工艺沿用了明代的工艺[5]，足见弦的弹力性能更好，这也是对明代工艺的一种改进。笔者

天工开物
卷上
四三

棉弹

▲ 图2-6 《天工开物》中的弹棉版图

▲图2-7 黄道婆纪念馆中的弹弓

木绵捲筵

▲图2-8 王祯《农书》中的卷筵工具

通过在上海黄道婆纪念馆的实地考察，发现馆中的弹弓（图2-7）和《天工开物》中所描述弹弓一模一样，只是未将悬挂弹弓的竹竿固定在柱上，而是固定在弹花匠背上。显然，弹花匠可以通过调整上半身的倾斜度来调度竹竿位置。这样，从一个侧面辅证了弹棉工艺的历史变迁，即追求效率和灵活的原则。

3. 卷筵

卷筵又称擦条，相当于现代的梳棉成条。卷筵是为了将被弹松散的棉纤维梳理呈筒条状，如此才能顺利地将纤维从棉条中抽出，以便后续纺纱工艺的顺利进行。如用纺专或捻棉轴纺纱，则不需经过这道工序，可直接将弹松的棉花就纺。但若用纺车纺纱，就必须先进行卷筵这一工序，因为在锭子快速转动的情况下，仅用手撕扯棉花很难保证纱条的均匀[6]。

据王祯《农书》中的记载："淮民用蜀黍梢茎，取其长而滑，今他处多用无节竹条代之。"其图版如图2-8所示。据说，元代棉纺专家黄道婆（1245～约1330年）就用一根尺多长的无节细竹条，把熟花搓卷成八、九寸的棉条，这较原来"一把抓"在工艺上不知提高了多少倍[7]。可见，卷筵工具的选用是因地制宜的。但无论使用何种工具，卷筵的目的都是在经过这一工序后能提高纺纱的效率，并且纺出更加均匀、精细的棉纱，这也是卷筵工序的意义所在。其实，清代之后，在很多地区卷筵不用手擀，用搓花盖擀，两者在操作上并无太大区别，只是用搓花盖代替手，可以避免手长时间擀棉条出现不适。

二、上海乌泥泾传统棉纺纱技术

上海松江乌泥泾纺棉纱主要是通过纺车来实现，纺车又分为单锭手摇棉纺车和三锭脚踏棉纺车两种。黄道婆纪念馆和七宝棉纺织馆中都藏有单锭手摇棉纺车（图2-9）和三锭脚踏

黄道婆文化的历史解构与当代建构

纺车（图2-10）。据考证，在汉代帛画、画像石、画像砖中都可见手拨纺车的形象[8]，从手拨纺车历经了十分漫长的过程才演变为手摇纺车：手拨轮辐传动纺车（估计战国已出现，最晚在西汉时出现）→手摇曲柄轮辐传动纺车（北宋）→手摇曲柄轮制传动纺车（绳为辋，南宋）→手摇曲柄轮制传动纺车（木为辋，元）。因此，我们现在所见的手摇纺车应该出现于南宋时期，元代以绳为辋的手摇曲柄轮形制的传动纺车，以其简单的操作、便宜的价格等优势，在长三角地区广泛传播，并在这一过程中迅速地定型下来。如图2-10所示，动力装置、传动装置和工作装置三个主要部分构成了这种纺车，动力装置包括绳轮、曲柄；传动装置包括绳和皮带，两者将动力装置和工作装置连结在一起；工作装置就是锭子。纺妇用右手摇动曲柄，绳轮随着曲柄的转动而转动，随之运动的是作为传动装置的绳子或皮带，锭子也做相应的转动。纺妇的左手则握着搓好的棉条，棉条在锭子的转动下完成加捻，这时纺妇用左手轻轻地向后上扬牵扯棉条，如此就能从棉条中抽出棉纱了。不停地重复上述的系列操作，直至一根棉条快要纺完之际，将第二根棉条拿起并绩接起来，直至棉纱完全绕满锭子。

图2-9　单锭棉纺车

图2-10　三锭棉纺车

上海松江乌泥泾地区的三锭脚踏棉纺车，据说是黄道婆在三锭脚踏麻纺车的基础上改进而来的。这种三锭脚踏棉纺车主要由传动带、纺纱机构和脚踏机构三个部分组成。绳索或者皮带充当了其传动带；锭子是纺纱机构，它们被固定在纺轮上方的月牙形木板里或在其上；脚踏机构（图2-11）是一根踏杆，锥形的一段被铁皮包裹，将锥尖放入轮面上靠近轮轴处的一个小孔内，踏杆的另一端架在C形支架上，且在C形支架点将踏杆分成约4∶6，两脚就踏在C形支架点的两侧。纺轮上的皮带或绳索通过其上端的锭子，两脚在C形支架点的两

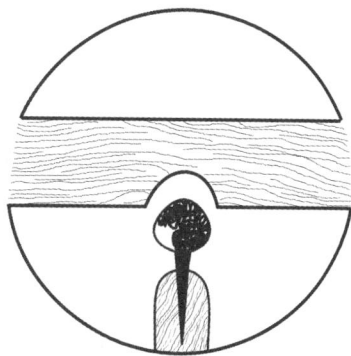

▲图2-11　脚踏纺车中的铁凸钉装置

侧交替踏动，能够带动轮面转动，因而带动皮带或绳索向前滚动，于是皮带或绳索的摩擦使锭子转动，从而完成纺纱。

三锭脚踏棉纺车和三锭脚踏麻纺车形制完全相同，不同之处在于三锭脚踏棉纺车的纺轮要比三锭脚踏麻纺车小得多，同时脚踏木辊的支点和纺轮的偏心距离也做了相应的调整，用这种三锭脚踏棉纺车纺花，既省力，又大大提高了功效[9]。三锭脚踏棉纺车之所以会进行如此改动，有两方面的原因：①三锭脚踏棉纺车的纺轮与锭子的转速比在1∶80和1∶90之间，这种高转速比的纺轮，并不适合纺织作为短纤维的棉花。若完全采用三锭脚踏麻纺车的纺轮，会使棉条在还未进行牵伸的时候，就已经崩断在其中了。因此，要想减慢纺轮的转速，就要缩小纺轮的直径，从而达到不崩断棉纱的目的。②纺轮在脚踏木辊的支点和纺轮的偏心距离上作了改变，主要目的是省力。三锭脚踏棉纺车是利用杠杆一端与纺轮结合组成偏心轮装置，形成类似于曲柄转动纺轮的功效。当双脚踏在杠杆支点两侧时，杠杆在支点处做圆周运动时，通过偏心轮装置而带动纺轮的转动，纺轮又带动皮绳或皮带产生位移，从而带动纺轮上方三个锭子的转动。纺妇双脚踏动木辊，左手运用三个指缝夹棉条进行牵伸，右手用一根细长木棍捋棉纱，防止在纺纱过程三根棉纱黏合在一起。

《第二节》 染纱、整经、络纬、浆纱

纺棉完成后，到上机织造前，还需要一些必要的准备工作。这些准备工作主要包括染纱、整经、络纬、浆纱，这些工艺能够辅助织造工作顺利完成。

一、染纱

棉纱纺好后，如果需要色织的话，就必须要进行染棉纱。元代海南黎族棉纱的染色技术已经达到一定的水平。黎族染料主要采用野生或种植的染料，具有色彩艳丽、不易褪色的特点[10]。黄道婆把黎族人民的棉花染色技术带回到上海松江地区后，又借鉴了江南地区的丝染色技术，从而创造出棉染色的工艺。

长三角地区地处华北和岭南之间，华北地区和岭南地区所生长的染料植物几乎都能在长三角地区获得。华北出产的茜草、虎杖、紫草、荩草、槐树、栗树等和岭南地区所产的杨梅、郁金、姜黄等在长三角地区都能生长，因此，该地区的染料明显具有华北和岭南的双重特性。长三角地区地理环境的优势，造就了其高超的染色技术。据明代《天工开物·彰施第三》中详细记载了制作各种色彩的方法，如茜草、红花、苏木可以制成红色染料；郁金、荩草、栀子、姜金和槐米可以制成黄色染料；蓝草制成的靛蓝则归于青色染料；皂斗和乌桕等可归于黑色染料。这些颜色再通过媒染、拼色和套染等技术，就变化出无穷无尽的色彩。乌泥泾染棉纱主要是通过这些染料来对棉纱进行染色。如图2-12所示为一种最常见的染棉工艺，首先，用一个大缸盛所需颜色的适量染液。其次，将纺好的棉纱放进染缸中，染匠站入染缸内，用脚不断踩棉纱，使染料能渗入棉纤维中。最后，将染好的棉纱拿出来晒干。

▲ 图2-12 棉纱染色（七宝棉纺织馆）

第二章 上海乌泥泾棉纺织技术

043

二、整经、络纬、浆纱

整经、络纬是棉纱上机织造前最重要的准备工作，王祯的《农书》具体描述了整经的工具经架（图2-13）和络纬的工具纬车（图2-14）。经架"牵丝具也。先排丝篓于下，上架横竹，列环以引众绪，总于架前轻牌；一人往来，挽而归之纴轴，然后授之机杼。"纬车"其柎上立柱置轮，轮之上近，以铁条中贯细筒，乃周轮与筒，缭环绳。右手掉轮，则筒随轮转，左手引丝上筒，遂成丝纴，以充织纬。"简而言之，纬车就是将棉篓中的各色棉纱转纺到梭子中的纱管中，以备织纬时用。笔者曾在上海七宝棉纺织馆中见到过原本用于丝纺织的这两种器具应用于棉纺织。

▲图2-13 《农书》中的经架

▲图2-14 《农书》中的纬车

棉纱上浆很特别，据徐光启《农政全书》记载，有两种方法。"南中用糊有二法：其一，先将绵纴作绞，糊盆度过，复于拨车转轮作纴；次用经车薵回成纴。吴语谓之浆纱。其二，先将绵纴入轩车成纴，次入糊盆度过，竹木作架，两端用綷急纴，竹帚痛刷，候干上机。吴语谓之刷纱。南布之佳者，皆刷纱也。"[11]由此可知，棉纱的上浆一种是在整经前上浆，如图2-15所示为整经前上浆的棉纱，即绞纱上浆；另一种则是在整经后上浆。不管顺序如何，上浆处理后的棉纱可以增大强力和耐磨性，减少毛羽等，大大改善纱线性能，从而达到织造工艺上的要求。

▲图2-15 浆好的棉纱（七宝棉纺织馆）

❀第三节❀ 织机准备

　　棉纱经过织造前的整经、络纬、浆纱的准备工作，就可以运用织机进行织造工序，松江乌泥泾棉纺织技艺包括织布和织带两类。因此，织造棉布采用棉织机，织造绦带采用织带机。

一、棉织机

　　根据王祯《农书》中有关棉织机的记载："绵丝经络比绸工，织纴机张与布同，既可为衣代绸布，便知器用两相通。"由此可知，棉织机与麻织机相同，并且共有两种类型的织机，一种是用来织平民穿的棉布也就是平纹棉布的织机（图2-16），它包括两片综和两个踏板。两片综的作用是控制奇数根经纱或偶数根经纱，每片综由上、下两个综竿构成。两个踏板的作用是对应着两片综的下综竿，并且相连，两片综的上综竿则分别连结在机架上方一根杠杆的两端。当一踏板被踩下时，与此相连的综片下降，使一层经纱向下形成开口；而同时另一综片因杠杆的作用被提升，使另一层经纱向上形成开口，正是因为两片综的这种互动关系，使引纬、打纬的梭口很大。当踏动另一踏板时，亦然，正好可以完成经纱的换层。另一种织机是提花织机（图2-17），用来织贵族使用的棉布。这种织机可能在官营织造作坊中的某些特定时期运用于棉布的织造，其织造原理是一人提花一人织，提花织机需两人配

▲图2-16　平纹斜织机（黄道婆纪念馆）

▲图2-17　小花楼提花织机（《蚕织图》）

合默契。如图2-17所示，左上一小厮坐在"花楼"上，他主要的任务是依照花纹样图来控制经线的起落，最后织成花纹的效果，右下一位妇女坐在织机旁，左手拿着梭子右手操作筘，完成穿梭打纬的过程。在织造的过程中，需要两人紧密配合，有一点失误都会织成错误的花纹。

二、织带机

松江乌泥泾棉纺织技艺还包括织带，而织带的机械是织带机，绦带又称"带悦"，其作用是作为衣物的镶边或是装饰的丝带。绦带有两种织造方式，编织绦带和机织绦带，编织绦带是纯手工技艺，采用手经指挂的方法，缺点是耗费时间长，产量低，早在春秋至秦汉时期出土的实物都是纯手工编织绦带。而机织绦带是使用织带机，不仅提高了生产效率，而且可以织出复杂的图案和花纹[12]。宋元时期，黄道婆对棉纺织工艺和工具的改良传播之后，棉纺织手工工艺快速发展，棉纱织绦带的技艺也传播到了上海松江地区。笔者在上海七宝棉纺织馆中见到过织带工具（图2-18），由于没有实物和照片的操作展示，其操作步骤不得其解。幸运的是，笔者在2012年3月10日至5月1日举办的无锡首届市民摄影节的展示网站上意外地发现了这种织带机的操作照片（图2-19）。照片显示，正在织造的绦带是平纹绦带，因为它的提综片只有一片，通过提综片中小竹棍上的小孔和两个小竹棍的间隙将奇偶经线分成两层。经线采用多种颜色，而纬线只有白色一种，很明显属于经线显花的织物。这种织机操作非常简单，先提起综片形成一个开口，用刀杼投梭打纬，然后放下综片，由于小竹棍上的小孔与小竹棍间隙使两层棉纱线本身就具有一定的高度差，自然就完成了换层，出现开口，织者再用刀杼投梭打纬，完成一个织造循环。以后反复这样操作，直至完成绦带的织造过程。

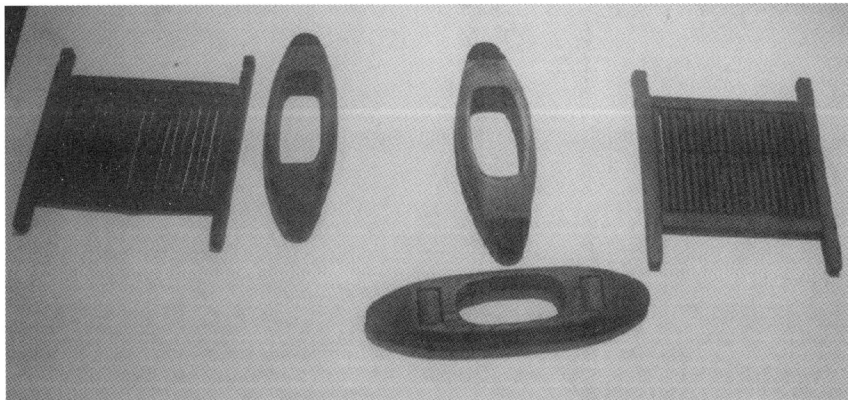

▲图2-18　梭子和织带提综装置

由于织造绦带与提花织造在工艺技术层面没有什么区别，唯一的不同就是织幅宽窄不同，织物厚薄不同。因此，从综多蹑织机不仅可以织造提花织物，也可以用来织造绦带。笔者认为，虽然可以用来织造绦带，但是在官营或私营的织造作坊里，织造的丝绦带应该远多于棉绦带。然而对于民间作坊来说，由于如图2-19所示的织机的简单性和易操作性，并且民间仍有实物存在，这些都表明民间织造棉绦带就是用这种简单的织机。

▲ 图2-19　织带机的操作

第四节　黄道婆的"错纱配色、综线挈花"技术

元代学者陶宗仪的《南村辍耕录》中记载黄道婆事迹时指出："造杆、弹、纺、织之具，至于错纱配色，综线挈花，各有其法。以故织成被褥带悦，其上折枝团凤棋局字样，粲然若写。"[13]那么，黄道婆的"错纱配色，综线挈花"到底是采用何种古代织造器具实现的？目前，纺织史学界并没有给出明确的解释，几乎都认为是利用当时丝麻手工业中先进的织造工具来完成的。然而，笔者通过对相关历史资料的搜集、整理、分析，并亲自到上海地区的博物馆进行实地考察，可以断定黄道婆完成"错纱配色、综线挈花"技术并非完全利用当时丝麻手工业中先进的织造工具。对这一问题进行深入探究，有助于我们更进一步理解黄道婆棉纺织技艺的奥妙。

一、"错纱配色、综线挈花"的定义及其实现

"错纱配色、综线挈花"到底是什么样的织造技艺？一直以来都充满着神秘的色彩。笔者倾向于它是一种较为古老的提花技艺，源自海南黎族原始腰机的织造技术。那么，上海松江乌泥泾是否存在实现"错纱配色、综线挈花"的织具呢？

1."错纱配色、综线挈花"是一种提花工艺

棉纺织行业中的"错纱配色、综线挈花"是指一种纺织工艺，工序步骤如下：首先，用棉纱作为原料进行色织，简而言之，就是先将棉纱染成所需的各种颜色，然后用这些彩色的棉纱通过提花技术织造成含有各样图案的棉布。具体来看，"错纱"，就是让不同色彩的经纱在牵经时交错排列；"配色"，就是让不同色彩的纬纱在织造时交替织入；而"综线、挈花"，则是利用束综提花装置，织造大提花织物[14]。根据以上描述可知，黄道婆的"错纱配色、综线挈花"技艺其重点强调的是织造带有花纹棉布的一种工艺。笔者认为，黄道婆的"错纱、配色、综线、挈花"最初是在原始腰机上进行操作。"错纱"是一种编排纹样的方法，它与黎锦的"错格编排法"编排纹样异曲同工，即前一纬的提花格与后一纬的提花格有1/2个提花格的错位[15]。黎锦采用的是"错格编排法"，即前一纬的提花格与后一纬的提花格有1/2个提花格的错位（图2-20）。织者所需的提花图案都在这样的"错格编排版"上设计，其体现了"所编即所排"，可以让广大织工在很短时间内织出所设计的图案，起到类似建筑行业中

施工图的作用，在平面设计效果图与广大织工中架起了沟通的桥梁[16]。

笔者用原始腰机经线分层来说明"错格编排版"（图2-21）：

（1）如图2-21所示，每个圆点都表示一根经线，示意图1为从织工左边开始用分绞棒将经纱分成一上一下且经纱根数相同的F层和G层，最开始要从右往左织一纬平纹，即纬线织入F、G层之间。

（2）示意图2则为从织工左侧开始将F层又分为一上二下的F_1层和F_2层。如果将F_1看成一层，将F_2、G两层看成一层，示意图2中的经线分层则为一上五下，这样在示意图2中F_1层形成一上五下的提花格a_1a_2、a_2a_3、a_3a_4……需要提花则将纬线织入F_1、F_2层之间，不需要提花则将纬线织入G层之下。因为在示意图2中，纬线在F_1、F_2层之间有五个点即五根经线的位置可以被看见，这正是显花的原因。而示意图2中纬线在G层下面，没有一个

▲图2-20　错格编排版

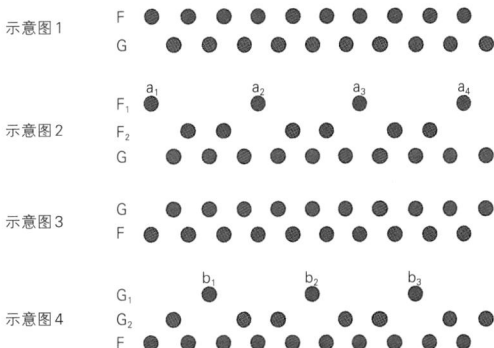

▲图2-21　原始腰机经线局部正面分层图

点即一根经线的位置可以被看见，这正是不显花的原因。织工按照图样的要求，承接第一纬平纹从右往左操作后，再从左往右在F_1、F_2层之间或G层之下分别进行提花或不提花的投纬操作。

（3）示意图3为织入第一纬显花纬后，将F、G两层互换的图例。从织工左侧来看则将原始腰机上的整个经线分成一下一上两层。随后，再从右到左在G层和F层之间织一纬平纹。

（4）示意图4则为从织工左侧开始将G层第二根经线提起，按一上二下的规律将G层分成G_1、G_2两层，同理出现一上五下的提花格b_1b_2、b_2b_3……然后设计要求从左往右在G_1、G_2层之间或F层之下织入第二根分别进行提花或不提花的投纬操作。

如此反复以上四个步骤即可完成提花操作的全过程。

综观示意图2和示意图4中的提花格位置发现b_1正处于a_1a_2的中点位置，b_2、b_3也分别处于a_2a_3、a_3a_4的中点位置，这正是前、后纬提花格形成错位的关键，也是形成"错格编排版"的关键。而织平纹的纬线和"一上五下"中"一上"的经线点在两纬间的距离分别构成

提花格的小矩形的长和宽，这样提花格就形成了。

"配色"是指利用彩经彩纬配色。"综线"就是通过提起经过组织编排好的地综和花综来完成织物的纹样，在原始腰机上以提花竿来实现，而在汉族地区的双综双蹑织机上很难实现。双综双蹑织机只能织造比较结实耐用的织物，其优势体现在织造效率和人的舒适度方面。但由于原始腰织机提花竿的数量非常有限，一般在30根以内，如果太多的话就不利用织造，原始腰机本身就比较小且纱线也比较脆弱易断。如果采用一花一地的排列织造，原始腰机上纬纱的循环最多在60纬以内。因此，如果织造比较复杂的纹样，这种"综线"方法显然是不堪重负的。但宋元之交海南临高（非黎族，乃百越一支，近代被认为是"熟黎"）妇女发扬了挑花技术，花纹循环可达数百根。虽然挑花的生产效率非常低，但临高妇女在长期挑花过程中不断摸索，总结造规律，把复杂的过程简单化，从而提高织造效率。笔者认为原始腰机上的挑花就是最原始的"挈花"技术，即利用挑花刀按照图案纹样在经线之间进行挑织，这样就突破了提花竿数量的限制，非常灵活，能够织造出"粲然若写"的图案纹样。黄道婆"自崖州来"说明她和海南的临高同胞生活过很长一段时间，并且掌握了精湛的棉纺织的挑花技术。从松江地区早期比较出名的"番布"特点，可知其具有海南特色。另外，原始腰机的制作简单，也与陶宗仪《南村辍耕录》中所载黄道婆的"乃教以做造捍、弹、纺、织之具"所契合，直到近代，一般具有架式结构的织机都是由专门的工匠制作，试想一个古时妇人如何能制作出较复杂的织机呢？[17] 只是到了后来，随着织麻所用的织机渐渐取代了黄道婆最初所用的原始腰织机，"错纱配色、综线挈花"技法渐被人们所忘却。

2. 元代松江地区可以实现"错纱配色、综线挈花"的织具

与黄道婆同时代的王祯《农书》中并没有关于棉纺织中的"错纱配色，综线挈花"的详细解释，但笔者可以根据《农书》中的相关记载进行合理的推论。《农书》农器图谱集之十九纩絮门（木棉附）中指出，棉花经过去核、成条、纺纱、拔车或轩车遂成棉繀，然后用浆糊对棉繀煮过、晒干，就可以络于籰上，其后的经纬制度，一仿绸类[18]。其实，在棉繀上浆前进行染色处理就可以织造出带有彩色纹样的棉布。染色、上浆后的棉繀具体可在经架和纬车上进行牵经和织纬。因此，在整经时只需将棉籰丝籰换成棉籰，同时按棉布花纹所需经线的根数和颜色种类相应地将载有各种颜色棉纱的棉籰排列好，就能完成"错纱"的工艺。纬车就是将棉籰中的各色棉纱转纺到梭子中的纱管中，以备织纬时用。为证实这一推论，笔者曾到上海七宝棉纺织馆中实地考察，并亲眼见到过这两种器具应用于棉纺织，可见王祯《农书》中"经纬制度，一仿绸类"所言非虚。

同样，"综线挈花"在元代江南丝织行业中流行的花楼织机也能实现这一效果，其实这种花楼织机早在南宋时期就已经出现。根据南宋吴注本《蚕织图》中的小花楼提花织机可知，其结构非常清晰，并且可以看出来是织平纹地起花纹的织机，因为织工前面的地综只

有两片，只能织平纹织物，而花综则有很多片。说明了在织造工艺上，元代的花楼织机如果应用于织棉就能实现"综线挈花"，从而达到"其上折枝团凤棋局字样，粲然若写"的程度。然而，《农书》中的"经纬制度，一仿绸类，织纴机杼，并与布同"则否定了这一假想。王祯明确指出织棉的织纴机杼和织麻的器具相同，并没有采用当时丝织中先进的织造工具——花楼织机。

根据陶宗仪《南村辍耕录》的记载可知，黄道婆是在元代元贞（1295~1297年）年间返回松江的。而王祯《农书》中的自序明确写到，其整本书的完成时间是在1313年间[19]。根据时间我们可以知道，王祯《农书》是在黄道婆返回松江十多年之后才完成的。因此，《农书》中棉纺织的描述在时间上与黄道婆在松江乌泥泾传播棉纺织技术的时间是吻合的，具有很高的可信度。那么，我们就会有两个疑问，为什么元代棉纺织中会出现"经纬制度，一仿绸类，织纴机杼，并与布同"？不采用花楼织机，黄道婆是如何实现"综线挈花"的？

二、经架和纬车的简单特性决定其被织棉所用

元代经黄道婆传播而在松江乌泥泾兴起的织棉技术，吸收并运用了丝纺行业的经纬制度，所谓经纬制度主要指的是将丝纱通过经架和纬车分别制成经线和纬线的程序。笔者认为，其中包含有社会和经济两大因素。第一，经架和纬车的结构非常简单，制作并不复杂，其所需成本也是一般的平民家庭所能接受的，上海七宝棉纺织馆以及上海黄道婆纪念馆都能见到用于棉纺织的经架和纬车。相反，花楼织机却根本无法在与黄道婆以及棉纺织相关的纪念馆中看到。第二，经架和纬车结构非常简单，所以操作并不是很复杂，不需要具备很高的专业性，家中老幼妇孺皆可操作使用。因此，正是因为丝纺行业中经架和纬车成本较为低廉，且操作起来方便简单的特性，使其具备了作为家庭棉纺织手工业的社会属性，并且能够迅速地从丝纺织行业运用到棉纺织行业。

三、黄道婆的身份决定了棉织机的简单性

黄道婆的具体身份已经无法确定，但她属于"民籍"的阶级身份确是无疑，正是这种"民籍"身份，确定了棉织机的简单性与易操作性。同时，花楼织机结构的复杂性与操作合作性也确定了它无法为黄道婆采用，棉织机遵循着"器简技高"的发展路径。

1. 黄道婆民籍身份的确定性

目前，关于黄道婆详细的身份信息学界并没有明确的解释，其中包括黄道婆的姓名、籍贯和生卒时间等均没有统一的说法，唯一可以确定的是她是一位勤劳质朴、善良勇敢且富有

智慧的元代劳动妇女。其实，黄道婆的确切姓名、籍贯和生卒时间对于我们认定黄道婆的"综线挈花"技术是否采用花楼织机并不是最重要的因素，反而，她是否为匠籍的问题则至关重要，因为在元代只有具有匠籍（包括官匠和民匠）身份的人才有可能接触并掌握像花楼织机这样复杂的手工纺织机械。然而，笔者通过对黄道婆相关史料以及元代的户籍管理资料的考察和研究，认为黄道婆的身份并不具备匠籍的条件。

首先，根据《南村辍耕录》中"转货他郡，家就殷"[20]所描述的可知，自宋代以来，从事棉纺织业的劳动人民大多都是将棉纺织作为家庭的副业，以贴补农耕的收入不足。根据历史记载可知，元代松江府地区棉布生产量很大，但还看不出来当时从事纺织业的是专业的纺织工人，应该说是农民[21]。这也说明了在元代从事棉纺织业的大多为普通农民，并不属于匠人行列。民籍首先是一般的地主、自耕农、半自耕农、无耕地的租佃户组成[22]。由此可知，作为从事棉纺织行业的农民，其身份也属于民籍的范围。

其次，关于黄道婆的相关研究以及传说，都不能明确黄道婆是否具有匠籍的身份，反而辅证了黄道婆的民籍身份。关于黄道婆的经历并没有非常确切的记载，主要是在陶宗仪的《南村辍耕录》、王逢的《梧溪集》以及上海地区、海南地区的地方志当中有所记载，目前学术界仅仅是根据这些记载进行一些演绎。然而，对于黄道婆"自崖州来"这一观点，众多学者是没有异议的。在元代，元政府为防止工匠脱籍逃逸，对在籍工匠的管理是非常严格的，而针对逃脱的工匠，元政府也会追捉回官。因此，元代匠人想要自由迁徙几乎是不可能的。据元末明初学者宋濂（1310～1381年）的《宋学士文集》卷一《元故文林郎同知重庆路沪州事罗君墓志铭》记载："郡（抚州）有织锦工，尝籍于官，竟遁入武昌，出入辨章温公门。"然而，就算这位织锦工投到权贵辨章温公门下，最终还是被抚州判官罗文节缉捕回官。可见，元代对在籍匠人的管理严格，如果黄道婆隶属匠籍，那么她自由迁徙的可能性就非常小，更不可能从遥远的海南崖州顺利地来到松江乌泥泾，并在此传播棉纺织技术。

乌泥泾古名宾贤里，别称乌泾，根据历史考证，该地交通便利，经济发展繁荣，宋元时期就已经发展成为一个经济繁荣的大镇[23]。因地理位置方便，政府在此设置了太平仓，可储备粮食二十万石，同时它也是松江府漕粮的转输重地。之后又在乌泥泾地区完善了治安机构，设置巡司，与青浦、青龙、邹城、新泾一起成为上海县五大巡司[24]。可见，乌泥泾在黄道婆到来之前，就已经发展成为一个行政机构完善、经济发达的地方。如若黄道婆当时是匠籍身份，尤其是官匠，早就被当地的巡司抓捕或征调，根本无法光明正大地教当地百姓进行纺纱织布，这又辅证了黄道婆的"民籍"身份。

综上所述，我们根据目前学术界关于黄道婆的相关研究和传说，通过对元代从事棉纺织行业人群户籍的分析，并结合当时元代松江乌泥泾地区的政治、经济发展程度，可以断定黄道婆的民籍身份。虽然在中国历史上几乎每个封建王朝对老百姓户籍管理都相当严格，然而，不可否认，具有民籍身份的黄道婆在宋、元王朝交替之时以"流民"的身份来到松江乌泥泾地区，相对于具有匠籍身份的人还是要容易得很多。

2. 黄道婆的民籍身份限制了棉织机的复杂性

笔者认为，黄道婆的"民籍"身份决定了她不可能将花楼织机运用到棉织物的织造上。理由如下：首先，元代在户籍的管理上非常严格，一旦认定为匠籍就要世代相袭，除非有官府的变更或放免规定。明朝初年，在其里甲黄册制度未建立前，基本上沿用元代的户籍管理制度，从中可以窥见户籍制度的严密。《明会典》卷十九《户口》洪武二年（1369年）"凡军、民、医、匠、阴阳诸色户，许各以原报抄籍为定，不许妄行变乱，违者治罪。"[25] 因此，黄道婆作为"民籍"身份，根本无法精通当时最复杂和最先进的花楼织机。

其次，黄道婆也不存在官营织造工场掌握花楼织机的织造工艺的可能。元代官营手工工场的生产管理十分严格，工匠在入局服役劳作期间严格遵循"匠不离局"的规定，所有的程限、物料都有严格的管理。工匠造作完毕，要将剩余的物料在规定期限内上交还官，私带出局者视为盗窃，依律治罪[26]。这样就排除了黄道婆从官营织造工场掌握花楼织机的织造工艺的可能性。

最后，黄道婆也不可能从私营手工业工场那里掌握花楼织机的奥妙。因为历代私营手工业者都有一个共同特点，为了使自己在市场竞争中形成特有的优势，立于不败之地，他们对其技艺的保密都十分重视，绝少向外展示技艺，一般都会选择将技艺传授给自己的男性后代，以守其业。因而，元代私营手工业作坊主大多也是遵守这一原则[27]。身为民籍身份的黄道婆绝无可能有机会接触到这些，也没时间掌握类似于花楼织机这样结构复杂的手工织造机械，指导松江乌泥泾人民来制造这种机械更是不可能。因此，黄道婆的民籍身份决定了她所运用的"综线挈花"技术不可能在花楼机上实现。

3. 花楼织机的特性也决定其不会被运用于织棉

从技术层次上看，花楼织机完全能在棉布上做到"其上折枝团凤棋局字样，粲然若写"的程度。然而，从社会层次上看，由于花楼织机结构上具有复杂性和大型性，操作上既具有高度专业性和协同性的特点，又阻止了花楼织机在织棉上的应用。

首先，花楼织机体积相当庞大。据明代宋应星《天工开物》中对小花楼织机的记载："凡花机通身长一丈六尺，隆起花楼，中托衢盘，下垂衢脚（水磨竹棍为之，计一千八百根）。对花楼下堀坑二尺许，以藏衢脚（地气湿者，架棚二尺代之）……"[28] 由此可知，这种小花楼织机的体积很大，一丈六尺几乎要用一间大房来安置，衢脚有一千八百根，可见复杂程度之高。至于大花楼织机，更是体积庞大和复杂。四川成都国际非物质文化遗产博览园曾展出过清代大花楼织机，该机长六米、宽一点五米、高五米，由上千个构件组成[29]。由此可知，这种结构复杂体型庞大的织机价格不菲，并非普通百姓的经济能力所能承受。同时，因这种织机体型庞大，普通百姓没有足够的空间来安置这种织机，它的放置对普通百姓来说也是一个难题。

其次，花楼织机的操作非常复杂，并且这种织机至少需要两个人进行协同操作才能完成织造过程。由此可知，要想操作这种花楼织机除了心灵手巧外，还要具有很强的肢体协调能力，并且需要很长的练习时间，一般织手必须经过长达两年时间的学习以及三年的上机操作经验。作品所耗费时间也较多，完成一幅普通蜀锦作品需要耗时五个月左右。据赵冈对江南棉纺织业的研究，江南地区的纺织业基本都是在农村，到了后期才逐渐传播到市镇上，甚至城郡中。市镇中有专业轧花人家，有专纺高级纱的人家或是专门纺经纱者，当然也有织棉布者。而城镇中从事棉纺织业生产者，主要是一些专业化的家庭作坊，且为数不多，规模也不大。更重要的是，无论是江南的城郡或外围市镇，在清末以前，中国的棉纺织手工业工厂发展状况并无历史记载，也找不到任何关于它的报道，更无棉纺织手工操作的劳工市场之记载[30]。由此可知，元代是江南棉纺织业发展的初期，因而松江乌泥泾的棉纺织业专业化程度并不是很高，黄道婆所采用的织造工具不可能是像花楼织机那样结构复杂、专业化程度相当高的手工织造机械。

最后，花楼织机也无法达到黄道婆的"错纱配色、综线挈花"技术取得的经济效果。《南村辍耕录》用"人既受教，竞相作为，转货他郡，家既就殷"来记载黄道婆在传授乌泥泾老百姓棉纺织技艺后所形成的景象。从"竞相作为"就可以看出其纺织所用的制造工具成本不会太高，应该在普通老百姓的承受范围之内，否则也无法在当地老百姓中间形成"竞相作为"的景象。因此，从采用黄道婆的"错纱配色、综线挈花"技术产生的效果上看也不可能是花楼织机所能实现的。另外，王祯《农书》明确指出，纺棉织布在上经用纬上采用织绸的方法，织纴的机杼等工具，都跟织麻布相同。然而，在《农书》农器图谱集之二十麻苎门中所列的布机（图2-22），织机的结构画得不是十分清晰，但在底部明显有两根竹式踏板，同时在顶部同一根横梁上插有三根竹竿（两短一长），这三根竹竿与此横梁构成三个杠杆来提升两个综片，其中长杆两侧通过绳子分别与第一个综片和长踏板相连形成杠杆作用来控制第一个综片的提升；另外两根短杆前端通过两根绳子分别与第二个综片的两侧相连，短杆的尾端又与绳子相连，这两根绳子分别在经纱的两侧，然后再通过一根横杆在织机底部与第二个踏板联系在一起，这样就可以通过织机顶端的两根短杆来共同控制第二片综的提升。因此，这种类型的织机应该属于单动式双综双蹑织机（图2-23）。这种织机的特征是有两个踏板、两个综片，用两个踏板分别通过鸦儿木（杠杆）使综片向上提升形成织口，并且这两个综片之间没有相互联系。

根据上述分析可知，花楼织机具有结构庞大复杂，并且操作时需要高度协同的特性、棉纺织业属于家庭手工业以及《农书》中所描述棉织机的结构三方面的分析，笔者认为黄道婆

▲ 图2-22 王祯《农书》中的布机图

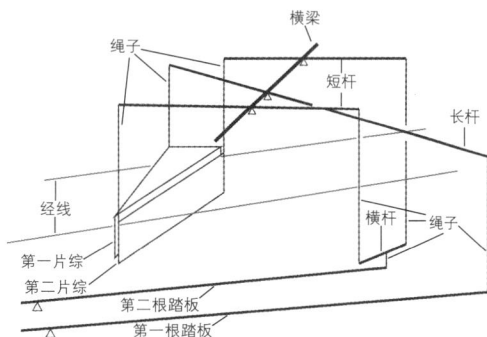

▲ 图2-23 王祯《农书》中的布机提综示意图

不可能采用类似花楼织机的织造机械来实现她的"综线挈花"技术，只能采用织麻所用的布机来实现，如此简单的平纹织机，黄道婆要想达到纹样的"粲然若写"，只可能吸收和发展黎锦的织造工艺。

四、黎锦与黄道婆的"错纱配色、综线挈花"

根据历史记载，黄道婆从海南崖州返回松江乌泥泾，并将海南黎族织棉工艺传授给了松江乌泥泾乡民，那么如果想要理解黄道婆的"错纱配色、综线挈花"工艺，并对其做出合理的解释，我们首先要理解海南崖州地区黎族的织棉工艺。

海南是地处中国最南端的一个省份，宋、元时期的海南岛由于与中原相隔较远，长期隔绝导致文化相对落后。海南崖州主要是黎族聚居的地区，总的来说，该地区黎族的生产力水平比较低下，这也间接反映崖州黎族的生产工具较为原始落后。但因该地区植棉纺织生产历史悠久，当地少数民族能够掌握熟练纺织技术，并且擅长错纱配色技术，能够用简单的生产工具达到很好的效果，所织布匹绚烂多彩。笔者曾亲临海南省博物馆观看过黎族姑娘演示传统黎锦织造工艺，如图2-24所示的黎族腰织机为比较原始的一种织机。它分别由图2-25中所示

▲ 图2-24 黎锦织造图

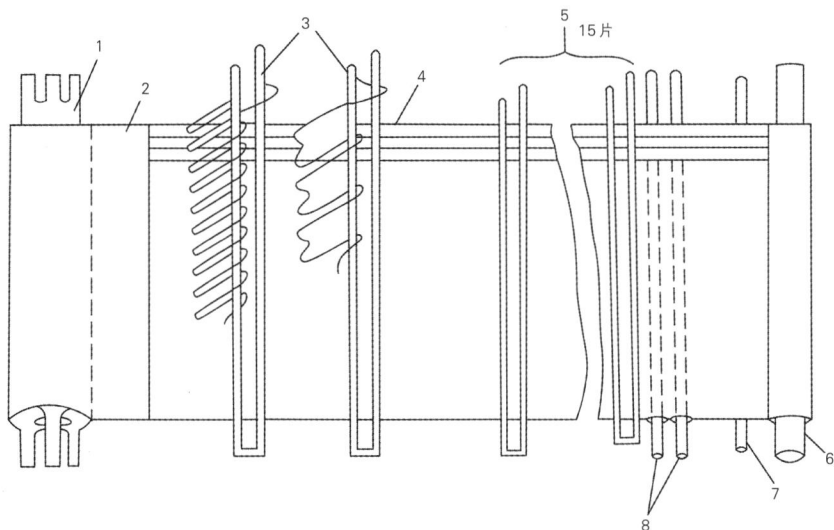

▲ 图2-25　黎族腰机示意图

1卷布棍、2织物、3地综、4经纱、5提花综、6绕经纱棍、7导纱棍、8分绞棍八部分组成。地综和提花综的根数由所需花纹的复杂程度决定，它们提起哪根经线都是由花纹的安排所决定。分绞棍上的经纱是两根上，两根下，导纱棍上的经纱是两根一组绕在棍上。分绞棍上的经纱与导纱棍上的经纱两两对应。导纱棍起张紧作用，使经纱平整[31]。由此可以看出，黎族腰机是通过腰脊来调节经纱的张力大小，手提综杆形成织口，织工进行投梭、打纬完成一个织造过程。

　　如图2-24所示，可以发现，黎族腰机上的经线是按一定的颜色有规律地排列，其实这就是一种最原始的"错纱"工序。而"配色"则是将小筐中的色纬按照事先设计好的编排方案投梭、打纬。因为每种色纬是根据图案按一定的顺序操作的，因此，"配色"强调的是使用何种纬线的顺序。"综线"就是通过提起经过组织编排好的地综和花综来完成织物的纹样，如图2-25所示的地综和花综可以织出几何形的纹样。"综线"本质上强调的是每次花纹循环时，经线提起的顺序。但这种原始腰机有弊端，其提花竿的数量是非常有限的，也就是说纬纱的循环在三十纬以内。如果想要织造较为复杂的纹样，这种"综线"的方法显然是无法胜任的。但黎族妇女有一种挑花提花技术，花纹循环可达数百根。虽然挑花提花的生产效率比综竿提花的生产效率还要低一些，但聪明勤劳的黎族妇女在长期挑花提花操作中，总结了一套规律，从而把一个复杂的过程简单化，加快织作速度。根据上述分析，笔者认为最原始的"挈花"技术就是腰织机挑花，它的原理非常简单，就是利用一把简单的挑花刀在经线之间按照图案纹样所需进行挑织，这样就突破了提棕杆数量的限制，并且非常灵活，能够织造出

"粲然若写"的图案纹样。

众所周知，黄道婆是从海南崖州来到松江乌泥泾的，她能够掌握如此精湛的挑花技术，也从侧面说明黄道婆和海南黎族的同胞肯定生活过很长一段时间，不然其挑花技术不可能如此精湛。因此，黄道婆对于利用原始腰织机进行"错纱配色、综线挈花"技术也是相当精通的。当她回到松江乌泥泾后，才有可能在丝织行业中的整经络纬工具上进行"错纱配色"的操作、而在麻织机上运用黎族的挑花提花技术进行"综线挈花"的操作，从而创造出具有松江特色的"折枝团凤棋局字样"棉织物纹样。

通过以上对黄道婆"错纱配色、综线挈花"的探讨，笔者认为，黄道婆在"经纬制度"上通过改进丝织行业的器具，使其达到"错纱配色"的目的；而在"织纴机杼"上则采用麻织的机具，并结合黎族的挑花技术，从而实现"综线挈花"。究其根源，黄道婆将棉纺织技艺传播到松江乌泥泾后，其学艺的人群主要是当地乡民，所以一直以来是作为农村家庭副业的形式而存在。棉纺织业在中国的发展是从宋代开始的，在宋代以前，中国的棉纺织业迟迟没有进入黄河流域和长江流域，发展时间较短、形式也较为单一，因而中国古代棉纺织史上无论是官营还是民营，都没有出现过任何棉纺织业的手工工场。因此，棉纺织业只能选择适合家庭手工业生产的纺织工具，遵循一种"器简技高"的发展路线。由于花楼织机是适应手工工场生产的器具，黄道婆的"综线挈花"不会选择也不可能选择任何类似于花楼织机的纺织器具。另外，随着棉布印染业的发展，特别是明代南通蓝印花布的大发展，运用黄道婆的"综线挈花"工艺织造彩色花纹的棉布，逐渐消失在历史的长河里。

第二章
上海乌泥泾棉纺织技术

参考文献

[1] 赵冈,陈钟毅.中国棉业史[M].台北:联经出版事业公司,1976:1.

[2] 陈立浩.实用与审美结合的创美实践——黎族"树皮布"与传统织锦的美学内涵探析[J].琼州学院学报,2010(4):9-12.

[3] 中国书店编.农书三种[M].北京:中国书店,2010:183.

[4] 王祯著.王祯农书[M].王毓瑚,校.北京:农业出版社,1981:415.

[5] 赵承泽.中国科学技术史·纺纱卷[M].北京:科学出版社,2002:152-153.

[6] 陈维稷.中国纺织科学技术史(古代部分)[M].北京:科学出版社,1984:156.

[7] 仲富兰.黄道婆与淞沪棉花传播考略[J].历史教学问题,2006(6):21-24.

[8] 谷兴荣,等.湖南科学技术史①[M].长沙:湖南科学技术出版社,2009:215.

[9] 刘克祥.棉麻纺织史话[M].北京:社会科学文献出版社,2011:74-75.

[10] 晓婷.黎锦——中国纺织史上的"活化石"[J].中国纤检,2011(16):55.

[11] 徐光启.农政全书[M].陈焕良,罗文华,校注.长沙:岳麓书社,2002:556.

[12] 陈维稷.中国纺织科学技术史(古代部分)[M].北京:科学出版社,1984:229.

[13] 陶宗仪.南村辍耕录[M].沈阳:辽宁教育出版社,1998:288.

[14] 陈澄泉,宋浩杰.乌泥泾手工棉纺织技艺[M].上海:上海文化出版社,2010:56-57.

[15] 李强,李建强,吴愿心,等.基于小样织机的传统黎锦织法研究[J].服饰导刊,2015(1):74-77.

[16] 刘超强,达瑟.黎锦织造工艺[M].北京:中国纺织出版社,2007:13.

[17] 李强,李斌.黄道婆研究的考辨[J].丝绸,2016(9):75-80.

[18] 王祯.东鲁王氏农书译注[M].缪启愉,译注.上海:上海古籍出版社,1994:746.

[19] 缪启愉.王祯的为人、政绩和《王祯农书》[J].农业考古,1990(2):326-335.

[20] 陶宗仪.南村辍耕录[M].沈阳:辽宁教育出版社,1998:288.

[21] 陶宗仪.南村辍耕录[M].沈阳:辽宁教育出版社,1998:288.

[22] 吴伟,姜茂发.我国元代户籍分类制度研究[J].宁夏社会科学,2009(6):110-111,149.

[23] 陈金林.上海郊县地名考(十三)乌泥泾考[J].上海师范大学学报(哲学社会科学版),1984(3):49.

[24] 樊树志.乌泥泾与黄道婆——纪念上海建城七百年[J].复旦学报(社会科学版),1991(5):38-45.

[25] 刘莉亚,陈鹏.元代系官工匠的身份地位[J].内蒙古社会科学(汉文版),2003(3):10-16.

[26] 胡小鹏. 中国手工业经济通史·宋元卷 [M]. 福州:福建人民出版社,2004:608.

[27] 刘莉亚. 元代手工业研究 [D]. 河北大学,2004:59.

[28] 宋应星. 天工开物 [M]. 沈阳:万卷出版公司,2008:47-48.

[29] 国际非遗博览园周日开园,镇馆之宝揭开面纱 [EB/OL].http://e.chengdu.cn/html/2011-
05/23/content_236965.htm,2011-05-23.

[30] 赵冈,陈钟毅. 中国棉纺织史 [M]. 北京:中国农业出版社,1997:110-111.

[31] 陈维稷. 中国纺织科学技术史 (古代部分)[M]. 北京:科学出版社,1984:61.

第二章

上海乌泥泾棉纺织技术

第三章

棉印染技术研究

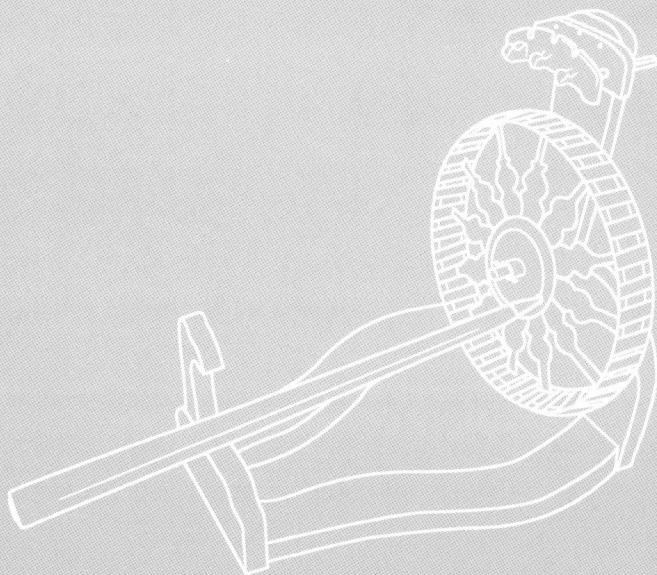

中国长三角地区的棉印染技术是黄道婆文化技术内核重要组成部分，南通蓝印花布印染技术的发展与棉纺织业有密切的联系，它们之间是一种相互促进、共生共荣的关系。南通蓝印花布技术不仅是上海乌泥泾棉布的后续工序，而且其产品也是传统黄道婆文化的最终载体。棉布与蓝印花布构成了自宋末以来，汉族聚居地区平民百姓的主要衣料，承载了黄道婆"衣被天下"的美名。

◎第一节◎ 南通蓝印花布的印染工艺及其特征

南通蓝印花布印染技艺作为第一批入选国家级非物质文化遗产名目的传统技艺，必然具备其独特性和代表性。它的独特性在于纸版刮浆防染技术，这种防染技艺有别于中国三大传统染缬技艺。同时，南通蓝印花布印染技艺也代表了采用纸版刮浆印染技艺的最高水平。

一、南通蓝印花布的印染工艺

笔者通过对南通蓝印花布相关的历史资料、专著的分析和研究，并结合在南通蓝印花布艺术馆的实地考察，认为可将南通蓝印花布的印染工艺分为五个阶段，即染液的制备、坯布的选择和处理、花版的设计和制作、浆料的制备和刮浆、灰浆布的浸染和后整理。

1. 染液的制备

将泥状的靛蓝从缸中取出，加水溶解，靛蓝和水按1∶50的比例配制。再将石灰在桶中用水溶解，待水温降到常温后，将其投入染缸中，其比例按石灰水的浓度而定，一般石灰水为染料的1~1.5倍。再配入酒糟或酒，其比例约为染料的1.5倍左右。染料配备好后，就要用木棍反复搅拌，使配料充分溶解。加入石灰水是因为靛蓝能溶于碱性溶液中，加入酒或酒糟是因为能使其发酵，搅动是为了加快发酵。这样做靛蓝就能很快还原成靛白而溶于染液，从而可以进行染色，然后再在空气中氧化成靛蓝而被固着在纤维上。那么，染液到什么样的程度才可以染色呢？一般待染缸中的水变成蓝色，水面上出现靛沫时就可以染色了。

一缸染液一般要浸染很长时间，染料师傅每天都要观察染缸中染液的变化，防止染液变坏，并及时加入相应的配料，以保证染液染色的最佳状态，所以每天观察染液也叫作"看缸"。各个地方的"看缸"各不相同，流传南通地区染坊的谚语"头等师傅掀篷盖，二等师傅标棍摆，三等师傅看飞杯"[1]。而现在达到一、二等师傅水平的人几乎没有，"看飞杯"做法倒是被继承下来了。具体的做法是：每天清晨染料师傅用碗舀起染缸中的苗水，用手指在头上轻擦一下，手指沾上油脂后，放在碗边上的苗水中，看油脂推开水面的速度。如果推开水面的速度很快，说明染液颜色好、溶解充分。反之，则需要加石灰水和酒进行调和。另外，染液的温度最好保持在10℃以上，因此，一般在农历十月初生火加温，其燃料为稻糠、棉籽壳或木屑。一方面，这些燃料在农家是很容易得到的，价格不高；另一方面，这些燃料没有明火，保温性较好，非常适合染液这种持续时间长且温度要求不高的要求。

2. 坯布的选择和处理

（1）坯布的选择

上好的坯布是印染图案精美蓝印花布的载体，因此，坯布质量的好坏影响着蓝印花布的品质。坯布一般是农家手工织造的棉布，选择坯布时要遵循三个原则：一要布面平整。没有皱折的布面印染后，能使蓝印花布的图案纹样没有折痕。二要色质洁白。传统手工织造的棉布没有经过化学药剂的漂白处理，色质洁白的棉布是反映棉纱纤维质量的一个直观的指标，色质越洁白，说明棉纱所用的棉花品质越高。三要质地紧密。质地紧密的坯布说明其结构上具有很高的稳定性，在脱脂退浆时不会因为炼煮而使坯布有大的损伤，同时，印染后的蓝印花布也比较耐磨、耐用。一般情况下，上好的坯布用于印染蓝印花布，普通的坯布则用于印染纯蓝布料或制作成其他生活用品。

（2）坯布的脱脂退浆

坯布在印染前必须进行脱脂退浆，因为坯布上的大部分天然杂质，如蜡状物质、果胶物质、含氮物质等残留在织物上，如果直接进行染色将影响织物的着色。先要将坯布放入含碱的水中浸泡，然后加热至50~60℃，浸泡一整天。再放入清水中浸泡两到三天，待坯布上的浆发酵后，再反复冲洗，最后取出晒干。在水中加碱是因为碱能使棉纤维上的脂肪酸角化，使蜡质等杂质乳化，并使含氮物质和果胶物质水解。

3. 花版的设计和制作

南通蓝印花布花版的设计和制作有如下五个步骤：

（1）裱纸

众所周知，南通蓝印花布的花版是纸版，因此需要裱纸来完成纸版的制作。裱纸一般采用不同品质的纸裱成多层，这样可以达到雕刻容易、耐刮浆和水洗的目的。具体是先将2~3层贵阳皮纸、1~2层高丽纸和1层普通白纸用浆糊刷裱好。高丽纸具有韧性好、揉搓性和渗透性强的特点。贵阳皮纸则具有纸张薄且柔软的特点，而白纸则是纤维短且纸质较厚，这样的裱纸搭配能使纸版不易折断、耐用性强，并且成本也不贵。裱好纸后将其放在阴凉处晾干，最后截平后刷一层熟桐油，等晾干后压平待用。裱纸的质量要看各层纸间有无气泡，而刷熟桐油则是为了保护纸版，形成一层保护膜，起到防水、防磨的作用。

（2）画样

画样就是用铅笔、碳笔或者细毫在纸版上或连史纸上绘出蓝印花布的图案纹样。这样做可以避免一些在刻花版过程中的误操作，达到检查、修正纹样图案的目的。一般技术熟练的制版师傅会直接在纸版上画样并镌刻，而学徒则先在连史纸上画样然后蒙在纸版上再镌刻。

（3）制作花版

制作花版是将画好样的纸版进行镌刻的工艺，主要采用刻刀、圆凿、木槌、垫板四种工具，刻刀和圆凿依据纹样图案的不同需要又分为各种型号。刻刀用来刻画线条，可分为斜口单刀和双刀，一般情况下单刀用得多，双刀用于镌刻长宽一致的整齐线条。圆凿用来刻画小圆点的图案，操作很简单，左手握住圆凿，右手持木槌敲击圆凿，就能在花版上形成圆形图案。垫板的主要作用是垫在花版的下面，在刻、凿花版时起到保护刻刀、圆凿和不伤花版的作用。在刻花版时一般使用季青树板作垫板，它的材质比较细软，不容易伤到刀口，刻画起来也比较自如。在凿花版时要采用"白果"树墩，这种材质硬且松的垫板，适合在其上面凿花纹。制作花版时遵循先刻后凿、先大后小、从上到下、从左到右的规律，这些都是南通蓝印花布在数百年的传承中，传统艺人总结出来的成功经验。

（4）替板

蓝印花布的第一个花版一般不用于印染，而是将其作为母版，用于镌刻多个替板，这样就能实现蓝印花布花版标准化、批量化的生产。替板工序就是将母版放在新版的上面，然后用羊毛刷蘸粉质颜料涂刷在母版上的镂空处，这样在新板上就形成花纹图案，最后依花纹图案镌刻替板。

（5）上桐油

上桐油前，先将制作好的花版背面打磨平整，检查是否有漏刻和"过刀"严重的现象。如果有这些现象则及时通知制版师傅进行修正，漏刻的及时补刻。而"过刀"现象则指由于刻刀超过原有花形，通常在两条线的交点处极易形成"过刀"，如果"过刀"情况严重，则用贴纸补上。最后才开始刷桐油，刷桐油的作用是为了保持花形、增强防水性和防磨性。因此，桐油要反复多次刷，但不可过多，不然会造成花版不平。

4. 浆料的制备和刮浆

（1）浆料的配制

用作防染剂的浆料是用生石灰粉和黄豆粉加水进行调制的，生石灰粉和黄豆粉事先要精磨成极细的粉末，这样才能调出好浆。至于黄豆粉和生石灰粉的比例，南通地区夏天是按1：0.7、冬天按1：1的比例加水拌和。这样的比例并不是一成不变的，有的地方则按1：3.5的比例，甚至有时根据花形的要求，采用糯米粉、绿豆粉来代替黄豆粉。

（2）刮浆

刮浆前，先将坯布平整地铺在刮浆台上，一侧用重物固定，然后用水均匀地洒在坯布上，保持坯布的湿度，以便浆料能均匀地渗入坯布中。做完这些刮浆前必要的准备工作后，将花版盖在坯布上压紧，润湿的坯布和光滑平整的花版背面由于没有空隙，在大气的压力下能形成紧密的结合。刮浆时平口刮刀要与版面形成约45°角，快速刮下。在刮浆时要注意以下三点：一是刮的速度要快，能使花纹细小的尖角部覆盖到浆料。二是刮的力度要好，不能损伤到花版。三是浆的厚度要合适。太薄容易造成漏浆，造成花纹边缘模糊不清，太厚则容易造成花形不完整，尖角部分浆料无法渗入。反复刮三次浆，以确保浆料完全渗入花版的镂空处。刮浆完成后要进行掀版，掀版分为两种方式。一种是直接掀版，操作时，从花版的一角开始掀起，另一只手要按住布，动作要快，只要版下的布可拉动即可，避免折到花版。另一种是接版，接版是用于整个坯布上花形一致时，可以用同一块花版重复在不同的布面上刮第二、第三……次。刮完一次花版后，花版不动，只移动花版下面的坯布，到达要再次刮浆的部位持续刮浆。整个刮浆工序完成后，就将布移到支架上的竹片上晒干，过一段时间就移动一次布在竹片上的位置，避免布面相同部位持续受到摩擦而掉浆。当指甲压印在浆上而无印痕，则表明灰浆已经干燥，可入缸上色了。

5. 灰浆布的浸染和后整理

灰浆布的浸染和后整理主要有如下四个步骤：

（1）浸染

在进行浸染前，先在染缸底部放一个竹制的扁平箩筐，以防止所染的布与缸底的染料渣滓接触，影响染色。然后将挂在竹片上的灰浆布浸入染缸里的染液中，一般浸染二十分钟后将灰浆布起缸氧化三十分钟，完成后再次将灰浆布入缸。反复进行六到九次，这样才能染出较深的颜色。总之，根据对布料颜色的要求，起缸氧化的时间有所不同，需要灵活运用。

（2）晾晒固色

染好色的灰浆布，首先在染缸上晒起，这样可以避免染液的流失。大约一个小时后，灰浆布上的染液滤干，然后拿到室外高架上的挑杆上进行晾晒。晒干一定要在晴天时进行，晴天晾晒可以使灰浆布上的染料充分氧化，色牢度会更好，以后不易褪色。如果是阴雨天，只能在室内通风阴干，避免布料发霉。晒干后的灰浆布还要进行固色处理，传统的方法是用3%~5%的醋酸加水稀释后，将晾干的灰浆布浸泡其中半小时到一小时。这样做的原因是防染浆料中的石灰粉是碱性物质，而靛蓝这种染料在碱性条件下不稳定，需要用醋酸对碱性物质进行中和，这样可以起到固色的作用。布料是第一次在醋酸中浸泡，这个工序又称"吃头酸"。浸泡完成后，将布料取出沥干，迅速清洗，再次晾干。

（3）刮灰固色

晾干后的灰浆布，用木棍敲打使灰浆松动，然后将灰浆布绷在支架上，用宽大的刮灰刀将灰浆刮尽，刮灰的动作要快，刀锋要利。然而，刮灰只能刮去灰浆布表面的灰，深入灰浆布里面的灰还需要再次用醋酸进行中和、固色，因此，再次用醋酸的工序又称"吃二酸"。

（4）清洗晾晒

经过刮灰固色后，最后一道工序是清洗和晾晒。一般要清洗2~3次，这样可以洗去布面上的灰尘和浮色。晾晒干后只需用踹布石将其踹平即可，然后将其折叠好。

南通蓝印花布分为蓝底白花布和白底蓝花布两种，虽然白底蓝花布在工序上和蓝底白花布的染印工序相同，也是采用五大阶段十四道工序。然而，具体到制版和刮浆上又有所不同。南通蓝印花布中的蓝底白花布只需要用一块花版就可以完成一幅纹样图案，因为蓝底白花布的花版纹样都是互不相连的，这样只需在一块纸版上镂空就可以做到。而白底蓝花布的纹样则有时是相连，这就给花版的制作带来一定的麻烦，然而，聪明的南通民间艺人发明了利用两套纸版配合来实现白底蓝花布的花版和刮浆。第一张纸版主要刻出纹样基本造型，并将需要刻的大面积花纹保留并以"断刀"的形式相连；第二张纸版则刻出第一张纸版花纹连接的部位。因此，印染白底蓝花布就需要两张花版。在刮浆时先刮第一张花版，刮完第一张花版，将第一张花版掀走。然后将第二张花版套上已经刮过第一张花版的灰浆布上，特别注意一定要将纹样图案对准已经刮好的花形。最后刮第二张花版，这样就完成了白底蓝花布的刮浆。

二、南通蓝印花布的特征

南通蓝印花布因其独特的艺术风格而入选第一批国家级非物质文化遗产名录，南通蓝印花布的艺术风格表征了其在制作工艺和纹样图案两方面的特征。讨论南通蓝印花布的特征，笔者认为首先要从南通蓝印花布的印染工艺上与中国传统三大染缬进行比较，提炼出它在工艺方面的特征。然后再从南通蓝印花布的工艺特征入手，进行纹样图案方面的特征分析。这样就能实现由里及表、从因到果的分析。

1. 南通蓝印花布印染工艺与中国传统三大染缬的比较

蓝印花布并非南通所独有，并且在南通蓝印花布出现之前，中国许多地方都能印染出蓝印花布，出土的纺织品能证实这点。目前，尚能印染蓝印花布的地方有贵州苗族地区、云南白族地区、新疆维吾尔自治区、江苏南通、湖南凤凰和邵阳、湖北天门、浙江桐乡、山东泰安、河北魏县等地。因此，笔者认为，首先将这些地区的蓝印花布印染技艺进行系统的分类对探究南通蓝印花布印染技艺非常必要。

通过相关文献研究和出土纺织品的分析，可知蜡缬、夹缬和绞缬三种传统染缬方法都能印染出蓝印花布。夹缬工艺盛行于唐代（618～907年），据北宋学者王谠编撰的《唐语林》所言："玄宗柳婕妤有才学，上甚重之。婕妤妹适赵氏，性巧慧，因使工镂板为杂花象之，而为夹结。因婕妤生日，献王皇后一匹。上见而赏之，因敕宫中依样制之。当时甚秘，后渐出，遍于天下。"[2]可见，夹缬印染技艺最迟在唐代已经流传到民间。通过对浙南民间尚存的夹缬织物（图3-1）的研究可知，流入民间的夹缬技艺主要用于印染蓝印花布。用蜡缬印染蓝印花布的文字记载最早见于宋代（960～1279年）学者周去非（1135～1189年）所著的《岭外代答》，"瑶人以染蓝布为班（斑），其纹极细，其法以木板二片镂成细花，用以夹布，而熔蜡灌于镂中，而后乃释板取布投诸蓝中。布即受蓝，则煮布以去其蜡，故能受成极细斑花，粲然可观，故夫染斑之法，莫瑶人若也。"[3]除中国西南地区出现过蜡染的蓝印花布外，新疆地区也发现过蜡染的蓝印花布，1959年在新疆于屋于来克古城遗址出土了一件北朝时期（396～581年）的毛织物（图3-2），其图案为蓝底白花，经专家考证，这些小团花是用木板印蜡工艺制作的[4]。绞缬同样也能生产蓝印花布，元代学者胡三省《通鉴注》："撮彩线结之，而后染色，边染边解其结，凡结处皆原色，余则染色矣。其色斑斓谓之缬。"[5]由于扎结的边缘受到染液的浸润，很自然地形成从深到浅的色晕。因此，绞缬最大的特色就是能产生撮晕的特殊效果，使纹样看起来层次丰富、色调柔和。1972年新疆吐鲁番阿斯塔那出土唐代绞缬朵花罗（图3-3），花朵边缘和每片花瓣的中心都有这种撮晕效果，可谓巧夺天工，表现自然。

▲ 图3-1 夹缬蓝印花布

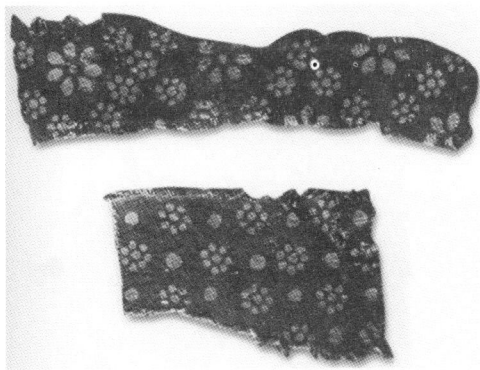

▲ 图3-2 北朝时期的蜡染蓝印花布

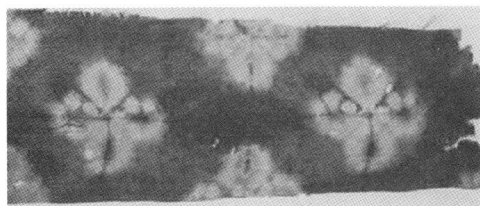

▲ 图3-3 唐代绞缬朵花罗

通过上述分析，南通蓝印花布印染技艺显然不属于夹缬、蜡缬、绞缬的范畴。但又与它们有着一定的联系。南通蓝印花布印染技艺与中国传统三大染缬同属于防染印，它们只是防染的手段不同。蓝夹缬使用两块雕镂相同图案的镂空版，将织物对折、紧紧地夹在两板中间，需要多少幅纹样就需要多少对镂空花版，然后依次重复放置装好坯布与花版，并使布完全被花版夹紧，使蓝染料不能进入夹紧的部位。最后投入蓝靛染缸中进行染色，镂空处染上蓝色，除去镂空版，夹紧处显现白色花纹；蜡缬是利用蜡不溶于水，但加温后即可熔化，利用这一原理直接绘蜡或用镂空夹版灌蜡，使布面上形成防染图案，然后进行染色、去蜡、晒干。绞缬则是用线绳来扎束布帛，入染后拆开即自成花纹，采用此法染色，往往能获得一种特殊的"撮晕"效果，形色错杂融浑，妙趣天成[6]。南通蓝印花布印染技艺则是利用刮浆防染的方法形成防染图案，很类似于蜡缬中利用镂空夹版灌蜡形成防染图案的原理，只是将蜡换成了黄豆粉和石灰按一定比例配制的防染浆料，同时将木刻镂空夹版换成了镂空纸版。由于防染浆料黏性适中，不会渗到镂空处以外的地方，所以南通蓝印花布就不需要"夹"这道工序。因此，我们可以将中国蓝印花布分为四类：夹缬式、蜡缬式、绞缬式和刮浆式（表3-1）。南通蓝印花布属于刮浆式的蓝印花布，是有别于中国传统三大染缬方法的一种独具江南特色的防染工艺。

表3-1　中国蓝印花布的种类分析表

蓝印花布的种类	目前分布地域	防染手法
夹缬式	浙南温州	两块镂空板夹紧，凸部防染
蜡缬式	西南贵州	手描蜡图案或用两块镂空板夹紧，镂空处灌蜡，蜡防染
绞缬式	云南大理、江苏南通	针线扎制防染
刮浆式	江苏南通、湖南、湖北天门、浙江桐乡、山东泰安、河北魏县	纸版刮浆，灰防染

2. 南通蓝印花布纹样图案的特征

南通蓝印花布是采用刮浆式的防染工艺印染的蓝印花布，因其工艺的限制和民间的风俗习惯而形成特殊的艺术风格。南通蓝印花布一般具有平面化的造型、规整化的构图、多样化的题材三大纹样图案特征。

（1）平面化的造型

平面化是将现实世界或幻想世界中的客观对象从三维立体形象变为二维平面形象。平面化的造型通常采用线条表现图形，运用概括、夸张、变形等方法，在画面上表现平面结构的特点。南通蓝印花布的纹样图案是采用线的表现手法，只不过这些线条是以断续形式来组合成纹样图案，因此，构成南通蓝印花布的点、线形态种类繁多。点的形状有大混点、小混点、胡椒点、介字点、梅花点、垂叶点和横点等，线段的形状有圆形、扇形、三角形、方形、线段形、有机形和不规则形等[7]。之所以南通蓝印花布的点、线形状如此丰富，完全要归因于纸版镂刻工艺的限制。纸版镂刻表现手法决定了其不能细腻表达局部，南通蓝印花布艺人只能在点和线的图案上做文章，不断丰富点、线的形状，使点线的表达与图案自然融合成一体。

（2）规整化的构图

南通蓝印花布平面化的造型特征，可以说是它的一大缺陷。在这种缺陷的刺激下，南通民间蓝印花布艺人采用规整化的构图方法，极力克服图案纹样中的这种缺陷，巧妙地运用偶数、对称、虚实等表现手法来丰富纹样图案。南通蓝印花布纹样图案有许多是以几何骨架为中心对称、上下左右对称和旋转对称的形式，追求动中有静、四平八稳、中庸之道[8]。例如：吉庆有余（图3-4）中的两条鱼在构图上就左右对称；平升三级（图3-5）中的绝大部分图案则是上下左右对称；凤穿牡丹（图3-6）中的凤和牡丹是旋转对称，而边框中的蝴蝶、穿枝花等则是上下左右对称。这种对称的特征也决定了纹样中的各种图案往往是以偶数的形式出现。笔者收集了大量南通蓝印花布的纹样照片，经过仔细的观察，发现不仅对称性的纹样中的图案是以偶数出现，不对称的纹样中的图案个数往往也是以偶数形式出现。

南通蓝印花布有框式和散花两种结构形式。框式结构的纹样图案一般用于被面（图3-7）、门帘（图3-8）、包袱布（图3-9）、帐檐（图3-10）、肚兜（图3-11）、围涎兜等上面，而散花结构的纹样则主要用于服装布料上。南通蓝印花布构图的规整化也体现在框式结构的纹样上，框式结构的纹样普遍采用框架

▲图3-4 吉庆有余

▲图3-5 平升三级

▲图3-6 凤穿牡丹

图3-7　福禄同春被面

图3-9　福在眼前包袱布

图3-10　蓝印花布帐檐

图3-8　平安富贵门帘

图3-11　福禄长寿肚兜

式结构与中心纹样相结合的组合形式，以双组对称的边缘图案来衬托中心主体图案，从而形成一幅完整和谐、主次分明、结构严谨的整体图案，并以此来表达一个寓意深远的主体内容[9]。另外，中国民间崇尚圆满，南通蓝印花布也善于运用圆形纹样，大多数框式结构的纹样中都采用圆形的主体纹样。南通蓝印花布中的散花结构（图3-12）是指布中的每个花纹互不相连，分散排列，可横排、竖排、不规则排列。这种散花结构的蓝印花布图案简洁、清雅、秀美，非常适合作为女性的服装布料。

图3-12 蓝印花布的衣服图案

（3）多样化的题材

南通蓝印花布图案的题材非常广泛，有人物、动物、植物、花卉、文字、几何图案等。这些题材反映了南通人民追求幸福美满生活的愿望。笔者通过对南通蓝印花布大量纹样图案的分析，认为可将其分为反映多子多孙、富贵吉祥、神话传说三大类（表3-2）。

表3-2 南通蓝印花布纹样图案的分类

多子多孙	富贵吉祥	神话传说
麒麟送子、莲生贵子、子孙万代、榴开百子、金玉满堂、鸳鸯戏荷、松鼠葡萄、瓜瓞绵绵，等等	年年有余、松鹤延年、凤戏牡丹、凤穿牡丹、梅兰竹菊、狮子滚绣球、福寿双全、福在眼前、福寿团圆、福禄同春、五福捧寿、平升三级、平安富贵、吉庆有余、喜鹊登梅、八吉祥、岁寒三友、竹梅双喜、大吉大利、百寿图、百事如意、马上封侯、状元及第、三多吉祥、十二生肖，等等	鲤鱼跳龙门、和合二仙、刘海戏金蟾、麻姑献寿、八仙庆寿、八仙过海，等等

▲ 图3-13 金玉满堂

▲ 图3-14 麒麟送子

▲ 图3-15 狮子滚绣球

这些纹样图案普遍采用谐音、象征、寓言、比拟、表号、文字六种表现手法来反映纹样图案的主题。谐音就是借用某些事物的名称组合同音词表达吉祥的含义，如用五只蝙蝠围绕着一个艺术体寿字谐音五福捧寿，花瓶里插着三支戟谐音平升三级，另外经常用鱼谐音余、蝠谐音福、鸡谐音吉、鹿谐音禄、瓶谐音平、梅谐音眉、金鱼谐音金玉、塘谐音堂（图3-13），等等。

象征则是利用某些植物和动物的生态、形状、色彩、功用等特点，表现特定的思想。例如，牡丹花形丰满、色彩鲜艳，被世人喻为"花中之王"，因此，牡丹象征着富贵。鸳鸯经常是双宿双栖，故象征着甜蜜的爱情。松鹤都是长寿的动植物，所以就象征着长寿。麒麟（图3-14）、狮子（图3-15）都是中国古代想象中的瑞兽，象征着吉祥。莲、石榴内多果实，象征多子多孙。岁寒三友（松竹梅）中的松、竹经冬不凋，象征君子不屈不挠的高尚气节，梅花耐寒开放，象征傲气。梅、兰、竹、菊被称为植物中的四君子（图3-16），由于这四种花朵开放时间的不同，因此也象征着四季。葫芦和瓜瓞、葡萄、藤蔓不断生长，不断开花结果，象征着子孙繁多，等等。

寓意是借助某些题材寄寓某种特定的含义，一般与民俗和文学典故有关。例如，莲出污泥而不染，寄寓着圣洁，佛教中的菩萨往往都坐在莲坛上。据说东方朔三次偷王母的仙桃，因此桃寓意着长寿。陶渊明种菊于东篱，故菊花寓清逸脱俗于一身。刘海戏金蟾源于神话传说，传说中刘海是穷人家的孩子，他用计谋降服了修行多年的金蟾，得道成仙。刘海戏金蟾（图3-17），金蟾吐金钱，他救活了无数百姓，人们敬奉他，称他

▲ 图3-16　四君子

▲ 图3-17　刘海戏金蟾

为"活财神"，因此，刘海戏金蟾寓意着富贵吉祥。

　　比拟就是赋予某种动植物拟人化的性格。例如，梅花是开放得最早的花，可以比拟为状元郎，同时梅花的枝干傲然向上，不畏寒冷，故又比拟文人的清高。竹子中空且直，比拟君子性格耿直、心胸坦荡。狮子为万兽之王，又可比拟武将的勇敢。狗忠心护家，比拟着忠诚。

　　表号就是将某种事物表记为特定意义的记号。例如，佛教中的八种法器宝轮、宝螺、宝伞、宝盖、宝花、宝罐、宝鱼、盘长都是吉祥的表号，称为"八吉祥"，南通蓝印花布中就有"八吉祥"的纹样图案（图3-18）。文字也是南通蓝印花布纹样图案中经常使用的。卍本为佛教中的吉祥符号，唐代女皇武则天（624～705年，690～705年在位）将其定为"万"音，义为"吉祥万德之所集"。寿字、福字、喜字也都是南通蓝印花布经常使用的文字，一般都是运用这些字的艺术体来作为纹样图案。

　　我们从南通蓝印花布的纹样图案的特征分析中，可看到中华民族文化深深印入南通蓝印花布的纹样图案里，它深刻地反映出中国传统的佛、儒、道思想，寄托了人们对美好生活的向往和憧憬。自然的色彩，手工操作，天然的面料，自然的纹样风格，平淡天真，无须修饰，就像蓝天白云一样纯净。

▲ 图3-18　八吉祥

﹇第二节﹈　南通蓝印花布与剪纸艺术

　　南通蓝印花布和剪纸艺术有着密切的关系，主要体现在花版设计和制作上。剪纸艺术是我国民间传统手工艺，历史悠久，从两者出现的时间上看，剪纸艺术要远远早于南通蓝印花布花版的出现，且蓝印花布和剪纸都来自中国民间，因而它们也传递了我国历代劳动人民对美好生活的追求与向往。通过将南通蓝印花布花版的图案与传统的剪纸图案进行对比发现，一方面，南通蓝印花布花版继承了剪纸图案的表现手法；另一方面，南通蓝印花布作为南通地区特有的印染艺术，它的艺术表现手法又有别于剪纸艺术。因此，剪纸的艺术表现手法被南通蓝印花布借用是显而易见的。

一、剪纸艺术丰富了南通蓝印花布的纹样图案

　　剪纸是镂空创作的艺术，在创作时主要用到的工具为剪刀或刻刀，而剪纸的载体也较为丰富多样，除了传统的纸张外，还包括金银箔、树皮、树叶、布、皮、革等片状材料，不同的载体能够呈现出不一样的效果。从广义上看，南通蓝印花布花版属于剪纸艺术的一种变种，因此，剪纸艺术图案与南通蓝印花布图案有着一定的联系。

1. 南通蓝印花布花版继承了剪纸图案的表现手法

　　剪纸艺术的起源较为久远，可追溯到远古时期的洞穴壁画，据考证，真正意义上的剪纸艺术最迟出现于南北朝时期（420～589年），1959年在新疆吐鲁番高昌遗址出土了北朝时期（386～581年）的对马团花剪纸残片[10]。南通蓝印花布前身古称"药斑布"，而在时间上，剪纸艺术的出现要早于"药斑布"至少六百年。在表现手法上，南通蓝印花布花版和剪纸图案有许多类似的地方，剪纸图案的表现手法包含了南通蓝印花布花版所采用的表现手法。南通蓝印花布纹样主要有两种，蓝底白花和白底蓝花，因此，它的花版就分为蓝底花版（图3-19）和

▲ 图3-19　蓝底花版

白底花版（图3-20）。这两种花版形式类似于剪纸中的阴刻、阳刻。阴刻剪纸就是刻去原稿的轮廓线，保留轮廓线以外的部分。所以，阴刻剪纸的特征是：线条不一定是互连的，而作品的整体是块状的。阳刻剪纸则和阴刻剪纸完全相反，其主要特征是保留原稿的轮廓线，将轮廓线以外的空白部分剪去，每一条线都是互相连接的。事实上，南通蓝印花布是将阳刻手法和阴刻手法结合起来，白底花版通常是在主题纹样上采用阳刻的表现手法，而边框部分又采用阴刻的表现手法。如"凤戏牡丹"白底花版（图3-20）中，凤和牡丹的采用阳刻手法，通过刮浆、浸染后使主题纹样能呈现白底蓝花的形式，而边框上的植物框式纹样则采用阴刻的手法，使边框部分最后能显现蓝底白花的形式。同样，这种类似的处理方法在传统的剪纸图案中也能看到（图3-21）。很明显，剪纸图案在表现手法上要比南通蓝印花布花版更容易实现，因此，笔者认为，南通蓝印花布花版必定受到剪纸图案的影响。

▲ 图3-20　白底花版

▲ 图3-21　龙凤呈祥剪纸

2. 南通蓝印花布花版的制作发展了剪纸图案的表现手法

从南通蓝印花布花版的雕刻技艺上看，它的花版有对剪纸技法进行改进和创新的证据。南通蓝印花布花版雕刻中有一种叫作"断刀"的行业术语。所谓"断刀"，就是将长线条分为几段，每段之间以"过桥"相连，而"断刀"的长度也有严格的要求，不长于2~3厘米，连接处不少于0.2厘米，以不妨碍花样为原则，要做到"笔断意连"（图3-22）[11]。"断刀"表现手法的产生有两个原因：一是为了保护花版，防止在刮浆过程中可能出现的花版线条由于过长、过细而导致花版的损坏；二是为了保持花型的完整，防止刮浆过程中局部因漏刮现象而影响花型的完整性。所以，南通蓝印花布的线和面必须隔断，断得

▲ 图3-22　断刀形成的凤

越短越好，否则不适宜于印染，传统南通蓝印花布纹样普遍使用连续圆点和"断刀"表现手法就不难理解了。而剪纸的阳刻线和面则必须相连，连得越紧越好；反之，剪成后有不能构成图案的危险。笔者认为，南通蓝印花布纹版的制作是在适合印染的原则下，吸收了中国传统剪纸技法，并对剪纸图案的表现手法进行了合理的改进和创新。

二、南通蓝印花布纹样和剪纸图案在文化底蕴上具有相通性

南通蓝印花布和剪纸都属于农耕社会广泛流传的日常生活用品，其图案题材十分广泛，且这些题材大多在民间广为流传，具有一定的民众基础，百姓较为熟悉。而图案取材大多来自生活，如动植物纹样、人物、神话传说等，反映了一定的文化与内涵。笔者认为，南通蓝印花布和剪纸在纹样和图案的底蕴上必然具有相通性，能够体现当时人们的审美习惯和思维方式。

首先，南通蓝印花布纹样和剪纸图案都运用谐音的艺术形式来体现喜庆、祥和的气氛，人们将自己对生活的美好憧憬寄托在图案上。例如，喜上眉梢（图3-23）、吉庆有余（图3-24）、平升三级、状元及第、福在眼前等纹样和图案都是运用谐音的表现手法："喜鹊登上梅树梢"谐音"喜上眉梢"，反映了喜庆的气氛；吉庆有余中的"结"与"吉"谐音，"磬"与"庆"谐音，"鱼"与"余"谐音，这些图案组合在一起就成为"吉庆有余"；"瓶子中插入了三支戟"与"平升三级"谐音；"及"与"戟"、"地"与"第"、"蝠"与"福"都是运用了图案的谐音的方法来反映主题。其次，南通蓝印花布纹样和剪纸图案都运用象征的表现手法。例如，牡丹象征富贵，石榴象征着多子多孙，"岁寒三友"松、竹、梅则象征君子的气节，松和鹤象征长寿，龙和凤象征高贵，狮子象征平安，等等。凤戏牡丹剪纸（图3-25）图案中的凤和牡丹象征富贵，"麒麟送子"蓝印花布纹样（图3-26）体现了人们祈求人丁兴旺、子孙延绵的美好愿望。麒麟在中国古代传说中是仁兽的代表，象征着吉祥，能为人们带来子嗣。"麒麟送子"纹样中的童子手持莲花，莲花会结莲子，莲子则象征子孙延绵。最后，南通蓝印花布纹样与剪纸图案中也有将谐音和象征两种结合的手法。例如，剪纸图案"福寿眼前"（图3-27）其中边缘的图案"蝠"与"福"同音，"钱"与"前"谐音，"孔"寓"眼"，而中间纹样则是一个象征寿的图案，这些图案组合在一起就成为"福寿眼前"。同样，南通蓝印花布中也有这样的诠释，现藏于南通蓝印花布博物馆的"福在眼前"（图3-28）可谓将谐音和象征的艺术表现手法发挥到极致。其实这块蓝印花布的纹样主题十分丰富，包含了"福在眼前""凤戏牡丹""平安富贵""岁寒三友"四组主题纹样。"福在眼前"和"平安富贵"运用了谐音的艺术表现手法，"凤戏牡丹"和"岁寒三友"则运用了象征的艺术表现手法，整个纹样采用对称工整的构图使这四组主题纹样巧妙地组合在一起，表

▲ 图3-23　喜上眉梢剪纸　　　　▲ 图3-24　吉庆有余蓝印花布　　　　▲ 图3-25　凤戏牡丹剪纸

▲ 图3-26　麒麟送子蓝印花布　　　▲ 图3-27　福寿眼前剪纸　　　　▲ 图3-28　福在眼前蓝印花布

达了人们向往生活富贵平安和人格的高尚。

　　总之，南通蓝印花布的纹样受到剪纸艺术的影响，并且和剪纸图案在构图方式和表现形式上具有极大的相似之处。从侧面反映了这两种民间传统工艺作品在文化底蕴上具有相通性，映射出人们祈福纳祥、生殖繁衍、质朴浪漫的文化底蕴。由于剪纸这种艺术表现形式的出现要远远早于南通蓝印花布，同时，剪纸图案的实现要比南通蓝印花布花版的制作容易和方便很多。因此，完全有理由相信南通蓝印花布的花版吸收了剪纸的技法，并且剪纸艺术大大促进了南通蓝印花布花版的发展。

参考文献

[1] 张抒.印染织绣艺术:生活尽染 [M].重庆:西南师范大学出版社,2009:83.

[2] 王谠.唐语林 [M].北京:中华书局,1987:405.

[3] 于雄略.中国蓝印花布 [M].北京:人民美术出版社,2008:33.

[4] 贺琛,杨文斌.贵州蜡染 [M].苏州:苏州大学出版社,2009:4–5.

[5] 陈书丽.扎染艺术在现代服饰品中的应用与创作研究 [D].浙江农林大学,2010:3.

[6] 余涛.绞缬染色原理初探 [J].丝绸,1992(4):37–38.

[7] 陆岚.中国传统民间蓝印花布的艺术特征 [J].湘南学院学报,2006(3):74–76.

[8] 梁晓琴,王安霞.南通蓝印花布纹样艺术的文化内涵 [J].江苏经贸职业技术学院学报,
    2009(4):36–38.

[9] 南通市工艺美术研究所,中国民间文艺研究会南通分会.南通蓝印花布纹 [M].北京:中国
    民间文艺出版社,1986:3.

[10] 周跃兵.中国民间艺术初探——剪纸艺术的渊源与特点 [J].大众文艺,2011(19):182–
    183.

[11] 吴元新,吴灵姝.刮浆印染之魂——中国蓝印花布 [M].哈尔滨:黑龙江人民出版社,
    2011:17.

技术内核篇小结

从纺织技术上看，上海乌泥泾棉纺织技艺源于海南黎族棉纺织技艺，在元代著名棉纺织专家黄道婆的推动下，融合长三角地区相对较为先进的丝、麻纺织技术创造出符合该地区自然和社会条件的地方性知识体系。具体来看，上海乌泥泾棉纺技术将海南黎族的棉纺器具进行了大型化和效益化，改进了轧车和弹棉工具，创造出三锭棉纺车。其棉织技术则用互动式双综双蹑麻织机取代黎族的原始腰织机，极大地促进了长三角地区棉织技术的提高。通过对黄道婆"错纱配色、综线挈花"的探讨，笔者认为，黄道婆在"经纬制度"上将丝织行业的器具运用到棉纺织上，使其达到"错纱配色"的目的；而在"织纤机杼"上则采用麻织的机具，并结合黎族的挑花技术来实现"综线挈花"。究其根源，主要是由于棉纺织传播至松江乌泥泾后，一直就是以作为农村副业的形式而存在。中国古代棉纺织史上从来就没出现过任何棉纺织业的手工工场（包括官营和民营），因此，棉纺织业只能选择适合家庭手工业生产的纺织工具，遵循一种"器简技高"的发展路线。由于花楼织机是适应手工工场生产的器具，黄道婆的"综线挈花"不会选择也不可能选择任何类似于花楼织机的纺织器具。另外，随着棉布印染业的发展，特别是明代南通蓝印花布的大力发展，运用黄道婆"综线挈花"工艺织造的彩色花纹的棉布，逐渐消失在历史的长河里。

从印染技术上看，南通蓝印花布则是运用纸版刮浆防染技术的一种操作简便的灰缬印染技术，在南通蓝印花布技艺的发展过程中，它逐渐取代了汉族传统的夹缬与蜡缬印染技术，形成蓝白之美。上海乌泥泾棉纺织技艺与南通蓝印花布技艺之间也存在着密切的联系，上海乌泥泾棉纺织技艺生产出的棉布为南通蓝印花布的印染提供了物质基础。

南通蓝印花布与夹缬、蜡缬和绞缬同属于防染印染术，并且在夹缬和蜡缬的基础上，采用纸版刮浆防染方法使花纹的印染工序更加简便，印染价格更加便宜，使得其适合平民百姓的口味，同时采用特殊的纸版刮浆防染方法，也使其图案具有平面化的造型、规整化的构图、多样化的题材三大特征。从纹样图案上看，中华民族的传统文化深深印入南通蓝印花布的纹样图案里，寄托了人们对美好生活的向往和憧憬。

同时，南通蓝印花布的纹样受到剪纸艺术的影响，并且和剪纸图案在构图方式和表现形式上具有极大的相似之处。从侧面反映了这两种民间传统工艺作品在文化底蕴上具有相通性，映射出人们祈福纳祥、生殖繁衍、质朴浪漫的文化底蕴。由于剪纸这种艺术表现形式的出现要远远早于南通蓝印花布，同时，剪纸图案的实现要比南通蓝印花布花版的制作容易和方便很多。因此，完全有理由相信南通蓝印花布的花版吸收了剪纸的技法，并且剪纸艺术大大促进了南通蓝印花布花版的发展。

社会外延篇

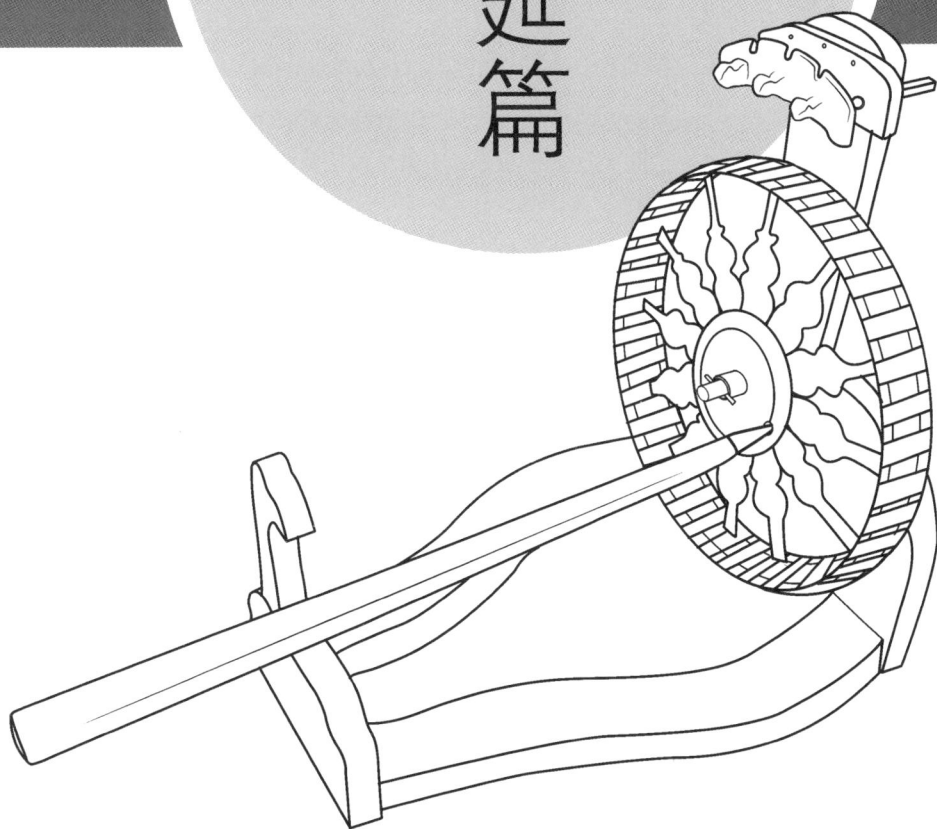

黄道婆文化的社会外延即在上海乌泥棉纺织技术与南通蓝印花布印染技术的具体表象下所内含的长三角地区的精神文化与地域文化。这一部分包括先蚕和先棉的比较、黄道婆民间传说的分析、黄道婆文化与地域文化的关系、黄道婆文化与中国工业革命四大内容。笔者首先通过先蚕（嫘祖）与先棉（黄道婆）的比较，解析黄道婆文化是一种自下而上逐渐建构的平民文化，它体现的是一种乐于奉献的工匠精神；其次，通过对黄道婆民间传说的深度分析，探究黄道婆民间传说在黄道婆文化建构过程中起到的积极促进作用，同时解析有关黄道婆事迹中隐含的历史真相；再次，通过黄道婆文化与长三角地区地域文化的关系的分析，讨论黄道婆文化的发展与长三角地区地域文化的嬗变；最后，通过中英水转大纺车的比较分析，解读中国棉花革命无法引爆中国工业革命原因。

第 四 章

黄道婆文化的本质解析

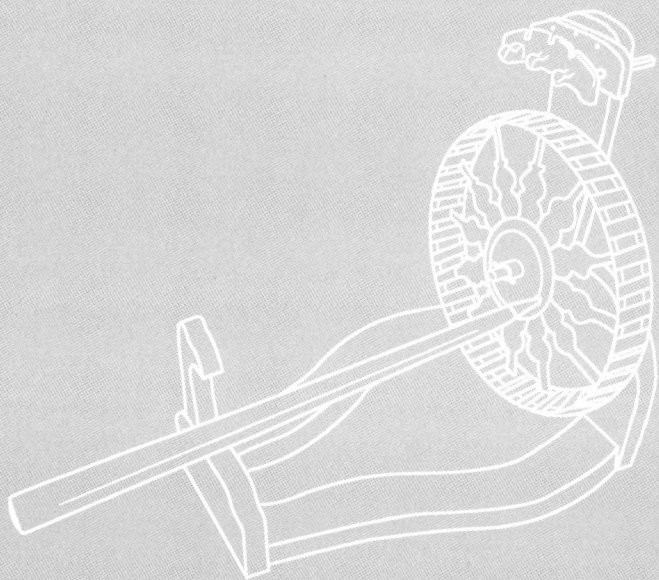

黄道婆文化的本质到底是什么？学术界有着不同的观点，究其根本，主要是各位学者所处的学科背景不同所致。从纺织史的角度看，黄道婆文化是一种基于长三角地区传统棉染织技术而衍生的染织文化，它是由上海乌泥泾棉纺织技术与南通蓝印花布印染技术共同构成的棉染织非物质文化遗产。从文化学的角度看，黄道婆文化是中国古代长三角地区地域文化的重要构成部分，它在长三角地区区域文化形成过程中起到过重要的历史作用。然而，笔者认为，黄道婆文化的内核是长三角地区棉染织类非物质文化遗产，本质所体现的是棉染织行业中的"工匠精神"，其特征是一种自下而上构建的平民文化体系，而其文化外延不断渗入地域文化之中，体现为长三角地区地域文化的具体形状。

第一节　先蚕和先棉的比较

中国古代社会有祭祀"先蚕"和"先棉"的传统，"先蚕"是指丝纺织行业崇拜的偶像——黄帝元妃嫘祖，"先棉"则指棉纺织行业的崇拜偶像——黄道婆。嫘祖和黄道婆对中国纺织行业的发展有着不可磨灭的贡献，人们为了怀念她们的伟大功绩，分别称其为"先蚕"和"先棉"，并且建起"先蚕祠"和"先棉祠"进行顶礼膜拜。

一、"先蚕"和"先棉"的共同性

通过对相关史料和地方志的研究，可知嫘祖和黄道婆所处的年代、身份、经历等各不相同，似乎没有可比性。但如果深入地研究下去，却能在这些差异性中找到她们之间的两大共同特征，即形象的模糊性和影响的深远性。

1."先蚕"和"先棉"史籍记载的缺憾导致其形象的模糊性

史籍记载的缺憾主要指史料的简略性和歧义性，记载的简略性和歧义性增加了人们对历史人物形象把握的难度，从而对其产生模糊性。有关嫘祖和黄道婆的史籍记载在正史中相当简略，甚至存在矛盾之处。嫘祖在《史记·五帝本纪》中的记载只有短短58个字，其中只记载嫘祖为黄帝之元妃，生玄嚣和昌意之事，其他只字未提。黄道婆的记载仅出现在地方志《松江府志·卷六》中，只有68个字的记载。如此简短的记载，无法让人对嫘祖和黄道婆的形象有一个全面的把握。

首先，无法确定"先蚕"和"先棉"的籍贯。《史记·五帝本纪》云："黄帝居轩辕之丘，而娶于西陵之女，是为嫘祖。嫘祖为黄帝正妃。"学界普遍认为西陵为地名。唐代学者张守节在《史记正义》中指出："西陵，国名也。"古代西陵究竟在何处？众说不一，这主要归究于史籍中西陵这一地名在不同地点都出现过。同样，对于黄道婆籍贯的考证也是一筹莫展，大多是学者们的推测。因为，最早记载黄道婆的书籍并不是官方修订的史书，而是元代文人陶宗仪的《南村辍耕录》（1366年正式刊刻）和王逢的《梧溪集》（刊刻于明洪武时，即1368～1398年）。《南村辍耕录》言："有一妪名黄道婆者，自崖州来……"，而《梧溪集》："黄道婆，松之乌泾人。"《南村辍耕录》成书在前，《梧溪集》成书在后。这里明显存在矛盾之处，"自崖州来"并不能说明黄道婆就是上海松江乌泥泾人。官方最早记录黄道婆的史籍是明代崇贞年间的《松江府志·卷六》，其中"有一妪名黄婆者，自崖州来……"，这里又与《南村辍耕录》中的记载非常雷同，仅仅只有"黄道婆"和"黄婆"之别。地方志一般能够比较客观地记录地方上发生的事情，《松江府志》的可信度要远高于作为诗集的《梧溪集》，同时《松江府志》的成书时间又晚于《梧溪集》的成书时间，正好说明在编写《松江府志》时并没有采信王逢《梧溪集》中对黄道婆籍贯的说法，这样黄道婆的籍贯就更加扑朔迷离了。

其次，无法确定"先蚕"和"先棉"的具体发明创造。汉代刘安（公元前179～公元前122年）《淮南子》最早确定嫘祖为"先蚕"，其中"黄帝元妃西陵氏始蚕，即为先蚕"。宋代刘恕（1032～1078年）《通鉴外纪》、罗泌（1131～1189年）《路史》中都有记载嫘祖"始教民养蚕，治丝茧以供衣服"。那么，嫘祖究竟创造了哪些丝纺织技术？由于史料并没有具体的记录，更是无从知晓。同样，黄道婆对棉纺织之具到底做了哪些具体的创造？也是疑问颇多，《松江府志·卷六》仅记"乃教以造捍、弹、纺、织之具"[1]。如此简略的事迹记载，这些捍、弹、纺、织之具是什么形制，现在也是众说不一。

最后，无法准确确定"先蚕"和"先棉"的生卒时间。中国史学界一直以西周共和元年（公元前841年国人暴动）作为中国历史有确切纪年的开始，1996年启动的"夏商周断代工程"虽然已经将"武王伐纣"确定为公元前1046年，但并未得到国内外历史学家的一致认同。同时，嫘祖所处的年代是远远早于商代的黄帝时代，距今4500～5000年，因此，对于嫘祖确切生卒时间是无从考证的。而对于黄道婆确切的生卒时间，主要由于黄道婆的历史记载过于简略，也无法确认其确切时间。学界一般认为黄道婆生于南宋末年淳祐年间，即1241～1252年，卒于1306～1310年[2]。这些其实都是学界对王逢《梧溪集》、陶宗仪《南村辍耕录》以及《松江府志》中有关黄道婆的相关信息作出的推论，由此，笔者只能将黄道婆定义为中国元代著名的棉纺织专家。

2. 隆重的祭祀证明"先蚕"和"先棉"影响的深远性

祭祀是指人们在日常生活中需要同神祇、祖灵等所有超人力量的形象代表相沟通时举行的一种仪式[3]。被中国古代封建统治者祭祀的历史人物，一般是对华夏民族有着深远影响的人。其实早在汉代就有"先蚕"的祭祀活动，当时皇后要亲桑于东郊苑中，至蚕室祭蚕神要献以少牢之礼。只是当时祭的蚕神并没有指明是嫘祖，自后周（951～960年）以后，正式确立嫘祖为"先蚕"，并由皇后亲自进行祭祀。唐代的礼仪仍规定"皇后岁祀一，季春吉巳享先蚕，遂以亲桑"并"散斋三日于后殿"[4]，直至清代，位于北京北海公园的先蚕坛，为清代皇帝的后妃们祭祀蚕神——嫘祖的地方，每年春季第二个月的巳日，一般由皇后亲自来此祭祀蚕神。可见，历代统治者对嫘祖的祭祀非常隆重和肃穆。另外，许多地方也有祭祀嫘祖活动的记载。同治《湖州府志》中记载："湖州向先蚕黄帝元妃西陵氏嫘祖神位于照磨故署……嘉庆四年，抚浙中丞以浙西杭嘉湖三府民重蚕桑，请建祠以答神贶，奏奉谕允，乃建庙于东岳宫左，曰蚕神庙。"[5]湖北远安也有祭祀嫘祖的活动，据北宋著名志书家王存（1023～1101年）在《元丰九域志》中说"峡州西陵山"为祭祀嫘祖的圣地，祭祀时间为三月十五日嫘祖的生日[6]。中华人民共和国成立前，四川盐亭境内有数十处祭祀嫘祖的古庙宇，每逢蚕事将起或蚕出现病状时，农民都要进香祈祷，蚕茧丰收以后也要去酬谢蚕神，这种习俗即使在"文化大革命"中也屡禁不止[7]。据河南西平学者高沛先生调查，中华人民共和国成立初期，河南西平县境内尚存嫘祖庙六座[8]。从祭祀嫘祖的活动来看，不难发现其目的在于通过这些仪式和活动，"以劝蚕事"，推进栽桑、养蚕、纺纱、织布事业的发展。可以说，历代封建统治者将嫘祖奉为"先蚕"完全是一种政治上考虑的结果。

上海地区人民对黄道婆的祭祀同样也是非常隆重，经久不衰。自元代以来，历代黄道婆祠庙见表4-1，黄道婆的第一个官祠建于明成化年间，在上海知县刘琬主持下重建于松江乌泥泾镇。清道光六年（1826年），清廷正式将祭祀黄道婆列为朝廷祠典。据道光、咸丰间寓居上海的王韬（1828～1897年）《瀛壖杂志》记载："先棉祠，亦曰黄道婆祠。"黄道婆生前对上海地区棉纺织业发展起到促进作用，"被其德数百年，邑民多私祭之，犹未列入祀典。"于是，当时的知县许榕皋创建特祠，"遵部议，从先棉例，春秋岁祀，规制廓增。"[9]至此，黄道婆作为古代的纺织专家，从民间"私祭"而转为朝廷"公祭"，最终成为"先棉"。通过对嫘祖和黄道婆祭祀活动的研究，不难发现，由于这两位伟大的女性对纺织行业的巨大贡献，人们逐渐将她们作为神进行贡奉，使她们越来越具有神性。

表4-1　上海历代黄道婆祠庙

朝代	名称	时间	地点	立祠人
元代	大德黄道婆祠（民祠）	大德十一年（1307年）	乌泥泾	乌泥泾乡人
	至元黄道婆祠（民祠）	约至元三年（1337年）	乌泥泾	乡人赵如珪
	至正黄道婆祠（民祠）	至正二十二年（1362年）	乌泥泾	乡绅张守中

朝代	名称	时间	地点	立祠人
明代	成化黄道婆祠 （官祠）	成化年间 （1465～1487年）	乌泥泾	知县刘琬
	万历黄道婆祠 （民祠）	万历年间 （1573～1620年）	乌泥泾张家湾听莺桥畔	乡人张之象
	天启黄道婆祠 （民祠）	天启六年（1626年）以后	乌泥泾宁国寺西	乡绅张所望
清代	康熙乌泥泾庙 （官祠）	康熙年间 （1661～1722年）	上海县三林乡临浦村	乡人
	雍正黄母祠 （民祠）	雍正八年（1730年）	滨浦钱粮庙	乡人
	道光先棉祠 （官祠）	道光六年（1826年）	上海县城	知县许榕皋
	黄道婆别祠 （民祠）	不详	县署西南梅溪弄	城内纺织者
	豫园绮藻堂得月楼 （民祠）	光绪十八年（1892年）	上海豫园	布庄业主

综上所述，嫘祖和黄道婆具有形象的模糊性和影响的深远性两大共性，笔者认为其根源却大不相同。首先，嫘祖所处的年代距今久远，那时候的历史记载主要是通过口述的形式代代相传，在向下传递的过程中必然会存在着一定的误差。到了司马迁著述《史记》时，会存在信息丢失和失真的情况。同时，中国"三皇五帝时代"的历史几乎是一部神话史，人们只能通过剔除神话的情节来重新还原真实的历史，这样就必然会对那一时期人物的籍贯、事迹和生卒时间产生模糊性。反观黄道婆所处的年代却大不相同，元代距今不到八百年的历史，并且当时历史记载的手段已经非常完善，有专门的史书和地方志。造成黄道婆籍贯、发明创造的模糊性主要原因是由于统治阶级对于生产技术的创造和发展漠不关心，认为技术发明创造都是"奇巧淫技""不足挂齿"。因此，对于黄道婆的记载也就只有寥寥数语。其次，造成嫘祖和黄道婆影响深远性的根源也不相同，嫘祖的崇拜和祭祀主要源于封建统治者自上而下的一种政治上的需要，即树立一个妇女养蚕、织布的典范，以达到"男子耕田、女子织布"封建自给自足的社会风尚。相反，对于黄道婆崇拜和祭祀则是由下层劳动人民自下而上形成的。黄道婆不辞辛劳地教上海地区的妇女纺棉纱、织棉布，使当地劳动人民的生活有了极大的改善，上海人民由衷地崇拜和祭祀她，出于维护封建统治的需要，清代统治者最终给予黄道婆"先棉"的呼号。

第四章 黄道婆文化的本质解析

二、"先蚕"和"先棉"的相异性

嫘祖和黄道婆在正史或地方志的记载虽然有两大共性，但由于她们身份悬殊，在她们身上也体现出不同的特征。从身份的悬殊导致她们的发明创造的可信度以及崇拜她们的区域都存在着极大的差异。

1. 身份的悬殊导致技术发明创造可信度的差异

嫘祖和黄道婆的身份有着天壤之别，嫘祖身为炎黄子孙公认的老祖母——黄帝的元妃，黄道婆为自崖州来的老妪——卑贱的劳动妇女。元妃指的是国君或诸侯的嫡妻，《晋书·礼志中》："前妻为元妃，后妇为继室。"据传黄帝有四妃，晋代学者皇甫谧（215～282年）在《帝王世纪》中指出，除元妃嫘祖外，黄帝还有方雷氏（女节）、彤鱼氏、方相氏（嫫母）三个次妃。那么，嫘祖的身份就是统率黄帝后宫的皇后。然而，黄道婆的身份相比嫘祖却寒酸很多。现在流传较广的传说认为，黄道婆为童养媳，受尽公婆的虐待，在忍无可忍的情况下出家为道姑逃离了家乡，只身来到遥远的海南岛黎族居住区，学习黎族的棉纺织技术。到了晚年思乡心切，乘海船回到家乡松江，改进棉纺织工具，并向乡人传授棉纺织技术。这种身份上的巨大差异，导致嫘祖和黄道婆的技术创造和发明的可信度差异性很大。

首先，两者活动年代到被正式列入国家祭典的时间相差很大。结合史料和最新的考古发现，嫘祖所处的时代为中国新石器晚期，大概是公元前2500～公元前3000年，到嫘祖正式被后周封建统治者正式奉为"先蚕"，经历了三千四百年至四千年之久。其间关于"先蚕"的崇拜还有"马头娘"和"蚕丛"的传说，可见，嫘祖具体发明创造了哪些丝纺织技术并无可信度。相反，黄道婆去世后就获得上海松江人民的崇拜和私祭，到明成化年间就开始得到官方的祭祀，只用了不过两百年的时间。最终，在清道光十年，黄道婆获得"先棉"称号，并列入国家祭典，大概用了约五百三十年的时间。黄道婆去世后就享受崇拜和祭祀，从一个侧面反映她确实对上海松江地区的棉纺织业的发展做出了巨大贡献。

其次，中国古代向来就有将发明创造权归功于名人名士的习俗。《礼记·礼运》云："昔者先王未有宫室……未有丝麻，衣其羽皮。后圣有作……治其丝麻，以为布帛，以养生送死，以事上帝鬼神，皆从其朔。"这段话并没有指明嫘祖发明了养蚕、制丝、织绸的技术。栽桑、养蚕、织绸技术不可能是由某个人发明创造出来，其产生必然要经历漫长的摸索阶段。一般认为，嫘祖所在的西陵氏部落与黄帝部落联姻，她嫁给黄帝后将西陵氏部落所掌握的养蚕丝织技术传授给黄帝部落。《路史》记载："（黄帝）命西陵氏劝蚕稼。"由于嫘祖具有黄帝元妃的特殊身份，后人当然会将养蚕、制丝、织绸的全部发明都归功于嫘祖。因此，考证嫘祖具体发明了哪些纺织技术并无意义。

再次，考古发现丝织技术在早于嫘祖所处的时代就已经出现，从而证明嫘祖并非丝织技术的创始人，而极有可能是因其特殊的身份而获得"先蚕"的称号。1958年，在浙江湖州钱山漾遗址出土了一片残绢（图4-1），经浙江省纺织科学研究所测定为家蚕丝，残绢片长2.4cm，宽1cm，为平纹织品，织物密度为120根/寸[10]。这片残绢是中国至今发现年代最早的纺织

▲图4-1　绢片（湖州钱山漾）

品，1972年，经中国科学院考古研究所实验室用碳素断代测定，其年代为距今（4715±100）年[11]。又如，1983年考古工作者在河南荥阳青台村仰韶文化遗址第142号、164号墓瓮棺中，也发现有用来裹尸的炭化丝织物（图4-2），其年代为公元前3600～公元前3000年。更早的证物是在山西夏县西阴村仰韶文化遗址发现半个经过人工割裂的茧壳（图4-3），年代为公元前4000～公元前3600年[12]，等等。很显然，有关嫘祖的神话和史料，只不过是人们的一种美好想象而已。丝织的所有发明，不可能都是嫘祖一个人的功劳，她只不过体现了一个时代，一个象征。

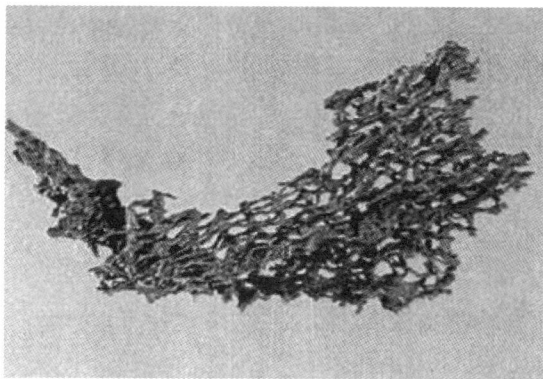

▲图4-2　罗织物（河南荥阳青台村）

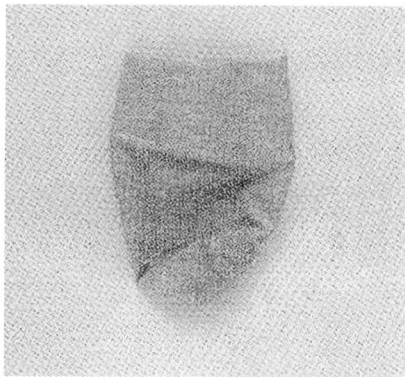

▲图4-3　半个茧壳（山西夏县西阴村）

最后，黄道婆对棉纺织技术贡献的可信度要远远高于嫘祖对丝纺织技术贡献的可信度，还有其他一些证据：证据一，黄道婆是一位平凡的劳动妇女，封建统治者绝不会为一名如此卑贱的劳动妇女在没有做出巨大贡献的情况下为她立祠祭祀。证据二，从黄道婆"自崖州来"教乡人棉纺织技术的时间和王祯《农书》的成书时间上有一种逻辑的先后关系，可以断定黄道婆对于"捍、弹、纺、织"之具确有改进。不管采用黎兴汤先生的黄道婆约卒于1306年前的观点，还是刘正刚先生的黄道婆大约卒于1310年的观点，都可知黄道婆于元贞年间（1295～1297年）返回松江。根据王祯《农书》自序，该书是在1295年开始准备，直至1313年才写成[13]。也就是说，王祯《农书》是在黄道婆返回松江十多年之后才完成的。因

图4-4 上海徐浦黄道婆纪念馆中的织机

此，黄道婆创造和改进棉纺织工具的说法比较符合历史逻辑。证据三，从上海地区有关棉纺织的纪念馆（上海徐浦黄道婆纪念堂、上海七宝古镇棉纺织纪念馆）中可以看到黄道婆改进的棉纺织机械实物（图4-4）。虽然这些实物还需要进一步考证是否为黄道婆所创制，但其可信度要远高于嫘祖这种无实物可考的境地。基于以上的考察和分析，笔者认为黄道婆在纺织方面的技术贡献的可信度要远远高于嫘祖。

2. 文化象征不同导致崇拜区域的差异

文化特指人类所创造的精神财富，如文学、艺术、教育、科学、技术等。象征是艺术创作的基本手法之一，指借助于某一具体事物的外在特征，寄寓艺术家某种深邃的思想，或表达某种富有特殊意义的事理的艺术手法。那么，文化象征就是指通过某种具体的文化形式表现历史上的一种精神现象。嫘祖和黄道婆的文化象征有很大的差异，嫘祖是封建农耕社会的一种文化符号，自汉代以来历朝历代封建统治者通过对"先蚕"的大规模祭祀活动，以达到"以劝蚕事"的目的，推进养蚕栽桑事业的发展，进而促进农业的发展，带动经济的繁荣。因此，嫘祖具有"男耕女织"的文化象征意义，同时嫘祖作为黄帝元妃又被赋予了中华民族女祖的崇高形象。黄道婆的文化象征意义与嫘祖大不相同，对于黄道婆的祭祀源于其自身的勤奋、聪颖、大公无私、造福乡里，从而得到上海松江地区老百姓的崇拜。黄道婆经过数百年的民间崇拜和祭祀，道光十年（1830年），朝廷授予黄道婆"先棉"的称号，正式将黄道婆的祭祀纳入国家祭典，从而最终完成从民间私祭到政府公祭转化，并且将黄道婆的形象逐渐神化。嫘祖和黄道婆的文化象征意义不同导致她们的崇拜区域有极大差异，嫘祖的崇拜区域几乎遍及中国境内，目前已有多个省市争夺嫘祖故里的称号，关于嫘祖故里的历史地望，至少有十三种说法之多。例如，湖北黄冈说、稀水说、宜昌说，四川盐亭说、叠溪说，河南开封说、荥阳说、西平说，陕西白水说，山西夏县说，江苏吴江说，山东费县说和浙江杭州说等[14]。另外，嫘祖的崇拜也影响到韩国，据韩国《东亚日报》1993年5月12日报道，韩国恢复停了八十五年的先蚕节，所谓先蚕节就是李氏朝鲜时期由历代王妃把中国古代西陵氏的神牌供在先蚕坛上，祈愿养蚕业发达的活动。由此可见，嫘祖的崇拜在古代中国甚至古代韩国是相当普遍的。相比之下，黄道婆的崇拜区域却要小得多。此外，还有一些地方曾经出现过祭祀黄道婆的场所，如上海虹口的黄婆庵、漕河泾的梵寿庵，浦东三林的崇福道院、奉贤萧塘刘港镇曾建有黄姑庵，嘉定县城内曾建有黄道婆祠。由此可知，中国古代黄道婆的崇拜区域不会超出长三角地区。笔者认为正是由于嫘祖和黄道婆的文化象征的不同，导致她们成为纺织偶像的路径不同，从而最终导致了崇拜和祭祀她们的区域差别很大。

中国古代对"先蚕"和"先棉"的崇拜和祭祀体现了纺织行业在中国封建社会中的重要地位。从嫘祖崇拜和黄道婆崇拜的对比研究中，发现她们在共同性中蕴含着差异性，差异性中又蕴含着共同性。一方面，她们之间的共同性（形象的模糊性和影响的深远性）有着各自的原因。嫘祖主要是由于年代久远，当时记载历史主要是利用代代口传，其中掺杂着神话、传说等导致其籍贯和发明创造的模糊性。黄道婆则因其身份的卑贱导致其籍贯和发明创造事迹记载不详，从而导致其模糊性。同时，她们影响的深远性的原因又是各不相同，嫘祖是自上而下的路径完成其作为"先蚕"的崇拜，即官方崇拜和祭祀→民间崇拜和祭祀→丝纺织文化。黄道婆则完全相反，由自下而上的路径完成其作为"先棉"的崇拜，即民间崇拜和祭祀→官方崇拜和祭祀→棉纺织文化。另一方面，她们之间的差异性（技术发明可信度和崇拜区域的巨大差异）是由各自身份特征所决定的。首先，身份的悬殊导致技术创造发明可信度的巨大差异，即黄道婆卑贱的身份是其技术创造发明的可信度远高于身份高贵的嫘祖的主要原因。其次，身份的差异→文化象征的差异→影响区域的差异。即嫘祖崇拜祭祀主要源于政治因素，黄道婆最初的崇拜祭祀则主要源于经济因素，文化象征意义的不同是导致她们的崇拜区域差异性的根本原因。

总而言之，从"先蚕"和"先棉"的比较研究中发现，纺织技术和纺织精神之间存在着一种互动的关系，并且由纺织技术和纺织精神共同组成纺织文化。从纺织技术和纺织精神的关系图（图4-5）来看，作为纺织精神典范的嫘祖和黄道婆，虽然她们各自形成纺织精神的路径不同，但促进纺织技术进步的结果却是相同的。纺织技术通过物态（纺织生产机具和纺织产品）的形式推动、发展纺织精神，甚至包括确立纺织崇拜偶像。纺织精神则通过礼态（祭祀活动）、心态（织物款式造型、色彩纹样、质地风格）来促进纺织技术的推广和传播。对嫘祖和黄道婆的崇拜和祭祀明显促进了纺织技术的进步，人们通过祭祀从礼态上树立了学习的榜样。同时，在民间祭祀过程中，工匠们可以相互交流技艺，对技术的改进和创新、织物的款式造型、色彩纹样、质地风格的传播都有一定的影响。

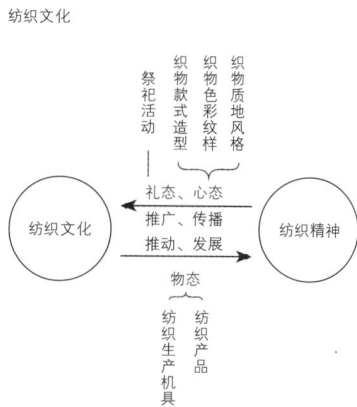

▲图4-5　纺织技术和纺织精神的关系图

《第二节》 黄道婆民间传说的研究

黄道婆民间传说在上海地区主要有《黄道婆的传说》《黄道婆智斗官府》[15]《黄道婆的故事》[16]等，在海南崖州则集中于黄道婆在某一具体地点，主要有《黄道婆在水南村的传说》[17]《黄道婆在保定村的传说》[18]《黄道婆与七仙岭的故事》[19]等。针对黄道婆民间传说的研究，纺织史学界虽有一些研究，但还不够系统与深入。如上海与海南举办的历届黄道婆文化研讨会中总会有一个黄道婆民间传说的主题，大部分学者会利用民间传说来辅证黄道婆的身份、籍贯、功绩等问题[20-22]。毫无疑问，黄道婆民间口头传说必然早于其文字记载，正是因为陶宗仪听闻了黄道婆相关的事迹，才将其转换成文字收录到其著作中。因此，从本质上看《南村辍耕录》应该是黄道婆民间传说的最早版本。而《梧溪集》则是黄道婆民间传说经过很长时间的沉淀与再创作的一种形式，它将黄道婆的籍贯、身份甚至婚姻状况都作了详细的讲述，充分体现了民间传说迎合当地听众的特点。事实上，现代黄道婆民间传说确实是在《南村辍耕录》与《梧溪集》的基础上的演绎。我们抛开其中神话与迷信的迷雾，可以通过民间传说、实物分析、风俗解读三维印证的方法，还原黄道婆民间传说背后的真实隐喻与本质。

一、黄道婆传说中其身世的多样性

黄道婆传说中她的身世包括身份与籍贯两方面的内容有很多个版本。事实上，造成其版本众多的原因是史料记载的不确定性，使其在民间流传时会产生不同的说法。同样，随着民间传说的广泛传播与再创作，使得黄道婆的身份与籍贯更加扑朔迷离。

1. 黄道婆身份猜测性中具有确定性

据《南村辍耕录》记载："国初时，有一妪名黄道婆者，自崖州来，……"由此可知，有关黄道婆事迹最早记录的《南村辍耕录》并没有明确黄道婆的身份，是农妇、工匠、商人、道士等，具体身份均未交代。黄道婆的身份仅仅是"妪"，而"妪"即50岁以上的老年妇女。众所周知，最早的口头民间传说一般要早于最早的文字记载，《南村辍耕录》中的记录至少说明陶宗仪在记录黄道婆传说时，她的具体身份是没有确定的。然而，现在无论在上海还是海南的民间传说中，黄道婆的身份主要有童养媳、道士、农妇、黎族民间织棉艺妪、官员家眷等。事实上，纺织史学界对于黄道婆的身份还出现过明教传教士之说[23]。甚至有学者认为，黄道婆初为流人，后为道人。在崖州是同闽广等地流落在崖州的汉族人民和道人一起居住在汉族村落和道观中的。她初居州治所在地的水南村，再嫁宋五爹移居崖州城，后因夫亡故，出家到城西二里的少度寺中修道，约在1296年前后返回松江，居崖州时间约37年[24]。毫无疑问，黄道婆的身份无论是民间传说还是纺织史学界，都具有猜测性。无论这些猜测多么精妙与合理，最早的文字记录（最早的民间传说）并没有指定其确切的身份，因此，黄道婆的身份明显具有猜测性。笔者认为，黄道婆的具体身份虽然无法确定，但其劳动人民的特性却是无可辩驳的，她具体参与到棉纺织技术的改进与传播中，其身份也必然是劳动阶级。因此，黄道婆的身份在具体的猜测中具有大概的确定性。

2. 黄道婆籍贯在争议中存在模糊性

黄道婆传说中其籍贯主要有上海松江出生说与海南崖州出生说两种观点，上海的黄道婆传说均指出黄道婆出籍于上海乌泥泾，由于种种原因流落到海南崖州，从而有机会学习到黎族棉纺织技术；反之亦然，海南的黄道婆传说则强调其籍贯是海南崖州，迫于压迫离开故乡流落到乌泥泾传播棉纺织技术。毫无疑问，无论是上海还是海南，都在不遗余力地通过各种途径建构黄道婆是本地人的"事实"。如上海黄道婆纪念堂将其塑造成汉族妇女的形象，而海南黄道婆纪念馆中的黄道婆则是黎族妇女的样貌。2015年笔者在海南崖州参加《黄道婆文化研讨会》，其中一位黎族学者在发言之始大声宣称黄道婆是海南人，并且是黎族人。笔者认为，黄道婆籍贯之争的本质是当地教育、旅游、经济之争。上海与海南均在努力打造黄道婆文化，黄道婆籍贯的本土化，将会带来大量的衍生资源，能极大地促进当地的教育、旅游与经济的发展。

毫无疑问，无论是民间传说还是学术界对于黄道婆的籍贯均是源自《辍耕录》中"国初时，有一姬名黄道婆者，自崖州来……"的推测。其实，根据"自崖州来"根本无法确定黄道婆的籍贯。如果黄道婆是上海松江人，按常理，应该是"自崖州回"。那么，"来"字就能证明黄道婆是海南人吗？"来"也有可能是别处来到海南崖州，然后到上海乌泥泾，显然通过这一点无法确定她的籍贯。因此，上海与海南两地都可在此基础上对黄道婆传说中的籍贯进行演绎。最早对黄道婆籍贯进行演绎的是元代学者王逢。他在《梧溪集》（刊刻于明洪武时，即1368～1398年）中明确指出"黄道婆，松之乌泾人"。然而，在明崇祯年间（1628～1644年）的《松江府志》中却是如此描述"有一姬名黄婆者，自崖州来……"显然，《松江府志》并没有采纳王逢对黄道婆为上海籍贯的观点。众所周知，地方志的可信度要远远高于诗集或笔记小说，因此，王逢的记载可能源于民间传说，反映了中国民间对名人的本土化的普遍做法。事实上，在中华人民共和国成立前海南崖州水南村并没有黄道婆的任何民间传说，反而当上海的黄道婆传说在全国流传之后，海南崖州开始出现本土化的黄道婆传说。最初的海南的黄道婆传说认定其为上海人，后来则经过当地政府与学术界推动出现了黄道婆为海南崖州黎族人的说法，并建构出黄道婆的黎族形象。笔者认为，黄道婆的籍贯之争毫无意义，其籍贯本身就存在着模糊性，但有两个事实是没有争议的。一是黄道婆曾经在海南崖州生活过很长的时间，并向黎族同胞学习过棉纺织技艺，并精通这一技艺；二是黄道婆生命中最辉煌的时光是在上海乌泥泾度过的，为她成为先棉奠定了坚实的基础。因此，黄道婆的籍贯既是海南也是上海，其民族既是汉族也是黎族。

二、黄道婆传说中其功绩的确凿性

黄道婆传说中其对棉纺织技术创新与传播是确证无疑的，能从历史资料、实证分析以及经济结构嬗变三方印证。

1. 地方志辅证了黄道婆传说中其传播棉纺织技艺的真实性

从历史资料来看，黄道婆相关的记载出现在《南村辍耕录》《梧溪集》《松江府志》（明崇祯版）中。《南村辍耕录》中言："国初时，有妪黄婆者，从崖州来，乃教以作造捍弹纺织之具，至于错纱配色，综线挈花，各有其法，以故织成被褥、带、帨，其上折枝、团凤、棋局、字样，粲然若写。未几，妪卒，莫不感恩洒泣而共葬之；又为立祠，岁时享之，越三十年，祠毁，乡人赵愚轩重立。今祠复毁，无人为之创建。道婆之名，日渐泯灭无闻矣。"而《梧溪集》中："黄道婆，松之乌泾人。少沦落崖州，元贞间，始遇海舶以归。躬纺木棉花，织崖州被自给。教他姓妇，不少倦。未几，被更乌泾名天下，所食者千余家。"由此可知，《南村辍村录》中指出黄道婆不仅传播棉纺织技艺，而且传播棉纺织技艺所用的器具。此外，明崇祯版《松江府志》[25]中明确指出有关黄道婆的条目引自《南村辍耕录》里关于黄道婆传播棉纺织器具与技艺的内容，仅对黄道婆的称谓改为"黄婆"而非黄道婆。事实上，《松江府志》是松江地区的地方志，地方志是比较客观地记载地方历史、地理、经济之类的官方史书，可信度较之文人的笔记小说与诗集要高很多。同时，《松江府志》并未采纳《梧溪集》中关于黄道婆是松之乌泾人的说法，也反映出其严谨性。因此，黄道婆传播棉纺织器具与技艺的事迹确证无疑，民间传说在这方面并没有作夸张式的处理。

2. 棉纺器具的亲缘关系实证了黄道婆传说中功绩的可靠性

从实证的角度看，笔者曾对上海乌泥泾与海南崖州的棉纺织器具进行比较分析，发现两者的扎棉机、弹弓以及纺车之间存在着亲缘关系。首先，将乌泥泾与海南黎族的扎棉机和弹弓进行比较，发现这两者的实际差异并不是很大，两者的形制、结构与操作原理完全相同。扎棉机方面，黎族扎棉机为木质，构造较为简单，由四块木板装成，一人利用中央两个曲柄转轴进行扎棉处理。上海乌泥泾扎棉机的形制正如《王祯农书》中所言："二人掉轴，一人喂上绵英；二轴相轧，则子落于内，绵出于外，比用碾轴，工利数倍。"[26] 由此可知，乌泥泾的木棉搅车在原理上承袭了黎族扎棉机，并进行了三人化、大型化、手摇脚踏并用的改造；弹弓方面，从弹弓的形制上看，乌泥泾弹弓也是在黎族的基础上进行了一些创新改进。黎族弹弓较短，其长度一般不足一米，且为线弦，无弓椎，弹力较小；而乌泥泾的弹弓长达到四尺[27]，采用绳弦与弓椎，弹力大而有力，使弹出的棉花均匀、洁白，同时极大地提高了其产量。

其次，将海南黎族的纺车与乌泥泾纺车进行比较。黎族所使用棉纺车为脚踏式单锭纺车，结构极为简单，纺车由机架、脚踏杆、传动轮、皮带、锭子等组成。而乌泥泾纺车则采用脚踏式三锭纺车，很明显对黎族纺车进行了三项重大改进。第一，脚踏式三锭纺车将黎族的单锭改为三锭，提高了两倍的纺纱速度；第二，脚踏板一端与纺轮轮轴处用铁皮包住，不仅增加了纺车的使用寿命，而且更加省力；第三，脚踏式三锭纺车的纺轮明显要比黎族单锭纺车的纺轮稍大一些，纺轮与锭子的传动比明显增大，就可以纺出更细的棉纱。由此可知，上海乌泥泾扎棉机与纺车是在黎族扎棉机与纺车的基础上将其大型化、效率化。特别是脚踏纺车采用偏心轮的运动状态充分反映了两者的亲缘关系，因为闽广地区一般采用手摇单锭纺车，而上海与海南却存在着结构相似的脚踏纺车，充分反映它们之间存在着棉纺织技术突发式、直接式交流，从而实证了黄道婆是参与棉纺织技术交流的重要人物。

3. 上海地域文化的嬗变反映了黄道婆传说中功绩的深刻影响

上海独特的地域文化形成与黄道婆有着密切联系，在黄道婆出现前，该地区经济状况为"其地土田硗瘠，民食不给，因谋树艺，以资生业，遂觅种于彼。初无踏车、椎弓之制，率用手剖去子，线弦竹弧，置案间，振掉成剂，厥功甚艰。"反映了乌泥泾人很早就开始种植棉花，但苦于轧棉、开松等工艺的落后，导致没有取得很大的经济效益。然而，黄道婆到来之后，随着棉纺技术的革新，生产效率得到巨大的提高，使棉纺织业给当地带来巨大的经济效益，达到了"竞相作为，转货他郡，家计就殷"的实际效果。从而使从事棉纺织业的劳动妇女社会地位得到很大的提高，进而改变了松沪地区的文化习俗。黄道婆通过技艺改变了自己与上海妇女的人生，形成"上海小男人"的男性形象以及"大女小婿""女大三抱金砖"的婚俗观，可见黄道婆在松沪地区的影响非常深远。她不经意间通过改变当地平民家庭经济结构，进而改变了当地的民间习俗，促进了上海地域文化的形成。因此，有关黄道婆传说中其功绩的真实性应该符合历史本原，正如本地民谣"黄婆婆！黄婆婆！教我纱，教我布，两只筒子两匹布。"深刻体现了这一事实。

三、黄道婆传说其效应的正面性

黄道婆传说的目的是传播大公无私、无私奉献的工匠精神。从国家层面上看，黄道婆传说反映了黎汉两族棉纺织技艺的交流，体现了中华民族间共同进步的同体意识；从地方层面上看，黄道婆传说完美阐释了工匠精神的本质；从个人层面上看，黄道婆传说树立了个人奋斗的典范，通过个人努力实现巨大的社会价值。

1. 黄道婆传说体现了黎汉两族纺织技术交融

黄道婆传说反映了黎汉民族间的技术交流，体现了中华民族间相互促进、相互影响的事实。众所周知，上海乌泥泾棉纺织技艺是由黎汉两族人民创造出来，而黄道婆只是其产生过程中的代表人物。正如德国学者库恩所言，黄道婆在上海乌泥泾，积极传播与革新海南黎族棉纺织技术，成功地将一个以前贫穷的地区变成一个富庶的棉花种植区。在她去世之后，当地人敬仰她，为了表达对她的感激之情，人们开始为她建立祠堂。因此，一个纺织女专家成了一个女恩人，而有关女恩人的传说又以一个种艺女杰而结束[28]。笔者认为，长三角地区棉纺织业的兴盛是历史的必然，黄道婆的出现则是历史的偶然。事实上，早在黄道婆出现之前，汉族人民就开始持续不断地将南方的植棉、纺棉技术向北方传播。正如《元史·世祖本纪》至元二十六年四月记载："置浙东、江东、江西、湖广、福建木棉提举司，责民岁输木棉十万匹，以都提举司总之。"[29]说明了在黄道婆出现前，木棉已经出现在浙、闽、赣、粤、江东。毫无疑问，在棉纺织技艺传入长江流域过程中曾经出现过大量黄道婆式人物，只因未出现在史书或地方志的记载中，而不为人们所知晓。

毫不夸张地说，黄道婆出现在恰当的时间与空间，是一种历史的巧合。正是因为黄道婆独特的身世，曾在海南崖州生活掌握棉纺织技艺，并且无儿无女，使其具有大公无私、造福乡里的可能，创造出乌泥泾棉纺织技术，进而形成黄道婆文化。综上所述，没有黄道婆的出现，长江中下游棉纺织业同样也会逐渐兴盛起来，这是中国棉纺织史发展的必然。但是如果没有黄道婆无私传授棉纺织技艺，浙、闽、赣、粤等地区一样无法催生出棉纺织的种艺英雄，进而无法产生黄道婆式的传说。

2. 黄道婆传说完美体现了工匠精神的本质

黄道婆传说的本质是以乌泥泾棉纺织技艺为核心，衍生出来的一类棉纺织文化。其基础是乌泥泾的地方性棉纺织知识，本质表征的却是工匠精神。所谓工匠精神是工匠们对设计独具匠心、对质量精益求精、对技艺不断改进、对制作不遗余力的理想精神追求[30]。事实上，工匠精神还包括"无私奉献"的精神，只有在"无私奉献"精神的指导下，工艺的传承性才能得到升华。黄道婆传说的核心就是纺织工匠精神，据《南村辍耕录》[31]记载，黄道婆不仅对纺织工艺精益求精，还具备无私奉献的精神。首先，其棉织物纹样"粲然若写"，足见其工艺的精湛；其次，努力创新改造棉纺织器械，乌泥泾棉纺器具中的搅车、三锭纺车、脚踏式棉织机足见对黎族棉纺织技术的改进与创新，因为海南崖州黎族并没有这样的棉纺织器具；最后，黄道婆在上海乌泥泾大力向乡民传授棉纺织技术，体现了工匠精神的最高境界——为了技艺的传承而大公无私、毫无保留地传播技艺。众所周知，中国传统技艺的传承一般以父子相传、师徒相授为模式，存在着一定的保守性与保密性。而黄道婆却选择了广而传播的模式，因此，当她去世后，乡民们不仅感其恩洒泣而共葬之，并为其立祠，每年都祭拜她。正是黄道婆大公无私、无私奉献的工匠精神使得民间不断演绎出各式各样的传说，尽管形式与内容有所差异，但其核心却均体现着工匠精神。

3. 黄道婆传说生动展示了个人奋斗的典范

黄道婆传说的基调是个人奋斗的典范，通过个人的努力使个人价值与社会价值达到完美的统一。黄道婆生前并没有意识到自己的行为受到当地人民的感恩，当她去世后乌泥泾人民不仅隆重将其安葬，同时还为她立祠祭祀，进而形成黄道婆（先棉）文化，像嫘祖（先蚕）一样受到人民的敬拜。然而，黄道婆成"神"的过程却与中华民族的老祖母嫘祖（黄帝的正妻）形成鲜明的对比。嫘祖自上而下由官方崇拜与祭祀→民间崇拜与祭祀→先蚕文化，而黄道婆则完全相反，由自下而上的路径完成"先棉"的崇拜，即民间崇拜与祭祀→官方崇拜与祭祀→先棉文化[32]。从黄道婆传说中其身份来看，黄道婆身份的卑微与低下与影响力深远是毋庸置疑的。黄道婆完全是通过个人生前的努力，死后乌泥泾乡民们感恩其贡献而进行崇拜与祭祀，继而得到官方的认同，最终在清道光十年（1830年），获得"先棉"称号，并列入国家祭典[33]。笔者认为，黄道婆传说中的形象是个人奋斗，造福人民，为我们展示了平凡的人，不平凡的人生，相比嫘祖，通过自己的出身（西陵国公主）与身份（黄帝正妻）而获得先蚕称号是完全不同的。通俗地讲，黄道婆与嫘祖出身、身份的巨大差异，使我们更加相信黄道婆传说中她的巨大功绩。

◈ 第三节 ◈ 黄道婆文化与地域文化的关系分析

黄道婆（约1245～1330年）在中国历史文化中占有独特的地位，这一切都源于她对中国古代纺织业的卓越贡献，包括黄道婆文化所蕴含的精神内核等。然而，学术界大部分学者都将研究的重点放在黄道婆的身份、籍贯以及她与黎族的关系等问题上，或是对黄道婆的身世经历进行考究，并试图验证黄道婆具体事迹的真实性。而关于黄道婆文化本质探究少之又少，尽管对其身份以及籍贯等问题有一定的存疑，但是基本都肯定她对中国纺织业的巨大贡献。由于历史上对黄道婆个人事迹记载较少，最早对黄道婆进行记载的是陶宗仪（1329～1412年）的《南村辍耕录》（1366年正式刊刻）卷二十四，随后是诗人王逢(生卒不详)的《梧溪集》卷三《黄道婆祠并序》当中的记载（刊刻于明洪武时，即1368～1398年），以及《松江府志·卷六》(明代崇祯版)中。除王逢明确指出黄道婆为"松之乌泾人"外，陶宗仪和王逢并未指明黄道婆身份，只用"有一姬名黄（道）婆者，自崖州来"的表述。根据以上分析可知，对于"黄道婆的身世经历问题"元明时期也没有明确的历史记载。因此，目前大多数学者的研究重点较为偏离，其重点集中在对黄道婆的历史记载和民间传说的推论和演绎上，具有严重的辉格史观。笔者认为，对黄道婆文化的研究应跳出这种毫无结果的怪圈，将重点放在黄道婆文化本质的探究上，从其产生的基础和条件出发，全面考察黄道婆文化的内核和外延，分析其对地域文化的深刻影响。

一、黄道婆文化本质表征的是工匠精神

黄道婆信仰是中国民间信仰的重要组成部分，对黄道婆文化本质进行探究有助于理解黄道婆民间信仰的形成。根据历史记载，在元代（1271～1368年）元贞年间（1295～1297年），黄道婆从海南归来，在松江府以东的乌泥泾镇教授棉纺织技术，因而受到当地乡民的敬仰和推崇。黄道婆作为中国历史上杰出女性的代表人物，在当地产生了深远的影响。黄道婆逝世后，乌泥泾乡民感念她的恩德，于是便为她立祠，岁时享祀。

黄道婆文化的本质是以上海乌泥泾为核心的长三角地区纺织文化，其最初的形态为乌泥泾的地方性棉纺织知识，而其本质表征的却是工匠精神。工匠精神主要体现在匠人对工作精益求精，高度注重细节；对设计独具匠心，不断追求技术创新；对制作不遗余力，敢于突破

自我和现实。笔者认为，"无私奉献"精神也是工匠精神的实质之一，工匠在"无私奉献"精神的指导下，其个人才能与专业价值才能升华为人生价值。元代黄道婆所引发的黄道婆文化本质表征的就是一种纺织工匠精神。据《南村辍耕录》记载："国初时，有妪黄婆者，从崖州来，乃教以作造杆弹纺织之具，至于错纱配色，综线挈花，各有其法，以故织成被褥、带、帨，其上折枝、团凤、棋局、字样，粲然若写。未几，妪卒，莫不感恩洒泣而共葬之；又为立祠，岁时享之，越三十年，祠毁，乡人赵愚轩重立。今词复毁，无人为之创建。道婆之名，日渐泯灭无闻矣。"[34]由此可知，一方面，黄道婆的"工匠精神"体现在其所织棉布的"粲然若写"历史文献中；另一方面，黄道婆乐于传授的伟大精神促进了棉纺织业的发展和社会经济的进步，造福了当地百姓，又体现了"工匠精神"中"非利唯艺"的目的。因此，黄道婆才能得到当地乡民的敬重与崇拜，最终才形成了黄道婆文化。

二、上海乌泥泾棉纺织技术产生的基础与条件

促成上海乌泥泾棉纺织技术产生的原因不是单方面的，它是历史的必然性和偶然性共同作用的结果。从历史的必然性上看，乌泥泾地区拥有得天独厚的地理环境，为棉纺织技术的产生与发展作好了物质准备。元明时期（1271~1644年）的税赋政策严重，这也间接地刺激了乌泥泾棉纺织技术的飞速发展。从历史的偶然性上看，正是由于黄道婆对故乡的热爱以及她伟大的工匠精神，才促使她最终从海南返回乌泥泾，克服重重困难，将黎汉两族的纺织技艺结合并传授给后人。因而，黄道婆的人生经历也是成就乌泥泾棉纺织技术产生的最终原因。

1. 乌泥泾独特的地理环境为棉纺织技术的产生和传播奠定了基础

乌泥泾是上海的一个古老市镇，其名源于一条与黄浦江相连的河流——乌泥径。而乌泥泾地区的发达与其优越的地理位置有很大的关系，元代的乌泥泾是松江府漕粮的转输重地，该地市面繁荣，水路交通发达。这种独特的地理环境也为棉纺织技术的传播发展提供了有利的条件。笔者认为，这种有利的地理环境主要体现在以下两方面：一方面，宋元时期（960~1368年）乌泥泾镇经济繁荣、交通十分便利。作为水道，它北连长桥港（一名春申塘）、南通华泾港，由西向东入于黄浦，盖唐宋间大河，海舶辐辏，帆樯栉比。作为地名，镇东南联浦东，北接长桥镇，宋元间极盛，商贾云集[35]。到了元代，乌泥泾镇规模很大，旧志称其"人民益于他镇"[36]。根据以上历史记载不难看出，宋元时期的乌泥泾镇发展繁荣，物资往来和人员交流频繁，为棉纺织技术的发展和传播提供了有利的外部环境。另一方面，乌泥泾地区的自然环境并不优越，土地贫瘠，当地人为解决这一问题，大约在南宋时期（1127~1279年）就已经开始从闽粤一带引进棉花种子，并广为栽培[37]，为黄道婆大力传播、改进黎族棉纺织技术提供了原料基础。

2. 元明时期的税赋政策刺激了松江乌泥泾棉纺织技术的飞速发展

自南宋开始，北方社会动荡不安，而南方相对安定，中国经济重心便逐渐向南方转移。而此时的上海恰逢建县初期，人口稠密，地理位置优越，政府更是加重了对江南地区的赋税。正如唐代韩愈（768~824年）所言"赋出天下而江南居十九"[38]，这也说明了唐代中后期江南地区的重赋就已开始。在宋代这一趋势进一步发展，如陆游《常州奔牛闸记》所载："方朝廷在故都，实仰东南财赋，而中吴尤为东南根柢，谚曰苏常熟，天下足！"也反映了元朝在江南延续唐宋时期的重赋政策，据《元史》载："元都于燕，去江南极远，而百司庶府之繁，卫士编民之众，无不仰给于江南。"[39]到了明代（1368~1644年）江南地区又是成为税赋中的重中之重。据明代丘濬（1421~1495年）所言："以今观之，浙东西又居江南十九，而苏松常嘉湖五府又居两浙十九也。"[40]笔者认为，元明时期江南地区赋税严重，反映了统治阶级对该地区的深度开发和对当地农民的严重剥削，但这一现象也促进了该地区经济的发展和繁荣。毫无疑问，江南地区的农民家庭在赋税的压力下为求生存，将家庭劳动力发挥到极致，还不断提高自家土地的利用率。黄道婆将棉纺织技术传播到当地，并对棉纺织工具进行改进创新后，适应当地农民家庭的生产组织形式，使家中老幼和女性劳动力得到合理使用，为家庭带来收入的同时也缓解了重赋的压力。因此，棉纺织技术在以乌泥泾为中心的江南地区得到广泛传播与发展，改善了当地农民的生存状态。

3. 黄道婆的传艺最终促成乌泥泾棉纺织技艺的产生

乌泥泾独特的自然环境、元明时期江南地区的税赋政策都是促进乌泥泾棉纺织技术产生和发展的外部因素，而起到最关键性作用的是黄道婆的人生经历。笔者认为，黄道婆的籍贯、身份等信息对于研究棉布史课题并不重要。重要的是黄道婆式的人物体现了历史的必然性，而黄道婆个人则是历史的偶然。黄道婆的学艺和传艺为两个不争的事实，正是由于黄道婆技术人生中的这两个不争的事实，才成就了乌泥泾棉纺织技艺，使乌泥泾棉纺织技术产生的历史的必然性（自然环境、税赋政策）和偶然性（黄道婆的人生经历）在元代巧妙地相遇。

三、区域文化的形成体现了黄道婆文化的外延

笔者认为，黄道婆文化起源于上海乌泥泾棉纺织技术，由于棉纺织技术的产生和发展改变了当地农民家庭经济结构，刺激当地的经济发展，从而产生了棉纺织文化，并萌芽出独具特色的黄道婆文化。同时，在黄道婆文化发展过程中逐渐与长三角地区其他习俗文化共同构建出长三角地区的地域文化。

1. 黄道婆文化的特点

自元代以来，长三角地区的棉纺织业快速发展并成为全国棉花种植的发达地区，从而刺

激了长三角地区经济的发展，对该地区乡民的生活产生了巨大影响。因而黄道婆文化具有典型的民间文化特点，此后还形成了黄道婆信仰，民间崇拜得到官方的认可和鼓励，使黄道婆文化的发展异常顺利。笔者赞同樊树志的观点[41]，即黄道婆文化在发展过程中必然存在两个重要的影响因素。

（1）扩大影响力

影响力和价值必须从区域影响扩展至全国甚至国际上，扩展了民间崇拜的广度。黄道婆文化最初以松江府一带为中心，之后向外传播，其范围从周边地区扩展到江南、中原等地带，范围辐射全国。此后又东传至高丽和日本，再经沿海城市泉州与漳州，转至南洋地区。例如，清代（1636～1912年）上海松江地区出产的"南京棉布"不仅在全国各地畅销，甚至大量出口至西方国家。英国东印度公司早在18世纪30年代就开始购买"南京棉布"，并在19世纪的法英两国流行，成为19世纪30年代西方新潮时装的重要面料。可以毫不夸张地说，由黄道婆改良的上海乌泥泾棉纺织技术不仅被全国认可，而且在清代该技术就已经从长三角地区影响到全世界。

（2）得到官方承认和认可

黄道婆信仰是中国民间信仰的重要组成部分，其信仰者多为乌泥泾地区从事手工棉纺织业的工人，通过供奉黄道婆祈求其纺织业的顺利，而从事纺织业的商人则希望通过祭拜黄道婆保佑自己生意兴隆，因而黄道婆信仰逐渐在民间流行起来。而得到官方允许是在明代成化年间（1465～1487年），在上海知县刘琬（生卒不详）的主持下，乌泥泾镇重建黄道婆祠，开创了第一所黄道婆官祠。据道光、咸丰间寓居上海的王韬（1828～1897年）《瀛壖杂志》记载，黄道婆生前对上海地区棉纺织业发展起到了促进作用，"被其德数百年，邑民多私祭之，犹未列入祀典"，民间信仰的影响力不断扩大，祭祀活动也增多，之后逐渐得到国家的认可。于是，当时的知县许榕皋（生卒不详）创建特祠，"遵部议，从先棉例，春秋岁祀，规制廓增"。显然，在清朝后期经礼部批准先棉祠的祭祀被列入朝廷祠典之中，由此，黄道婆祭祀与崇拜完成了从民间自发到官方允许再到国家支持这一过程。

2. 黄道婆文化促进了棉纺织技术的传播与发展

黄道婆文化与棉纺织技术之间存在着一种良性互动的关系，棉纺织技术在乌泥泾的传播与发展中催生出黄道婆文化，黄道婆文化的传播又促进了棉纺织技术的传播与发展。毫无疑问，人们在祭祀黄道婆时，会产生一些与之有关的礼仪和表演活动，而这些礼仪和表演活动又反向促进了棉纺织技术的发展。祭祀黄道婆时较为典型的是"赛神"活动，所谓赛神即祭祀酬神，是来自民间的一种祭祀活动，该活动历史悠久，在中国民间各行业都有相似的活动，形式上繁杂多样，且具有浓厚的地域特色。笔者认为，祭祀黄道婆时所举行的"赛神"活动本质是民间纺织技术的比赛，借助"赛神"名义，这些纺织工匠进行技术比赛。通过这种"赛神"活动不仅表达了对黄道婆的崇拜，同时也极大促进了棉纺织技术的传播与提高。一方面，技艺高超的纺织工匠通过比赛会得到奖励和荣誉，从而能够起到激发其他纺织工匠努力提高纺织技艺的作用；另一方面，通过"塞神"活动将纺织工匠们集中在一起，可以相互交流和学习各自纺织技艺的经验和感悟，也能从整体上提高当地纺织技艺的层次。当然，长三角地区各项纺织技术均有类似的情况，因此，在地方性纺织技术知识、纺织文化、地域文化之间形成相互促进的作用。

3. 黄道婆文化促进了独特地域文化的形成

黄道婆对棉纺织技术的普及除了促进当地经济的发展外，也切切实实地改善提高了当地人的生活习惯和环境，如改变了当地人"富穿丝穷穿麻"的穿衣习俗，在长三角地区妇女的社会地位普遍高于其他地区，这一系列改变都与该地区棉纺织业的蓬勃发展有着重要关系，同时也与黄道婆文化的流行存在着一定的联系[42]。

婚姻制度往往由生产力水平、社会制度和当时社会具体的政治状态决定。而旧时松江府在棉纺织业和黄道婆文化双重因素的影响下，广泛流传"大女小婿"的婚俗观，即男子最好娶比自己稍大几岁的女子为妻。这种独特的婚俗观至少反映了棉纺织业对地域文化的影响。一方面，在当地织重于耕，如果女子能够掌握熟练的纺织技术，不但能够受到婆家的欢迎与喜爱，即使比男方大几岁也不会被嫌弃，甚至还会被奉若上宾；另一方面，这一现象也反映了女子如果掌握了熟练的纺织技艺，在娘家的经济生活中也起到至关重要的作用，父母为了不失去家中的重要的经济来源而延缓女儿的出嫁年龄，从而造成了"大女小婿"的奇特婚俗观。不难看出，植棉业和棉纺织业的发展，不仅改变了松江地区平民家庭经济结构，而且改变了民间习俗，促进了以长三角地区为主的地域文化的形成。

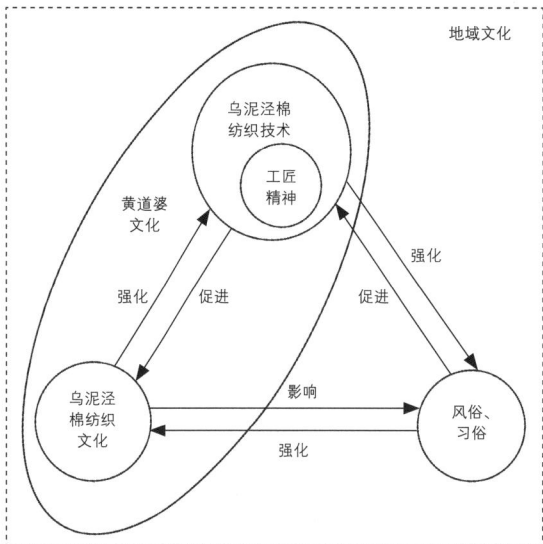

4. 黄道婆文化与地域文化之间的关系分析

黄道婆文化的本质、内核、外延（影响）及与地域文化之间的关系如图4-6所示。从黄道婆文化角度上看，黄道婆文化本质表征的是纺织工匠精神，也完全符合工匠精神"一丝不苟、注重细节、精益求精、无私奉献"的内涵。正是在"严谨专注、注重细节、精益求精"态度下，黄道婆及其后继者不断地改进从海南崖州黎族传入到

▲图4-6 黄道婆文化与区域文化的关系

长三角地区的棉纺织技术，使其适应当地的生产状况，最终创造出中国棉纺织技术的最高峰。而在"无私奉献"的精神指导下，黄道婆及其后继者在当地无私地传播棉纺织技术，造福当地百姓，从而形成黄道婆崇拜现象，为黄道婆文化的形成与发展奠定了坚实的基础。黄道婆文化由三部分组成，即本质（工匠精神）、内核（乌泥泾棉纺织技术）和外延（地域文化）。其中集中体现了中国古代工匠精神的是其内核，即乌泥泾棉纺织技术，而工匠精神也是黄道婆文化的本质。而其外延则是由于乌泥泾棉纺织技术对长三角地区产生过巨大的影响，它不仅改变了当地人的生产、生活状态，还促进了该地区经济的发展，从而形成独特的乌泥泾棉纺织文化。黄道婆文化则是在乌泥泾棉纺织技术、棉纺织文化与长三角地区的风俗习惯的互动的过程中逐渐形成的一种地域文化。

从黄道婆文化与区域文化之间的关系上看，黄道婆文化是长三角地区地域文化的重要组成部分，它通过乌泾棉纺织文化深刻地影响着当地的风俗习惯，将黄道婆文化嵌入到地域文化之中。而当地与纺织相关的风俗习惯又反向促进乌泥泾棉纺织技术的提高与发展，同时强化乌泥泾棉纺织文化。由此可知，黄道婆文化是在棉纺织技术、棉纺织文化、地域文化之间促进—影响—强化的互动中不断发展和完善。

《第四节》 黄道婆文化与中国工业革命

中国早在元代就出现了水转大纺车，广泛地应用于丝麻的纺纱过程，而欧洲直至1769年在英国才出现具有实用价值的阿克莱水力纺纱机。这两种类型的水力纺纱机械在形制上有很多相似之处，却有着不同的命运，水转大纺车在中国棉纺织兴起之际淹没于手摇棉纺车的嗡嗡声中，没有成功地向水力棉纺机转型；然而，阿克莱水力纺纱机却以很快的速度普及到了英国全境，产生了工厂生产制度，引爆了工业革命。一方面，水转大纺车和阿克莱水力纺纱机在结构上有许多相似的地方，都是利用水力来驱动锭子的转动并对纤维进行牵伸和加捻，只是在锭子的构造和纱线的卷绕方式上有着一定的差异；另一方面，水权制度上的差异也是导致中英两国水力棉纺机不同命运的重要原因。

一、中英水力纺纱机的比较分析

进行中英水力纺纱机的比较分析。首先，分别对中国水转大纺车与英国阿克莱水力纺纱机的结构和原理进行详细说明，使人们能快速理解它们之间的共同性与差异性。其次，具体对水转大纺车与阿克莱水力纺纱机锭子位置的放置、纤维的喂入方式以及纺好的纱线卷绕方式进行详细比较。

1. 水转大纺车的结构和原理

元代王祯《农书·农器图谱》，指出水转大纺车只是在大纺车上加装转动水轮。因此，对水转大纺车的工作机和传输机部分以大纺车的结构为参照。同时，王祯《农书》农器图谱集之二十麻苎门大纺车条，对大纺车的结构和工作原理作了如下描述："大纺车，其制长余二丈、阔约五尺，先造地跗，木框四角立柱，各高五尺。中穿横桄，上架枋木。其枋木两头山口，卧受卷、长軖、铁轴。次于前地跗上，立长木座，座上列臼，以承軠底铁簨。（夫軠，用木车成筒子，长一尺二寸，围一尺二寸。计三十二枚，内受绩缠。）軠上，俱用杖头铁环，以拘軠轴。又于额枋前，排置小铁叉，分勒绩条，转上长軖。仍就左右，别架车轮两座，通络皮弦，下经列軠，上拶转軖旋鼓。或人或畜，转动左边大轮。弦随轮转，随轮转，众机皆动，上下相应，缓急相宜，遂使绩条成紧，缠于軖上，昼夜纺绩百斤。" [43]今人对水转大纺车进行了复原（图4-7），其模型现收藏于中国历史博物馆。

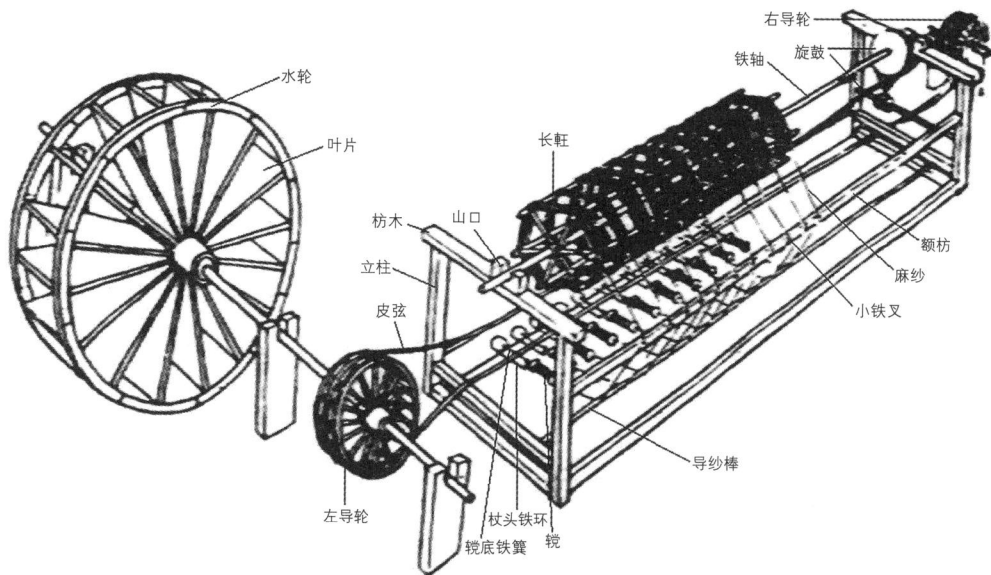

水轮
叶片
右导轮
铁轴
旋鼓
长軒
枋木
山口
立柱
皮弦
额枋
麻纱
小铁叉
导纱棒
左导轮
杖头铁环
鐄底铁簧
鐄

▲图4-7 水转大纺车复原示意图

由图4-7可知，水转大纺车的动力由水流击打水轮中的叶片而产生，水轮带动轴承将转力传导到纺车机架左侧导轮上。左侧导轮的转动通过皮弦与右侧的导轮相连，左右两个导轮形成周而复始的圆周运动。下皮弦直接压在锭杆上，通过摩擦带动锭杆，从而带动锭子旋转；上皮弦则通过摩擦带动纱框铁轴上的旋鼓，进而使纱框转动[44]。纱框的转动则依靠一对装置相交的木轮(旋鼓)与绳弦的作用[45]。因此，纱框铁轴上的木轮与压在上皮弦下轴承中的木轮的转动方向是反向的，很显然，复原图中的动力传导装置与王祯《农书》中的描述相符。

水转大纺车在水流旁的安放要根据水轮的放置和转动方向，此时锭子也要相应地调整位置，分两种情况来考虑：第一，如果流水在工作机的左侧，则可采用如图4-7所示的水转大纺车水轮安装的形制。若水轮是顺时针转动，则锭子也按如图4-7所示锭子头安装的位置，即置于皮弦远离流水的一侧。因为，水转大纺车侧面左右两侧导轮和压在上皮弦下的轴承中的木轮也是顺时针方向运转，然而纱框铁轴上的木轮则是逆时针运转，此时纱线也是采取逆时针方向卷绕上纱框的，锭子给纱线的加捻也是逆时针方向，纱线卷绕方式如图4-8（a）所示；同理，若水轮是逆时针转动，则纱线卷绕方式如图4-8（b）所示，即将锭子头移到皮弦靠近水流的一侧，而锭子的加捻方式和纱线卷绕方式则不改变。第二，如果流水在工作机的右侧，原理同第一种情况，则需要将水轮安装在工作机的右侧。若水轮是顺时针转动，其锭子头则置于皮弦靠近流水的一侧；若水轮是逆时针转动，则锭子头要置于皮弦远离流水的一侧。

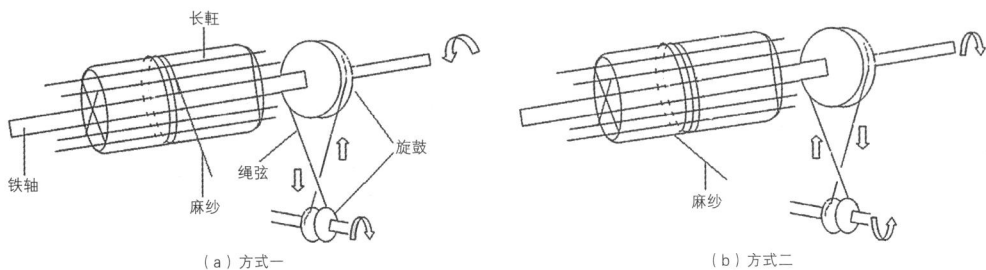

長軒
鐵軸
麻紗
繩弦
旋鼓

（a）方式一

麻紗

（b）方式二

▲图4-8　纱线卷绕方式

2. 阿克莱水力纺纱机的结构和原理

中国水转大纺车的出现要比英国的阿克莱水力纺纱机早好几百年，对阿克莱水力纺纱机的产生起到过积极的影响。根据历史记载，18世纪在华耶稣会传教士对中国的纺织技术进行过相当广泛的调查，绘制了大量织机图寄回法国（现仍保存在巴黎国立图书馆）。这些纺织机具图种类繁多，是迄今为止最为详细的织机图谱。1735年出版杜赫德的《中华帝国全志》，详细谈到了养蚕与丝织业技术，从此书刊载的养蚕、缫丝和织机插图看，显然采用了《农政全书》卷31~34蚕桑及卷35~36蚕桑广类的内容[46]。众所周知，阿克莱水力纺纱机是在1769年发明的，这些有关中国丝织技术（可能包括水转大纺车）的资料极有可能在英国流传，据此，有些学者推断中国的水转大纺车极有可能对阿克莱水力纺纱机的产生起到过积极的影响。为了弄清楚阿克莱水力纺纱机，先来看看在它之前发明的珍妮纺纱机。

珍妮纺纱机是1764年由英国人哈格里夫斯（J.Hargreaves）发明的，其原型机（图4-9）最大的特点就是八个锭子直立于木框上，通过罗拉喂入纤维条，适用于棉、毛、麻纤维纺纱。后来哈格里夫斯继续改进珍妮纺纱机，将其锭子增至十六个、三十个、一百个，纺纱效率提高了几十倍。改进后的珍妮纺纱机（图4-10）比早期的原型机要合理许多，

▲图4-9　早期珍妮纺纱机

▲图4-10　改进后的珍妮纺纱机

首先将动力轮竖立起来，使纺纱工人操作起来更加顺手和省力；其次将罗拉装置设计得更加科学，罗拉喂入纤维条更加方便；最后机架改进为长方形，使其更具稳固性。由此可知，仅仅使锭子直立起来和采用罗拉牵伸纤维就可以使西方的纺纱技术从单锭跳跃到多锭的水平。

阿克莱水力纺纱机（图4-11）和珍妮机同样采用锭子竖直、罗拉喂入纤维条的方式，但在锭子的结构上却有着很大的不同。阿克莱水力纺纱机的锭子采用的是翼锭和筒管相结合的方式（图4-12），这样使加捻和卷绕动作可以同时连续进行，因此纺纱的效率有了很大的提高。

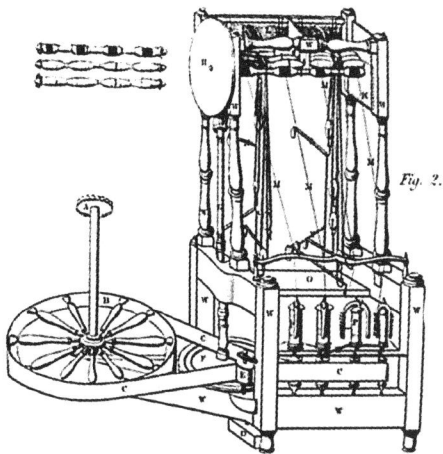

▲图4-11　阿克莱水力纺纱机

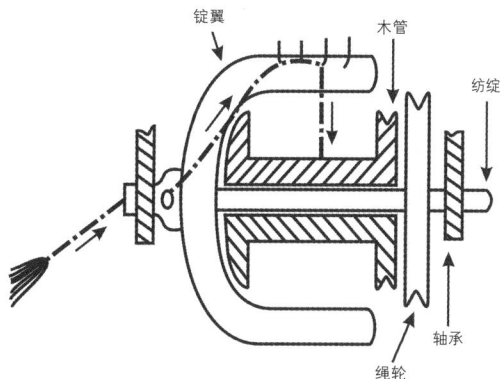

▲图4-12　翼锭式的锭子结构

锭翼呈"U"型结构，似鸟之双翼，其结构如图4-12所示，内部有一"工"字形的纱管，起着卷绕纱线的作用，纱管中心为空心，放置纺锭，这里的纺锭其实并没有起到锭子的作用，只是感觉上像锭子一样转动。锭翼两侧翼臂上各有一排小铁钩，铁钩才是用于加捻和导纱的；"U"型结构底端有一圆孔，伸出一嘴状结构，纺锭插入纱管里，到达"U"型结构底端，此处纺锭没有起到加捻的作用。锭翼"U"型开口端有绳轮和轴承，绳轮与纺车的纺轮相连，用于传动。轴承用于固定锭翼的另一端，纺锭在绳轮转动下带动锭翼转动。

3. 水转大纺车与阿克莱水力纺纱机的比较

通过水转大纺车和阿克莱水力纺纱机的结构和原理的比较，可发现它们的动力机构有许多雷同的地方，都是通过水轮的转动带动工作机上皮带的转动，由于锭子与皮带的紧密接触，从而使锭子转动产生加捻动作。不同之处有两个方面：首先，水转大纺车的锭子是横卧着的，而阿克莱水力纺纱机则是竖立着的。其次，纤维的喂入方式和纺好的纱线卷绕方式不同。水转大纺车采用的是退绕加捻的方式，就是先将绩好的麻缠绕在锭子上，通过锭子的转动退绕加捻后上绕到长轩上。而阿克莱水力纺纱机则是翼锭罗拉式的纺纱机，采用罗拉喂入纤维、牵伸，在锭翼上加捻，最终卷绕在筒管上。

由此，不难理解水转大纺车是用来纺麻或丝的一种水力纺纱机，由于没有类似珍妮纺纱机和阿克莱水力纺纱机的罗拉式棉条握挟的装置，无法对棉纤维进行牵伸，从而无法进行棉纺。而珍妮纺纱机和阿克莱纺纱机则主要是以棉作为原料进行纺纱，虽然还有一些地方不够完善，如珍妮纺纱机的缺点是纺出的纱比较细，而且易断，但阿克莱水力纺纱机纺出的纱坚韧结实，比较粗。然而，它们却走上了工厂化的道路。随后，克朗普顿发明的"骡机"则结合了珍妮纺纱机和阿克莱水力纺纱机的优点，使纺出的纱既细又坚韧结实，不易断。水转大纺车与阿克莱水力纺纱机在形制上有某些相似之处，然而它们的命运却迥然不同。

综上所述，中国的纺棉机械无法产生五锭以上的纺棉机，即不能将水转大纺车改进为多锭的纺棉机。究其缘由，在技术上没有产生锭子直立、罗拉牵伸喂入棉条的装置固然是一大技术困境，但笔者认为这绝不是根本原因，关键在于中国古代的棉纺织业是作为一种副业而存在。虽然，这种副业的产生解决了中国古代因人口激增而带来的生产力过剩问题，但却无法催生出棉纺织手工工场。因而，水转大纺车也消失在历史的长河中。在地球另一端的英国，却利用棉织业大力培植近代工厂制度，在哈格里夫斯与妻子由于纺棉纱太慢而踢翻纺纱机，锭子奇迹般的竖立起来，阿克莱水力纺纱机更是确立了工厂生产制度，从而点燃了近代欧洲工业革命的导火索，西方工业文明从此也在世界上树立了起来。对水转大纺车和阿克莱水力纺纱机形制的比较分析和讨论，正是对"李约瑟问题"从技术层面上的一种阐释。

二、水转大纺车及大纺车式纺棉机的衰亡

与英国阿克莱水力纺纱创造的辉煌成就相比较，中国的水转大纺车昙花一现，对社会并没有产生深刻的影响，默默地消失在历史的长河里。究其社会原因，笔者首先从水权制度上分析中国古代水转纺车消失的原因，其次分析大纺车式纺棉机无法在中国古代应用的原因。

1. 水转大纺车发展的主要阻碍

水转大纺车的使用必须在水流丰富的地方，纵观人类历史，对于水资源的使用无外乎航运、灌溉、水力三大类。由于我国古代封建统治阶级以儒学取仕，隋唐以后科举制的考试内容主要是文史类知识，大多数知识分子对技术类书籍漠不关心，因此，我们在现存为数不多的古代技术类书籍中难以寻找到有关水转大纺车应用情况。为此，我们只能间接地从古代一些水权制度的资料上，探索水转大纺车的实际应用水平。

第一，水资源使用次序导致毁碾时有发生。

考察我国古代水资源的利用顺序，自汉代以来，都遵循着航运—灌溉—碾磨（水力机）的次序。《汉书·沟恤志》载："此渠皆可行舟，有余皆可用溉。"到了唐代，在水资源的使

用次序上更加明确，"诸水碾硙，若拥水质泥塞渠，不自疏导，致令水溢渠坏，于公私有妨者，碾硙即令毁破"，说明唐代只有在不影响农田灌溉的前提之下，才能使用碾硙，碾硙不得与灌溉争利[47]。唐代的水利法典《水部式》中还规定，航运与灌溉不能兼顾时，优先满足通航要求。宋元时期的水权制度也大都依唐例，如元代《农桑》中规定，"……处理安置水磨去处，如遇浇田时月，停住碾磨，浇溉田禾。若是水田浇毕，方许碾磨，依旧引水用度，务要各得其所"。

中国古代水资源使用的这种等级次序有着深层的社会原因。首先，古代中国遵循"普天之下，莫非王土，率土之滨，莫非王臣"的封建观念，形成大一统的思想。这样就在制定水资源使用次序上，必然要维护皇帝的统治。航运优于灌溉，主要是由于各大城市需要大量的生活物资，只有水运才可能维持其正常运转，同时，皇帝的统治力量主要集中于各大城市，因此，航运优于灌溉使用水资源是必然的。灌溉优于碾磨是因为皇帝统治的绝大多数人口是农民，农民是统治的基础，中国古代历次改朝换代的起义力量都是农民，如何稳定和安抚农民也是皇帝要关注的重点。其次，中国古代有"士农工商"的阶级排列次序，重农抑商几乎是古代中国的一项基本国策，特权阶级的利益必然高于农民的利益，农民的利益又高于工商者的利益。因此，在水资源利用上必然也是照这个次序来分配的。

这种水资源的使用顺序，当然是不利于水转大纺车的发展的。水转大纺车的使用范畴是属于碾磨这类。当各方用水利益发生冲突时，首先牺牲利用水转机械者的利益。唐高宗永徽六年（公元655年）、唐玄宗开元九年（公元721年）、唐代宗广德二年（公元764年）出现三次大规模捣毁碾、磨事件，起因是由于水碾、水磨的大量使用严重影响了灌溉用水。北宋元丰政和间（公元1078～1111年）水磨茶法之争，实质交织了官与商的矛盾、灌溉用水的矛盾、漕运用水的矛盾[48]。正如《宋史·河渠志》："右司谏苏辙言：近岁京城外创置水磨，因此汴水浅涩，阻隔官私舟船，其东门外水磨，下流汗漫无归，浸损民田一二百里，几败高祖坟。"[49]其结果也是可想而知，水磨茶罢之。

第二，水转机械使用的限制无法促成水力工场的形成。

中国封建社会不仅规定了水资源的使用次序，并且还有对水碾使用规模和时间都作了一些限制。据唐代《水部式》，"每年八月三十日以后，正月一日以前听动用。其余之月，仰所管官司于用硙斗门下著锁封印，仍去却硙石，先尽百姓灌溉。"[50]可见，唐代规定水磨每年只准使用四个月的时间。明清时期，据《洪洞县水利志补》中节选的关于《通利渠册》记载："本渠各村原有水碓，嗣因渠水无常，历久作废，此后永不准复设，致碍浇灌。违者送究。"可见明清时期都在明令禁止重新建造水转机械。此外，《通利渠册》还对水磨使用时间作了限定，"各渠水磨系个人利益。水利关乎万民生命，拟每年三月初一起，以至于九月底停转磨，只准冬三月及春二月作为闲水转磨。每年先期示知，若为定章。违者重罚不贷。"[51]

我们不难看出，封建统治阶级对水转机械的规模和使用时间限制，无疑造成利用水力的手工工场无法正常生产。

通过我国封建社会水权制度的简要分析，可以看出，在这种水权制度下，对各种水力机械的应用限制太多。正因如此，自元以来，再也没有形成以水力机械为动力的手工工业区域。虽然，在有些地区还能见到水转机械。如朝鲜李朝著名学者朴趾源（1737～1805年）于1780年在华北旅行时，亲眼目击了这些机械，他在回忆录中写道："当我路过河北三河县时，我看到各方面都使用了水力，熔炉和锻炉的鼓风机、缫丝、研磨谷物——没有什么工作不是利用水的冲击力来转动水轮进行的。"[52] 但是，单一类型的水转机械并没有形成一定规模且集中于一定区域，因此，可以断定在无法形成技术竞争和创新的动力机制，并且受到严格限制的封建水权制度下，水力机械包括水转大纺车必然走向末路。

2. 大纺车式纺棉机无法产生的原因分析

元代以来，棉花逐渐在我国长江流域广泛种植，特别当上海乌泥泾人黄道婆从海南黎族那里带回来棉纺织技术，并对棉纺织技术进行了改进和创新，大大促进了棉纺织手工业的发展，麻织物也逐渐为棉织物所取代，棉布成为普通老百姓的衣着之物。大纺车虽广泛应用于丝纺上，并将我国的丝纺技术推向近代工业革命前的最高峰。但在棉纺织业大发展的时期，大纺车却没有应用于棉纺。这不禁让人产生一个疑问，大纺车就没有纺棉的可能吗？解决这个问题，我们要从棉纺技术和棉纺织生产制度两个方面进行探讨。

第一，技术改进困难是一个重要因素。

棉花作为短纤维，实质上是无法直接应用于麻、丝纺车上的，因为纺麻或丝只是对麻缕或丝束进行并捻合线，不需要牵伸麻缕或丝束，因此，麻、丝纺车的动力轮与锭子的速比较大。如果将这种纺车直接应用于棉纺，就会经常出现断头现象。但元代的黄道婆通过减小动力轮直径的办法，解决了纺纱时断头的问题，三锭脚踏棉纺车就是黄道婆对麻纺技术应用于棉纺的一项重大改革。

关于脚踏四锭、五锭棉纺车的存在，学术界一直都有争议，至于古代历史上五锭以上的棉大纺车那更是闻所未闻，但关于棉大纺车，学术界还是有一些大胆的假设。陈维稷先生在《中国纺织科学技术史（古代部分）》一书中提到一种张力自控式多锭土纺车[53]，他在注释中指出，此种纺车在1958年始造，已经吸收了一些"洋法"机器的结构，锭子也是直立于机架上，但没有欧式的罗拉装置。如果我们将这种张力自控式多锭土纺车认同为历史上可能存在过的纺棉机，显然就有些辉格史观的解释了。众所周知，世界上第一台锭子直立的多锭纺纱机是由英国织工兼木匠哈格里夫斯于1764年发明的珍妮纺纱机。那么，中国古代能不能产生纺棉专用的、并且锭子横卧的大纺车呢？赵冈先生在《中国棉纺织史》一书中指出完全是可能的。"我们可以试想把《王祯农书》中所绘的大纺车改为棉纺机，看看它将是什么样子。大纺车长20尺，想来一定需要装两条Drawbar，每条由一个人去操作，另外一个人专门摇动转轮。于是，大纺车便将由单人操作的机具变成3人协力操作机器。"[54]

但是，我们认为，中国古人将大纺车改成棉纺机在技术上存在着一定困难。依赵冈所言，确实能解决棉条牵伸的问题，但棉纱卷绕却有些问题。考察古代棉和麻的纺纱过程，我们会发现古人纺棉和纺麻在卷绕上有所不同。纺棉是纺妇把搓好的细长棉条，按在锭子上，右手摇车把，左手轻轻上扬，匀称的棉线便抽了出来，然后将加捻好的这段线绕到纱管上。而纺麻则先将绩接好的麻缕绕缠在纱管上，通过"退绕加捻法"将麻缕加捻并条，如元代脚踏五锭小纺车（图4-13）所示，并没有将纺好的麻绕回到纱管上。因此，在中国古代，除了将大纺车改成陈维稷先生所提的张力自控式多锭土纺车，并无法实现棉纱线的卷绕。

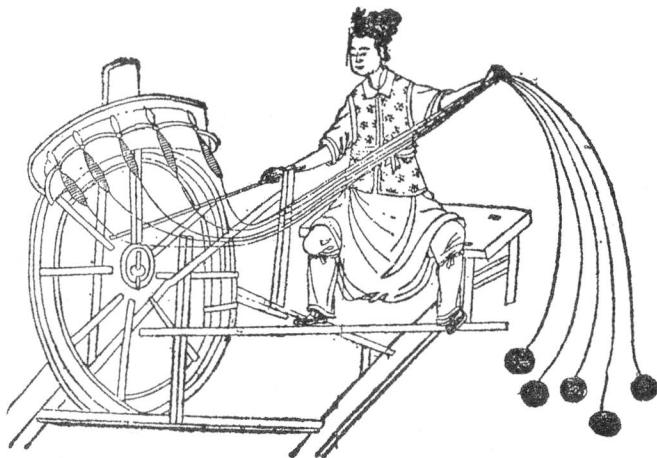

▲ 图4-13　《王祯农书》中的五锭纺车

第二，棉纺织生产制度的落后则是关键因素。

众所周知，古代中国农村是以自给自足的自然经济为主，以棉花为原料的纺纱、纺织从开始取代麻时，一直是作为农村副业而存在，这种家庭式的生产或为自用或为简单商品贴补家用，家中主要劳动力还是投入农业生产上。那么棉纺织作为副业则强化了自给自足的自然经济，更不易催生出类似生产丝织物的手工工场。正是基于这种家庭手工生产的制度，棉纺织机械失去了向大纺车演化的动力。作为副业的棉纺织业，本来就是利用了家庭中的剩余劳动力，不存在所谓机会成本，即作为商品的内在要求并不是很高，对生产力成本的要求并没有下限。如果棉纺纱机械向大纺车方向发展，必然要有专门操作这些机械的工人，并且工厂要花费大量资金去制造这些机械和支付工人最基本的工资。在当时没有劳动力成本下限的家庭手工生产制度下，这种大规模的机械生产的成本并不比家庭生产成本低。况且，在植棉区来看，农村家家户户几乎都从事这种棉纺织生产，可见当地人的棉织物市场不是很大。因此，棉纺织业也就无法像丝织业一样出现大规模的民营工厂。正如赵冈在《中国棉纺织史》中指出："中国棉纺织业的症结是在生产制度上，而不在纺织技术上，生产制度远远落后在技术水平之后，因而从14世纪开始600多年来中国的棉纺织业没有任何重大的技术改进，直至西法纺织传入为止。"[55]因此，类似大纺车式纺棉机的出现首先要解决锭子直立的问题，只有将锭子直立后，才能有效地解决纺棉过程中加捻和卷绕的同向过程。但中国在近代工业革命前似乎没有产生过锭子直立式的纺纱机械，因此，技术上中国古代就缺乏这一革命性的开端。另外，农村家庭副业地位的确立，更是决定了在棉纺织业中无法形成有一定生产规模的棉纺手工工场。缺少了工场制度，就无法形成技术竞争的机制。这样从棉纺业技术革新和生产制度方面注定了无法形成类似大纺车式的纺棉机。

参考文献

[1] 方岳贡. 松江府志 [M]. 北京:书目文献出版社,1991:146.

[2] 刘正刚,付伟. 黄道婆问题再研究 [J]. 海南大学学报,人文社会科学版,2007(5):481-485.

[3] 黄岚,任蕾. 清代满族萨满教祭祀风俗研究 [J]. 东北史地,2004(11):57-61.

[4] 宋祁. 新唐书·礼乐五 [M]. 北京:中华书局,1975:367.

[5] 秦晓帆. 湖州蚕文化的诗性品格 [J]. 文艺争鸣,2009(3):132-135.

[6] 刘艳. 远安嫘祖庙会祭祀蚕神民俗略观 [J]. 文学教育 (上),2011(7):124-126.

[7] 赵均中,何天度. 嫘祖与盐亭 [J]. 文史杂志,1994(5):41.

[8] 卫斯. 嫘祖故里 "西陵" 历史地望考——兼论 "嫘祖文化圈" 内的考古发现 [J]. 农业考古, 2007(1):160-165.

[9] 樊树志. 乌泥泾与黄道婆——纪念上海建城七百年 [J]. 复旦学报:社会科学版,1991(5): 38-45.

[10] 浙江省文物管理委员会. 吴兴钱山漾遗址第一、二次发掘报告 [J]. 考古学报,1960(2): 73-91.

[11] 周匡明. 我国早期蚕业史研究的几个问题 [J]. 中国农史,2011(2):23-29.

[12] 李绍先. 中华蚕桑丝织起源多元论 [J]. 文史杂志,2010(5):7-10.

[13] 缪启愉. 王祯的为人、政绩和《王祯农书》[J]. 农业考古,1990(2):326-335.

[14] 卫斯. 嫘祖故里 "西陵" 历史地望考——兼论 "嫘祖文化圈" 内的考古发现 [J]. 农业考古, 2007(1):160-165.

[15] 羊中兴. 黄道婆评传——从织女到先棉的故事 [M]. 海口:海南出版社,2008:227.

[16] 任骋. 七十二行祖师爷的传说 [M]. 郑州:海燕出版社,1986:23.

[17] 陈斯林. 黄道婆在水南村的传说 [A]. 张渊,王孝俭. 黄道婆研究 [M]. 上海:上海社会科学院出版社,1994:294-295.

[18] 谭晓静. 文化失忆与记忆重构——黄道婆文化解读 [M]. 北京:人民出版社,2013:241-244.

[19] 羊中兴. 黄道婆评传——从织女到先棉的故事 [M]. 海口:海南出版社,2008:247.

[20] 张渊,王孝俭. 黄道婆研究 [M]. 上海:上海社会科学院出版社,1994:15-19,58-60,68-71,294-296.

[21] 陈澄泉,宋浩杰. 被更乌泾名天下——黄道婆文化国际研讨会论文集 [C]. 上海:上海古籍出版社,2007:58-67,133-140.

[22] 陈光良.黄道婆文化研究文集 [C].广州:中山大学出版社,2018:38-48,85-93.

[23] 王国全.海南黎族植棉纺织与黄道婆 [A].张渊,王孝俭.黄道婆研究 [C].上海:上海社会
科学院出版社,1994:49-54.

[24] 黎兴汤.黄道婆的历史功绩 [A].张渊,王孝俭.黄道婆研究 [C].上海:上海社会科学院出
版社,1994:43-48.

[25] 方岳贡.松江府志 [M].北京:书目文献出版社,1991:146.

[26] 王祯.王祯农书 [M].王毓瑚,校.北京:农业出版社,1981:415-416.

[27] 仲富兰.黄道婆与淞沪棉花传播考略 [J].历史教学问题,2006(6):21-24.

[28] 库恩.关于黄道婆(13世纪)的传说——从纺织专家到种艺英雄 [J].农业考古,1992(2):
122-125.

[29] 李修生.二十四史全译·元史(第一册)[M].上海:汉语大词典出版社,2004:265.

[30] 李宏伟,别应龙.工匠精神的历史传承与当代培育 [J].自然辩证法研究,2015,31(8):
54-59.

[31] 陶宗仪.南村辍耕录 [M].沈阳:辽宁教育出版社,1998:288.

[32] 李斌,李强.织染江南——中国长三角地区染织类非物质文化遗产研究 [M].北京:中国
纺织出版社,2016:50.

[33] 李斌,李强,杨小明.先蚕和先棉的比较研究 [J].丝绸,2012(3):55-60.

[34] 陶宗仪.南村辍耕录 [M].大连:辽宁教育出版社,1998:288.

[35] 陈金林.上海郊县地名考(十三)乌泥泾考 [J].上海师范大学学报(哲学社会科学版),
1984(3):49.

[36] 陈登泉,宋浩杰.乌泥泾手工棉纺织技艺 [M].上海:上海文化出版社,2010:38.

[37] 樊树志.乌泥泾与黄道婆:纪念上海建城七百年 [J].复旦学报(社会科学版),1991(5):
38-45.

[38] 郭厚安.明代江南重赋问题析 [J].西北师大学报(社会科学版),1984(4):11-19.

[39] 李修生.二十四史全译·元史(第三册)[M].上海:汉语大词典出版社,2004:1860.

[40] 范金民.明清江南重赋问题述论 [J].中国经济史研究,1996(3):108-123.

[41] 樊树志.乌泥泾与黄道婆:纪念上海建城七百年 [J].复旦学报(社会科学版),1991(5):
38-45.

[42] 毕旭玲.论中国纺织女神的祭祀礼俗及其影响 [J].长江大学学报(社会科学版),2007,
30(5):14-19.

[43] 缪启愉.东鲁王氏农书译注 [M].上海:上海古籍出版社,1994:751.

[44] 张春辉,游战洪,吴宗泽,等.中国机械工程发明史:第二编 [M].北京:清华大学出版社,

2004:150.

[45] 陈维稷.中国纺织科学技术史（古代部分）[M].北京:科学出版社,1984:189.

[46] 李伯重.楚材晋用——中国水转大纺车与英国阿克莱水力纺纱机[J].历史研究,2002(1):
62-74.

[47] 王双怀.论盛唐时期的水利建设[J].陕西师大学报(哲学社会科学版),1995(3):54-60.

[48] 谭徐明.中国水力机械的起源、发展及其中西比较研究[J].自然科学史研究,1995(1):
83-94.

[49] 周魁一.二十五史河渠志注释本[M].北京:中国书店,1990:118.

[50] 德惠,牛明方.我国现存最早的水利法典——《水部式》[J].吉林水利,1995(11):45-45.

[51] 秦泗阳.制度变迁理论的案例分析——中国古代黄河流域水权制度变迁[D].陕西师范
大学,2001:25.

[52] 李约瑟.中国科学技术史第4卷·物理学及相关技术第2分册·机械工程[M].北京、上
海:科学出版社、上海古籍出版社,1999:456.

[53] 陈维稷.中国纺织科学技术史（古代部分）[M].北京:科学出版社,1984:193-196.

[54] 赵冈,陈钟毅.中国棉纺织史[M].北京:中国农业出版社,1997:79-80.

[55] 赵冈,陈钟毅.中国棉纺织史[M].北京:中国农业出版社,1997:74.

社会外延篇小结

中国古代对"先蚕"和"先棉"的崇拜和祭祀体现了纺织行业在中国封建社会中的重要地位。从嫘祖崇拜和黄道婆崇拜的对比研究，发现她们在共同性中蕴含着差异性，差异性中又蕴含着共同性。一方面，她们之间的共同性（形象的模糊性和影响的深远性）有着各自的原因。嫘祖主要是由于年代久远，当时记载历史主要是通过代代相传，其中掺杂着神话、传说等导致其籍贯和发明创造的模糊性。黄道婆则因其身份的卑贱导致其籍贯和发明创造事迹记载不详，从而导致其模糊性。同时，她们影响的深远性的原因也是各不相同的，嫘祖是自上而下的路径完成其作为"先蚕"的崇拜，即官方祭祀和崇拜→民间祭祀和崇拜→丝纺织文化。黄道婆则完全相反，由自下而上的路径完成其作为"先棉"的崇拜，即民间崇拜和祭祀→官方崇拜和祭祀→棉纺织文化。另一方面，她们之间的差异性（技术发明可信度和崇拜区域的巨大差异）是由各自身份这一特征所决定的。首先，身份的悬殊导致技术创造发明可信度的巨大差异，即黄道婆卑贱的身份是其技术创造发明的可信度远高于身份高贵的嫘祖的主要原因。其次，身份的差异→文化象征的差异→影响区域的差异。即嫘祖崇拜祭祀主要源于政治因素，黄道婆最初的崇拜祭祀则主要源于经济因素，文化象征意义的不同是导致她们的崇拜区域差异性的根本原因。

针对黄道婆民间传说的研究，笔者认为，《南村辍耕录》中记载的黄道婆事迹是最早的黄道婆民间传说，《梧溪集》中的记载则是对黄道婆最早民间传说的具体情节演绎，属于黄道婆民间传说再创作。同样，当代流传的黄道婆民间传说则是上海与海南两地对黄道婆文化的建构。无论民间传说的形式与内容如何改变，其精神内核却被完整地保留下来了。通过对上海与海南两地具有典型性的黄道婆民间传说与实物分析、风俗解读、三维印证的研究，能够得到如下结论：首先，黄道婆具体身份与籍贯传说不具有可信性，它们建立的基础本身就不牢固。但可以肯定黄道婆是元代普通的劳动妇女与棉纺织专家，同时，她应具有上海与海南双重籍贯。海南磨砺与培养了黄道婆的棉纺织技艺；上海则成就了黄道婆"先棉"的荣誉，而黄道婆文化又促进了上海地域文化的形成。其次，黄道婆民间传说中对黄道婆历史功绩的描述，比较符合历史史实，它能还原古代上海地区经济崛起与地域文化形成的重要因子——黄道婆文化。最后，黄道婆传说生动展示了个人奋斗的典范。黄道婆是工匠精神最完美的体现，她不仅对技艺精益求精，而且具有工匠精神的最高境界——大公无私地传播技艺，因此，黄道婆与嫘祖分别并列为"先棉"与"先蚕"受到人民的崇拜与祭祀。

通过对黄道婆文化的再研究，笔者认为：①乌泥泾棉花加工器具(搅车和弹弓)和纺车是在黎族棉花加工工艺和纺车的基础上改进性地继承和发展，极大地提高了棉花去籽和纺棉的效率。②乌泥泾棉织技术则是由黄道婆及后继者创新性地发明，完全超越黎族的棉织技术。具体来看，其经纬制度运用了汉族丝纺织方面的器具，而在织纤机杼方面则采用了汉族的麻织工艺和器具。③从黄道婆文化的外延上看，黄道婆文化在形成过程中深刻地影响着长三角地区地域文化的形成。向内方面，黄道婆文化通过祭祀、礼仪、表演等方式不断强化其内核（棉纺织技术）的传播与发展。向外方面，黄道婆文化提高了长三角地区妇女的地位，重新构建出极具特色的地域文化。

中国元代的水转大纺车和棉花革命没有引爆中国的工业革命，有其深刻的社会制度方面的原因。一方面，水权制度的限制，导致水转大纺车无法向工场制度转变，从而缺乏技术革新的动力，在中国类似水转大纺车式纺棉机的出现首先要解决锭子直立的问题，只有将锭子直立后，才能有效地解决纺棉过程中加捻和卷绕的同向过程。然而，缺乏技术革新的动力，使得水转大纺车的原料无法从麻、丝向棉转变。另一方面，中国古代棉纱作为农村副业的形式长期存在，导致棉纱生产力成本没有下限，没有技术竞争的机制，无法形成工场制度。综合这两个方面的原因，使中国没有发明出水转大纺车式的纺棉机，从而无法引爆中国的工业革命。通过对水转大纺车无法引爆中国工业革命的原因分析，我们不难发现，技术上的革新对生产效率的提高固然很重要，但制度上的推动作用似乎更加重要。因此，我们在技术引进、创新的同时，还需要在技术所依存的制度上进行相应的优化。只有这样，技术的变革才能引发更好的社会效应。

保护传承篇

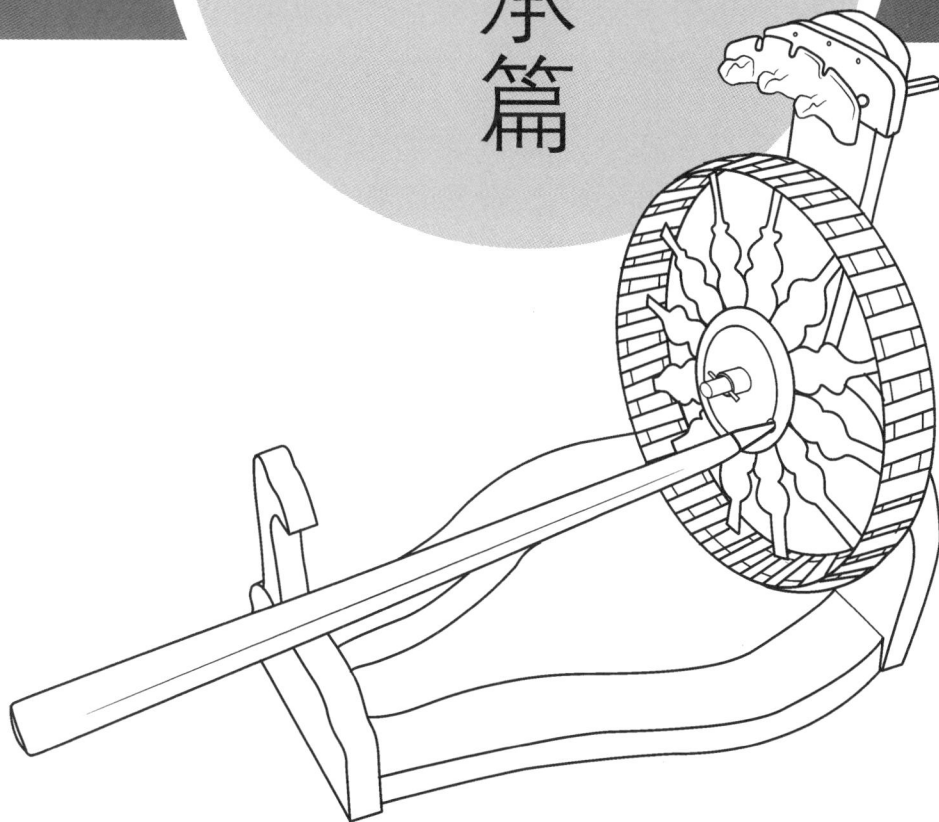

众所周知，黄道婆文化产生、发展于中国古代的封建社会，属于农耕时代的产物。然而，当代社会早已进入工业社会，黄道婆文化赖以存在的场域早已发生转变，传统的棉染织技术的传承方式与机制逐渐丧失活力。同时，黄道婆文化外延的礼仪、习俗、思想等，也随着现代社会生活节奏的加快而加速消亡。简言之，黄道婆文化在当代社会的式微成为历史的必然。然而，式微并不代表着消亡。黄道婆文化的保护与传承不仅需要对上海乌泥泾棉纺织技术与南通蓝印花布印染技术进行静态的保护，而且需要对其进行活态传承，即建构出适合上海乌泥泾棉纺织技术与南通蓝印花布印染技术创新传承的新场域。

黄道婆文化的保护与传承

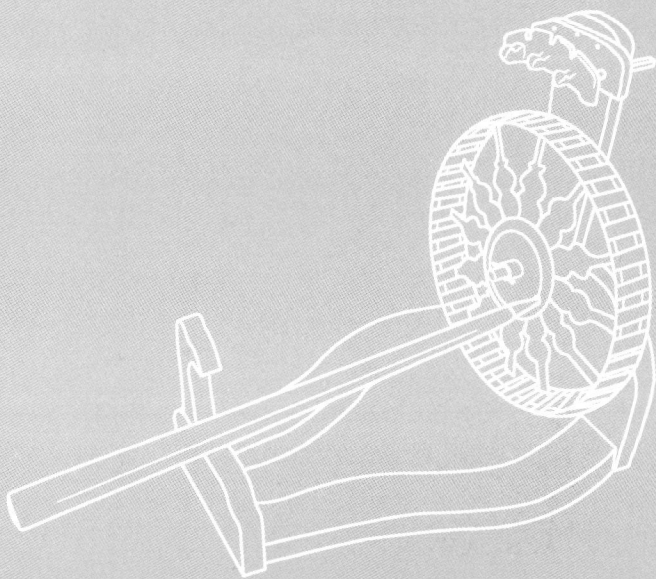

黄道婆文化的保护与传承主要包括两方面的内容，一方面是对黄道婆技术内核进行保护，即分别对上海乌泥泾棉纺织技术与南通蓝印花布印染技术传承人的保护，使其得到最基本的保存；另一方面是对黄道婆文化的活态传承，即分别根据上海乌泥泾棉纺织技术与南通蓝印花布印染技术的根本特征采用不同的模式进行传承与创新。

第一节 乌泥泾手工棉纺织技艺的传承现状

棉纺织技术作为一种家庭手工技艺，在生产和传承过程中能够不断得到发展，与历代棉纺织技艺传人有着很大的关系。自黄道婆开创乌泥泾棉纺织技艺后，逐渐在松江地区形成黄道婆文化。人们不仅崇拜和祭祀黄道婆，而且在妇女中形成了以黄道婆为师，相互比拼棉纺织技艺的传统。这样的氛围对培养技艺高超的纺织能手极为有利，因此，历代都有很多对棉纺织技艺传承作出重要贡献的妇女。

一、丁娘子与三梭布

丁娘子是继黄道婆之后松江地区最有名的棉纺织能手，她织造的"丁娘子布"闻名于天下。"丁娘子布"属于三梭布中的一种，这种布出自松江车墩一带，幅阔三尺余，特点是光洁细密，质地精软，其价格比普通棉布高出一倍以上。三梭布曾作为贡布献给宫廷，明代文人陆容（1436～1497年）在《菽园杂记》中记载："尝闻尚衣缝人云：'上近体衣，俱松江三梭布所制。'"[1]说明了三梭布曾作为明代皇帝的内衣面料。"丁娘子布"则将三梭布的优点发展到顶点，光洁如银、细软似绸。丁娘子是明代松江府华亭县（今上海松江）人，为松江府城东门外离车墩不远的双庙桥的丁姓人家的妻子。由于封建社会平民妇女地位低下，没有具体姓名，一般以夫家的姓氏称呼。丁娘子特别之处是她的弹花技术，据嘉庆《松江府志》卷四："东门外双庙桥有丁氏者，弹木棉极纯熟，花皆飞起，收以织布，尤为精软，号丁娘子布，一名飞花布。"[2]据松江当地的民间传说，丁娘子能一手将弹弓置于"花衣"中，一手持弹椎，弓声响起，花絮飘飞，远处看去就像云霞一般，当时人称为"飞花"。因此，丁娘子用这种"花衣"纺纱织成的布又被称为"飞花布"。明末清初大诗人朱彝尊（1629～1709年）在《汪舍人懋麟以丁娘子布寄赠、赋寄》中云："……织成细布光如银。……重之不异貂詹俞，……"[3]又如，杨光辅的《淞南乐府》："淞南好，方物甲江东。娘子鸣机丁氏布，美人刺绣顾家工，不胫真走寰中！"[4]可见，丁娘子所创的"丁娘子布"

黄道婆文化的历史解构与当代建构

已经名满天下，可与顾绣相提并论。

二、陆梅氏、潘曹氏效法黄道婆

陆梅氏为明代学者陆深（1477～1544年）之妻，据万历《上海县志·风俗·贤妇》中云："深未第时，勤苦助学。自筮仕以至终老，克相以礼……尤勤俭，不废纺织。"[5] 由此可知，陆梅氏从小就刻苦钻研纺织技术，并且坚持每日纺纱织布，棉纺织技艺高超，给当地的妇女起到了带头模范作用。因此，陆梅氏作为贤妇被万历《上海县志》所记载。另一位棉纺织专家是潘曹氏，其夫为潘恩（1496～1582年），官至都察院左都御史和刑部尚书，其子潘允端（1526～1601年）就是大名鼎鼎的上海豫园的主人。潘曹氏在陪同潘允端任河北祁州知府时，发现当地的棉纺织技术很落后，便效仿黄道婆，亲自向当地妇女传授棉纺织技艺，从而产生了类似黄道婆在松江的效应。当潘曹氏去世后，祁州老百姓建造了潘母祠以感激潘曹氏的贡献，并尊她为"祁州黄道婆"。

三、当代的黄道婆们

从技术史的维度上看，手工棉纺织技艺被现代棉纺织机器所代替是历史发展的必然趋势。目前，熟悉和掌握乌泥泾手工棉纺织技艺的人并不是很多，上海徐汇区华泾镇东湾村的康新琴（1932～ ）就是其中的佼佼者，在中华人民共和国文化和旅游部公布的第一批国家级非物质文化遗产项目代表性传承人中，她就被评为"乌泥泾手工棉纺织技艺"的传承人。康新琴（图5-1）七岁就开始学习纺纱，十一岁就学会轧棉、弹棉、纺纱、织布等技艺，手工棉纺织可谓伴随了她的成长。鉴于乌泥泾手工棉纺织技艺面临失传的危险，康新琴从以下三个方面努力地传承乌泥泾手工棉纺织技艺。

1. 努力传授乌泥泾手工棉纺织技艺

正如2008年康新琴所言，这些年来，只有两人断断续续向她学过这门技艺，"学会纺纱了，织布还早呢，梭子都摆不会的。现在没人愿意学了。只要有人学，我都愿意不

▲ 图5-1 黄道婆纪念馆中的康新琴

要钱免费教的。"[6]正是在这种情况下，康新琴不顾身体劳累，积极、耐心地向愿意学习的人传授这项技艺。目前，康新琴已经教会了一些妇女掌握了操作三锭棉纺车的技艺，正在努力为乌泥泾手工棉纺织技艺的传承做出一份贡献。

2. 利用学校教育的优势传承三锭棉纺车技艺

学校教育的优势在于集中化和规模化，一方面，康新琴利用上海徐汇区文化局创建的"乌泥泾手工棉纺织技艺培训基地"，带徒弟、传技艺。另一方面，康新琴的徒弟主动走出去向中学生传授乌泥泾棉纺织技艺。2006年以来黄道婆纪念馆的金桂琴、李晓明（均为康新琴的徒弟）分别到紫阳中学和园南中学开设青少年纺织兴趣班，从2009年2月起一共培养了六十名掌握操作三锭棉纺车技艺的学生。康新琴通过"请进来、走出去"的灵活方式，利用学校教育的优势努力传授乌泥泾棉纺织技艺。

3. 努力宣传乌泥泾手工棉纺织技艺

一方面，康新琴经常参加上海市徐汇区黄道婆纪念馆的各类活动，她精湛的纺纱织布技艺经常得到中外游客的关注和称赞。另一方面，康新琴参加各种邀请，表演乌泥泾棉纺织技艺。例如，2007年6月9日在上海东亚展览馆举办了第二届民族民间民俗文化博览会，在会上，康新琴亲自向观众表演了乌泥泾棉纺织技艺，引起了众多观众的兴趣，一些女性参观者还在康新琴的悉心指导下上纺车纺出了一段棉线。

康新琴最让人感动的事迹是自1985年开始为黄道婆守墓，历经近三十年的风雨，始终如一。这反映了康新琴对黄道婆的崇敬和感激，如果没有黄道婆文化熏陶，很难理解她的行为。除了康新琴之外，松江地区还有一些老人熟悉和精通乌泥泾棉纺织技艺，如黄道婆故居东湾村的朱金凤、杨富珍、华浦村的盛新度。她们有一些共同的特征，无一例外，她们年龄很大，从小就受到家中长辈的影响崇拜黄道婆，努力学习和掌握纺纱织布技术。现在，这些当代的"黄道婆"们正在努力传承着手工棉纺织技艺，希望能保留住这项技艺，发扬黄道婆文化。

第二节　上海乌泥泾棉纺织技艺体验式保护传承模式研究

上海乌泥泾棉纺织技艺所使用的器具有结构简单，易学易用的特点，有别于云锦、宋锦以及缂丝等纺织类技艺，因此，上海乌泥泾棉纺织技艺的传承与发展在起点上具有一定的优势。笔者认为，体验式的传承方式非常适合于上海乌泥泾棉纺织技艺传承，可以作为一种重要的传承方式。目前，将体验经济的运营模式运用到非物质文化遗产保护方面的研究业已展开，如高小康[7]，雷蓉、胡北明[8]，宋俊华[9]，廖远征[10]，仲明明[11]，王忠、吴昊天[12]等专家的研究。然而，具体将体验式传承方式运用于上海乌泥泾棉纺织技艺的研究还不多见，还有对其进行深入研究的空间。此外，笔者认为，过分强调非物质文化遗产的经济效益，忽视传统文化精神的传承将得不偿失，偏离非物质文化遗产保护的本原。因此，笔者将"体验经济"模式改为"体验式"模式，并对上海乌泥泾棉纺织技艺体验式传承模式展开探讨。

一、相关概念的界定

上海乌泥泾棉纺织技艺体验式保护传承模式的研究主要包括上海乌泥泾棉纺织技艺和非物质文化遗产（下文简称"非遗"）体验式保护传承模式两个相关概念，上海乌泥泾棉纺织技艺作为纺织类非物质文化遗产，其保护传承中必然包含"非遗"体验式保护传承模式。

1. 上海乌泥泾棉纺织技艺的概念

上海乌泥泾棉纺织技艺是由元代著名棉纺织专家黄道婆将海南黎族棉纺织技艺传播到乌泥泾，在黎族棉纺织技艺的基础上，结合汉族的丝麻纺织技艺而创造出来的适合长三角地区政治、经济、文化环境的一种棉纺织技艺。从上海乌泥泾棉纺织技艺的工序上看，乌泥泾棉花加工工艺是在黎族棉花加工工艺及纺车的基础上进行改进而发展起来的，其工作效率远高于黎族棉花加工和纺纱效率。乌泥泾棉织技术则是黄道婆及其后继者对黎族棉织技术的创新和超越式发展，在经纬制度方面巧妙地运用了汉族先进的丝纺器具，织造方面则采用麻织机与黎族的挑花工艺，织造出粲然若写的纹样。从上海乌泥泾棉纺织技艺的文化上看，其形成过程深刻影响着长三角地区地域文化的形成。向内方面，上海乌泥泾棉纺织技艺的工艺通过祭祀、礼仪、表演等衍生出棉纺织文化，并不断强化其内核（棉纺织技艺）的传承与发展。向外方面，上海乌泥泾棉纺织技艺深刻改变了妇女在长三角地区的地位，从而产生与棉纺织技艺相关新风俗与新习俗，构建出极具地方特色的地域文化[13]。由此可知：①上海乌泥泾棉纺织技艺源于黎汉两族纺织技术的交融，从技术层面上体现了中华民族族群之间取长补短的传统；②上海乌泥泾棉纺织技艺在发展过程中又融合了汉族先进纺织技术，并使其地方化、简单化、大众化，从而能有效地造福于乡里。因此，上海乌泥泾棉纺织技艺不仅是纺织技艺——地方性知识——地域文化转换的成功典范，而且是工匠精神的具体体现。

2."非遗"体验式保护传承模式的概念

非物质文化遗产保护传承模式是在师徒、学校、社会三种方式上建立多维度的保护传承模式。事实上，"非遗"的传承均是体验式的传承，只讲相关的文化理论不讲技艺的"非遗"传承只能算作保护，还不是真正意义上的传承。师徒方式是一种因材施教、口传手授的个性化保护传承方式；学校方式则是教学内容标准化、组织形式班级化的传承方式；社会方式则是利用各种社会资源，如博物馆、旅游、民宿、网络等各种场景和设施进行的"非遗"保护与传承。

笔者认为，从"非遗"体验式保护传承的本质上看，应该包括两层含义：一方面，对非物质文化遗产衍生产品的体验，即通过"非遗"衍生产品的展示、购买和使用，使顾客对这项非物质文化遗产中所蕴含的高超技艺、工匠精神、思想文化均达到一定程度的理解，达到宣传、保护"非遗"的作用；另一方面，对"非遗"本身的体验，即通过对工艺的实地考察，甚至参与到生产过程之中，深刻地体验这项"非遗"的各项价值与文化魅力。从"非遗"体验式保护传承的目的上看，又可分为体验教育和体验经济两类。体验教育是以体验为中介促进学习主体全面发展的一种教育价值观、方法论和教学策略。它强调知识与学习主体互动联系，注重学习主体的深入参与，强调自我的感悟和发现[14]。非物质文化遗产体验教育其实就是传统的传承方式，即经过师傅演示示范，徒弟在反复的模仿操作过程中感悟技艺中的精髓，达到"非遗"技艺的传承。体验经济是顾客经济，是让顾客全面参与和感受的经济。体验经济是市场经济走向完备化的标志，是服务经济的一种延续[15]。"非遗"体验经济本质上是一种文化精神产品的经济，通过让顾客参与，使其感受和理解"非遗"衍生产品背后的文化，从而达到文化的重新建构。詹姆斯·克利福德曾指出："文化处于斗争之中，是暂时的，不断生成的。局内人和局外人的描述和解释都卷入了这一生成过程[16]。"

通过上海乌泥泾棉纺织技艺与"非遗"体验式保护传承模式相关概念的界定与分析，不难发现，上海乌泥泾棉纺织技艺的保护与传承非常符合体验式保护传承模式。一方面，乌泥泾棉纺织技艺所使用的器具相对于丝纺织器具要简单得多，没有结构操作复杂的多综多蹑织机、花楼织机，并且操作起来也比较简便，具备体验操作的前提；另一方面，上海乌泥泾棉纺织技艺蕴含着丰富的地域文化，具有展开体验式传承保护的价值，通过对乌泥泾棉纺织技艺操作式体验能使操作者更加深刻、生动地理解蕴含其中的工匠精神，并结合衍生产品的展示体验，能有效保护和传承棉纺织技艺。

二、上海乌泥泾棉纺织技艺体验式传承方式与体验场景分析

笔者认为，非物质文化遗产体验式保护传承方式主要包括展示式和操作式两大类，根据其体验的不同场所又可将其分为博物馆、学校课堂、景区与特色街区、"民宿+"、节庆活动五种体验场景。基于上海乌泥泾棉纺织技艺的器具简单、操作方便的特点，展示式和操作式两种体验式保护传承方式与五种体验场景可组合出多种适合乌泥泾棉纺织技艺保护传承方式。

1. 博物馆展示教育场景

对于非物质文化遗产的保护和保存，博物馆具有优越条件和特殊责任，其优越的条件在于博物馆有一套保护、保存遗产的科学设置和制度；有一批保护保存遗产的专职人员；是遗产保护界唯一的永久性机构[17]。上海乌泥泾棉纺织技艺专业性的博物馆主要是黄道婆纪念馆（图5-2），该纪念馆于2003年3月21日在上海徐汇区华泾镇黄道婆墓前揭牌开馆，纪念馆建筑面积300平方米，设有三个展厅，主展厅陈列了介绍黄道婆生平事迹的有关照片、图片、书籍、图表等资料；另两个展厅展示了明清以来的各种纺织工具和棉纺织品，其中包括纺织工具30余件，以及各种花色的棉布、蓝印花布、土布衣裤、围裙肚兜、床单被套等棉织物[18]。当然，现在该馆的馆藏已经更加丰富。黄道婆纪念馆作为上海徐汇区青少年爱国主义教育基地之一，对纺织类非物质文化遗产起到了积极的促进作用。一方面，对黄道婆生平事迹相关材料的展示有助于爱国主义和民族团结的教育。黄道婆正是由于爱祖国、爱家乡，爱乡民，才不远万里，从海南返回乌泥泾。同时，黄道婆的学艺过程又是汉黎两族团结互助的体现，如果没有黎族同胞的热心传授，黄道婆也不会熟练掌握棉纺织技术。另一方面，对乌泥泾棉纺织器具的展示，又是上海乌泥泾棉纺织中工匠精神的具体体现，宣扬了黄道婆及其继承者们对技术精益求精、追求创新，大公无私传播棉纺织技艺的工匠精神。

▲ 图5-2 黄道婆纪念馆

2. 学校课堂教育体验场景

从纺织技术史的维度上看，传统手工棉纺织技艺必然会被现代化大工业机器所取代，这是历史发展的必然结果。然而，被取代并不意味着一定要消失。作为上海地区传统文化优秀代表的乌泥泾棉纺织技艺，决不能让其灭亡，学校课堂教育是保证其技艺传承的重要出路之一。笔者认为，上海乌泥泾棉纺织技艺特色课堂分为两类：一类是专业性的培训学校所进行的专业训练，另一类则是借助大中小学开设的技艺课堂。

（1）培训学校教育

传统手工技艺培训学校教育具有针对性与集中性的特点，因此，很多染织类非物质文化遗产传承机构都已建立了相应的培训学校，通过培训过程挑选优秀的学员作为传承人进行培养，以达到传统技艺不失传的目的。早在2006年上海市徐汇区文化局就已经创建了"乌泥泾手工棉纺织技艺培训基地"，并聘请精通手工棉纺织技艺的老艺人担任培训老师，带教徒弟，传授技艺。事实上，乌泥泾棉纺织技艺的这种传承方式也存在着一些困境，到底有多少人真正是单纯为传承乌泥泾棉纺织技艺而参加培训？上海市徐汇区文化局与华泾镇社区居委会积极鼓励居民中对黄道婆手工棉纺技艺感兴趣的人踊跃报名，参加黄道婆纪念馆每周五在馆里举行的技艺传授课程，从这一情况可知，乌泥泾棉纺织技艺传承人的培养内驱力不足，还需要外部进行刺激才能正常运转。

（2）特色课堂教育

乌泥泾棉纺织技艺特色课堂教育主要是针对中小学生所开设的兴趣班，并不在中小学正常教学计划之内，主要是让中小学生通过学习三锭纺车技艺，学习黄道婆刻苦钻研、改革创新的精神。自2006年8月开始，黄道婆纪念馆的金桂琴、李晓明两位传承人分别到紫阳中学、园南中学开展青少年纺织兴趣培训班授课。每所学校各有30名学生定期参与传习活动，收到了很好的传承效果。然而，特色课堂教育存在着一些不可避免的缺陷：一是开展特色课堂的学校需要有安置纺车和织机的空间的问题，目前上海市中小学中还没有一所学校能有巨大的空间摆放供学生实际操作的织机，以上海紫阳中学和园南中学为例，他们也只能在学校内放置15部纺车，并没有放置织机，只能培训三锭纺车的操作。二是开展特色课堂的学校还要权衡本学校的课程教学与纺织技艺教学的关系问题。毕竟当前中小学生还有升学的压力，升学考试与技艺传承方面必然会存在着矛盾，学校和家长追求升学率与传统棉纺织技艺需要传承之间如何保持必要的张力成为解决特色课堂教育的关键。三是乌泥泾棉纺织技艺传承人的酬劳的问题。对乌泥泾棉纺织技艺传承人不能一味地提倡奉献精神，适当地给予一定的报酬是合情合理的。虽然，国家和政府对上海乌泥泾棉纺织技艺国家级传承人有一定的资金的补助，然而，乌泥泾棉纺织技艺传承并不能只依靠一两名国家级传承人，还需要众多的非国家级传承人的共同努力，这样才能达到更好的效果。因此，对于乌泥泾棉纺织技艺非国

黄道婆文化的历史解构与当代建构

家级传承人的扶持力度还需要加强。

事实上，乌泥泾棉纺织技艺课堂教育还未深入大学教育领域。上海市教育局为构建"非遗"校园传习的长效机制，截至2017年已经先后命名了93所以学校为载体的上海市中华优秀传统文化研习暨"非遗"进校园优秀传习基地，每个基地聚焦传承1至2项"非遗"项目。这些基地成为大中小学生接触非物质文化遗产的第一阵地。然而，以2017年非物质文化遗产进校园（高校部分）来看，以纺织服装为特色学科的东华大学进校园的非物质文化遗产项目却是"海派面塑——指尖上的舞蹈"，居然不是纺织服装类的"非遗"项目。由此可见，乌泥泾棉纺织技艺进入大学校园是何等困难。究其根本，乌泥泾棉纺织技艺进大学校园展示纺纱织机的器具需要巨大的空间，而且体验起来也不是很方便。

综上可知，乌泥泾棉纺织技艺学校课堂教育虽然可分为专门培训学校和大中小学学校课堂教育，但还是存在着两方面的问题。一方面，乌泥泾棉纺织技艺作为非物质文化遗产，它是过去生活的记忆，已经失去了它的原生生存环境，即失去自发传承发展的内驱力。各种类型的学校课堂教育也只是勉强维持其传承人的存在价值，无法进行自发性发展，这是必须面对的无法改变的事实。另一方面，无论何种类型的学校课堂教育都无法培养出下一代乌泥泾棉纺织技艺的优秀传承人，毕竟课堂教育是一种现代教育方式。对于像乌泥泾棉纺织技艺这种强调在操作中自我感悟、提升的技艺培训是否适合课堂教育都存在着争议。

3. 景区与特色街区旅游体验场景

染织类非物质文化遗产有别于文学、表演类非物质文化遗产，其呈现和展示，大多依赖于物化形态的"道具"，均不可能是纯粹的稍纵即逝的举止和声音[19]。但是，包括染织类"非遗"在内的手工艺类"非遗"往往会陷入以旅游购物为单一开发模式的困境，没有充分挖掘和展示遗产的文化内涵。在开发内容上，观赏性内容比较多，参与性内容比较少。在缺乏科学管理和效果反馈机制下，"非遗"旅游极易陷入过度商业化，造成文化失真[20-21]。正是由于染织类"非遗"载体的物质性，上海乌泥泾棉纺织技艺有景区与特色街区旅游展示的可能。事实上，上海松江区七宝古镇中的棉织坊就是上海乌泥泾棉纺织技艺的景区与特色街区旅游展示的典范。七宝棉织坊（图5-3）以实物、操作表演、人物蜡像，展示棉布的纺、染、织传统工艺，集旅游与上海乌泥泾棉纺织技艺传承保护为一体。如图5-3所示，上海七宝棉织坊不仅将乌泥泾棉纺织技艺以蜡像的形式还原各道工序的场景，使人能形象地了解乌泥泾棉纺织技艺，还将七宝当地的婚俗与棉纺织技艺结合起来，将棉纺织技艺上升到文化的层次，在棉织坊内设"喜堂"，重现民间传统婚俗场景，游客可参加模拟婚礼活动。事实上，上海七宝的婚俗深受棉纺织技艺的影响，棉纺织技术的发达导致妇女的经济地位得到很大的提升。"婆接媳"是浦东的三林塘、浦西的龙华、七宝、莘庄、梅陇等上海地区农家婚俗。新娘被接至男家前，要侍立门外，由婆母出门接媳，表明媳妇被婆婆纳入家庭，真正

图5-3　上海七宝棉织坊

成为家庭的重要成员。这样的情景在中国其他地区很难看到，它充分反映了由于棉纺织技艺的传播导致当地妇女社会地位的提升，进而深刻改变了当地的婚俗，形成上海"小男人"的形象。

4."民宿+"体验场景

民宿是利用自用住宅空闲房间，结合当地人文、自然景观、生态、环境资源及农渔牧生产活动，以家庭副业方式经营，提供旅客乡野生活之住宿处所[22]。民宿不仅仅能为游客提供单一的住宿功能，它还能够融合当地非物质文化遗产，形成"民宿+非物质文化遗产+……"复杂化的文化消费链条，让民宿与非物质文化遗产以及与非物质文化遗产相关联风俗、习俗联系起来，不仅可以使民宿有更多的吸引点与卖点，还能达到宣传、保护、传承非物质文化遗产的目的。目前，"民宿+上海乌泥泾棉纺织技艺+……"的经营模式已经在上海崇明岛上的知谷1984、逅院等民宿展开（图5-4），取得了一定的经济与社会效益。笔者认为，"民宿+上海乌泥泾棉纺织技艺+……"在保护与传承上海乌泥泾棉纺织技艺上具有其他方式所无法比拟的优势。一方面，民宿是一种个性化的旅游项目，它强调一种新型的生活体验方式，能够营造的是一种情景交融的文化消费空间，使旅游能够向更深层的体验模式发展。上海崇明永娣土布传承馆的何永娣用上海土布将民宿空间布置得非常具有地方特色，营造出良好的展示氛围，为乌泥泾棉纺织技艺的体验导入相关的情境。另一方面，随着游客越来越看重旅游过

▲图5-4　民宿装饰内景

程中自我价值的实现，由追求新奇与感受的游玩向"文化与体验之旅"转型，为包括上海乌泥泾棉纺织技艺在内的染织非物质文化遗产项目添加在"民宿＋"之上提供了可能性。上海乌泥泾正是在"民宿＋"的模式上为游客提供了技艺体验，感受其中蕴含的工匠精神，同时与当地的民俗民风相融合，完美地让游客体验到棉纺织技艺—地方性知识—地域文化的转化。

5. 节庆活动文化体验场景

节庆活动凝聚着一个地区的民俗风情，集中体现了该地区独特的民俗文化，游客参与到当地的节庆活动中，不仅能体验和了解当地的民俗文化，而且在旅游活动中也能被异域的民俗文化所感染与熏陶，获得身心的愉悦和情感的共鸣[23]。2016年9月上海松江区华泾镇举办第一届黄道婆旅游文化节（图5-5），截至2018年9月已经连续举办了三届。黄道婆文化节不仅进一步促进黄道婆精神的传承，加强黄道婆文化的宣传，并将旅游与文化有机地融合在一起，打造出具有地方特色的地域文化旅游项目。尤其是组织游客在黄道婆纪念馆进行乌泥泾棉织技艺体验活动，将技艺体验与文化体验融为一体，深受游客的欢迎。

图5-5　第一届黄道婆旅游文化节开幕式

三、上海乌泥泾棉纺织技艺体验式传承模式分析

上海乌泥泾棉纺织技艺的起源与发展是一种外来技艺（黎族棉纺织技艺）—地方性知识（乌泥泾棉纺织技艺）—地域文化（长三角地区地域文化）形成的过程。因此，上海乌泥泾棉纺织技艺发展具体体现了长三角地区传统生活史与思想文化史的嬗变。保护与传承上海乌泥泾棉纺织技艺就是保护长三角地区传统技术与文化的一种方式，使我们能留住祖先的记忆，记住自己的根。同时，上海乌泥泾棉纺织技艺具有器具简单、操作方便的特点，非常适合体验式的保护传承模式。基于前文对上海乌泥泾棉纺织技艺体验式传承场景的分析，可将其分为博物馆、学校、景区特色街区、"民宿＋"、节庆活动等不同的场景。按照体验方式，又可将上海乌泥泾棉纺织技艺体验式保护传承的方式分为产品展示、操作表演、产品体验、体验操作、文化体验等几种方式。如图5-6所示，上海乌泥棉纺织技艺体验模式是以乌泥泾棉纺织技术为核心，从外史的角度，通过器具与产品展示、产品体验等直观的物质形

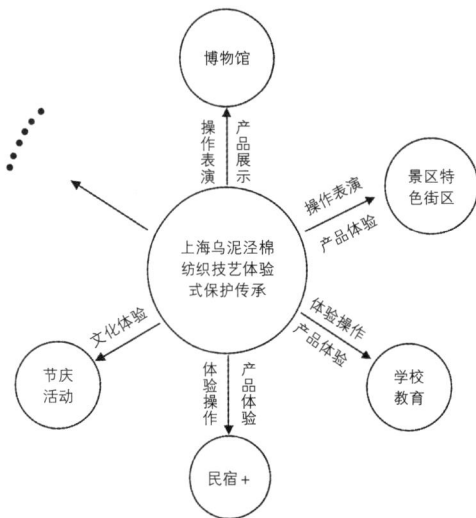

图5-6 上海乌泥泾棉纺织技艺体验式保护传承模式图

式，让体验者得到深刻的静态体验，形成其直观的认识，引发文化层次的思考。从内史的角度，通过操作表演、体验操作等非物质形式，让体验者获得动态体验，从而形成客观的认识。从文化的角度，通过节庆活动的体验，从文化现象中可以找寻到乌泥泾棉纺织技艺对古代上海地区婚俗、习俗的巨大影响，让体验者获得深刻的文化体验，从而形成宏观的认识。

当然，在上海乌泥泾棉纺织技艺体验式保护传承模式中，还需要考虑场景与方式、社会效益与经济效益这两对范畴，必须从有利于其保护传承的角度，因地因时制宜、社会与经济效益相兼顾地灵活制定其体验方式，才能达到保护传承的最佳效果。从场景和方式来看，条件相对比较优越的机构，可以同时展开两个或以上的场景，采用更多的方式。例如，在较为成熟的景区特色街区，可以将博物馆的场景引入，上海七宝棉织馆已经做出了成功的典范。从社会效益与经济效益来看，社会效益与经济效益之间必须保持必要的张力，完全只考虑社会效益而忽视经济效益，上海乌泥泾棉纺织技艺的保护传承必将成为鸡肋。反之亦然，只考虑经济效益而忽视社会效益，又将失去保护其存在的意义。由此可知，博物馆、学校教育等官方机构主导的场景主要强调社会效益，而景区特色街区、"民宿+"、节庆活动等经济实体主导的场景则主要强调经济效益。因此，实体间的合作，场景间灵活融合无疑成为保持必要张力的前提。

《第三节》 南通蓝印花布技艺的现状与传承

目前，南通蓝印花布的状况令人担忧，毕竟蓝印花布属于农耕时代的产物，其纹样图案曾为封建社会的平民所喜好。在当今机械化印染的背景下，无论是纹样图案还是成本价格，都无法与采用现代印染技术印染的布料竞争。因此，南通蓝印花布的销售市场越来越小，而且大多数年轻人也不太愿意从事这项工作，南通蓝印花布的传承问题越来越严重。

一、南通蓝印花布的现状

当代社会文明的转型对传统民间手工艺的打击是毁灭性的，中国社会的文明转型指的是从农耕文明向工业文明的转变，文明的转型必然会带来思想和观念上的转变。虽然民间手工艺遭受到毁灭性打击有多方面的原因，但思想和观念上的转变，导致传统审美意识的缺失却是最主要的原因。传统手工艺在面对工业化时，都会出现生存困境，许多传统手工艺遇到机械化生产就开始消亡。南通蓝印花布也不例外，同样面临着巨大的生存压力，归纳起来主要有以下三大困境：

1. 传统的纹样图案已经不再适应现代生活的需要

从本质上说，南通蓝印花布的生存土壤已经消失了，这种农耕时代的手工艺产物，纹样图案体现了平面化、朴素简约、蓝白两色的特征，并且融合了中国传统文化价值的内涵。然而，当今中国社会，西方文化已经渗透到社会生活各个层次中，人们的思维方式、价值观念、生活方式、行为取向都受到西方文化的影响，传统文化却逐渐退到狭窄的学术研究范畴里。南通蓝印花布以前的纹样图案显然已经不太适应现在的文化氛围，在普通老百姓眼中蓝印花布已经是"落后"和"老土"的代名词。人们更加喜欢利用现代生产工艺印染出来的织物，这些织物不仅在纹样图案上，而且在色彩上更加丰富多彩，更能满足现代人的物质和精神需求。

2. 生产成本上无法与现代印染织物相竞争

由于南通蓝印花布的坯布是采用纯手工织造的棉布，染料也是采用纯天然的蓝靛染料，这两项就比采用机织布和化学染料的现代印染织物的成本高很多。另外，纯手工印染的南通蓝印花布在生产效率上又不如机械化的现代印染花布。正如位于南通市濠河边的蓝印花布艺术馆平时游客很少，一般的百姓也感觉其产品价格较高[24]。可见，在当代工业化的社会，传

第五章 黄道婆文化的保护与传承

统南通蓝印花布无法在生产成本上与现代印染织物相媲美。

3. 技艺传承后继无人

南通蓝印花布传承人吴元新坦言，南通四十岁以下学蓝印花布印染的已经没有了[25]。这说明南通蓝印花布的印染工艺对年轻人没有吸引力，主要是由于传统印染这一行业脏、累、苦。脏主要是经常与染料和灰浆打交道一般会弄得身上很脏，并且有一股蓝靛和石灰粉的味道。累主要是因为南通蓝印花布的印染全部采用传统手工艺，对体力的消耗非常大。苦主要是在花版的设计和制作过程中，不仅要消耗体力和精力，而且要精通民间纹样图案、刻版、绘画、书法等艺术，需要耐得住寂寞刻苦地学习才行。另外，从事南通蓝印花布这个行业，首先要从学徒开始做起，学徒的工资待遇并不是很高。南通蓝印花布这样一种脏、累、苦的行业，工资待遇又不高，当然就缺乏对年轻人的吸引力。

二、南通蓝印花布技艺的传承

南通蓝印花布技艺的传承主要依靠两大机构和一些传承人组成。两大机构指的是南通蓝印花布博物馆和南通市通州二甲印染厂，这两大机构通过完全不同的两条路径传承着南通蓝印花布的技艺。南通蓝印花布博物馆完全采用南通传统的蓝印花布生产工艺传承着这项技艺，而南通市通州二甲印染厂则采用丝网印染、半自动化生产蓝印花布，用现代化印染方式所取得的经济效益支撑着传统手工印染。目前，南通蓝印花布传承人主要包括陈士高（1930～）、曹炳康（1956～）、吴元新（1960～），特别值得一提的是吴元新，他是中华人民共和国成立以来在传统印染行业中被国家授予"中国工艺美术大师"称号的第一人。

1. 传承机构

（1）南通蓝印花布博物馆

南通蓝印花布博物馆（原名南通蓝印花布艺术馆）是全国第一家蓝印花布私人博物馆。南通蓝印花布艺术馆成立于1997年，由南通蓝印花布艺术大师吴元新创建，馆址在南通文峰公园内一个四合院中。2002年由南通市政府出资在南通濠河风景区濠东绿苑81号建立了蓝印花布艺术馆新馆，馆内收藏明清以来的蓝印花布实物和图片资料两千多件，以及相关的夹缬、绞缬、民间彩印纹样十万多个，2007年在著名学者冯骥才先生的提议下正式将"南通蓝印花布艺术馆"更名为"南通蓝印花布博物馆"。目前南通蓝印花布博物馆是集收藏、展示、研究、生产、经营为一体的专业性博物馆，下设蓝印花布博物馆蓝艺研究所、蓝印花布博物馆明清染坊、蓝印花布博物馆的旅游产品开发展示部。博物馆内设有五个展厅，第一展厅"中国蓝印花布的起源与发展"，第二展厅"中国蓝印花布古旧精品"，第三展厅"蓝印花布工艺流程"，第四展厅"南通蓝印花布外向开拓"，第五展厅"南通蓝印花布现代创新"。

由此可知，南通蓝印花布博物馆功能完善，从学、研、企、商四个方面传承南通蓝印花布。在"学"方面，博物馆为国内外广大爱好者、大中专院校学生欣赏、学习、研究民间工艺美术提供了良好的场所，同时还被中国民间文艺家协会命名为"中国蓝印花布传承基地"，目前，清华大学美术学院、苏州大学艺术学院等将南通蓝印花布博物馆列为实习基地。在"研"方面，南通蓝印花布博物馆有蓝印花布博物馆蓝艺研究所，对传统蓝印花布的纹样图案和手工技艺进行创新，创作出大量精美的作品，获得过很多奖项。例如，2002年，南通"蓝艺"系列蓝印花布在首届中国旅游纪念品大赛上获得金奖。2004年南通蓝印花布艺术馆的作品在首届民间工艺品博览会上获得最高奖"山花奖"金奖，等等。在"企"方面，南通蓝印花布博物馆内就有染坊，可以对自身设计出来的纹样图案进行批量化生产。自南通市启东工艺品印染厂停业后，部分人员转至南通蓝印花布博物馆工作，无疑增强了博物馆蓝印花布的生产能力。在"商"方面，首先，南通蓝印花布博物馆在其馆内设有蓝印花布纪念品的销售点，在南通八仙城的旅游纪念品商店也出售南通蓝印花布产品。其次，南通蓝印花布博物馆曾经在北京王府井、瑞蚨祥、上海城隍庙展示和出售过蓝印花布产品，虽然现在已经从这些地方陆续撤出，但也说明了南通蓝印花布博物馆曾努力进行蓝印花布的销售。最后，南通蓝印花布博物馆还利用一些布展、时装展和展销会大力宣传和销售蓝印花布。例如，南通蓝印花布博物馆先后在苏州革命博物馆举办过"南通蓝印花布展"，上海世贸中心举办过"南通蓝印花布时装展"，另外，在杭州、南京、厦门等地举办过"南通蓝印花布展销会"，这些都是以宣传南通蓝印花布为主，同时做到以展促销。

（2）南通市通州二甲印染厂

南通市通州二甲印染厂也是传承南通蓝印花布的主要机构之一，它采用了一条与南通蓝印花布博物馆迥然不同的传承道路。通州二甲印染厂成立于1954年，其前身为"鸿裕染坊"。20世纪70年代蓝印花布大量出口日本，迎来了二甲印染厂发展的黄金时期。从产品色彩上看，其产品已经从单面蓝白两色发展到双面复色、彩色印染。从产品种类上看，其产品已经从传统的床单布、台布、帐檐、靛蓝布发展出沙发套、门帘、壁挂、玩具、鞋帽等日用工艺产品。该厂的"蓝麒麟"牌蓝印花布1980年被评为江苏省优质名牌，1987年、1991年又两次荣获江苏省工艺美术品百花奖。这些都已经成为过去的辉煌，经过近六十年的变迁，现在的通州二甲印染厂已经更名为通州二甲印染厂有限公司，从全民所有制企业转变为私营企业。体制的改变也促进了公司领导思维的创新，它采用一条用现代化印染方式生产的蓝印花布来支撑传统南通蓝印花布的传承。印染设备的机械化程度越来越高，采用丝网印染方法，成本低廉，可实现大规模批量生产。

综上所述，南通蓝印花布博物馆和通州二甲印染厂两大蓝印花布的生产机构采取了两条不同的道路来传承和发展南通蓝印花布。南通蓝印花布博物馆完全传承着传统南通蓝印花布的工艺，技艺传承的基因度高，古色古香，但其成本过高，不太容易打开市场。反之，通州二甲印染厂由于采用丝网印染代替灰浆防染工艺，并且机械化程度越来越高，生产成本也降低了不少。然而，这种采用现代技术的工艺改革，是否真正能够传承南通蓝印花布还有待思考，笔者认为必须在保护和开发两者之间找到一个契合点，既能保护南通蓝印花布的传统工艺，又能降低生产成本和创新纹样图案，满足不同层次大众的消费需要。

2. 传承人

南通蓝印花布的传承人已经历经了五代，目前，还在蓝印花布行业活跃的主要是第四代传承人陈士高，第五代传承人吴元新、曹炳康。笔者认为，南通蓝印花布的传承人按地域可分为两派，一派是以南通蓝印花布博物馆为机构的启东派，包括陈士高、吴元新。他们的主要特征是南通启东人，陈士高和吴元新都曾在启东当地的蓝印花布作坊或工厂学习、工作过，这一派主张南通蓝印花布的传承和发展，一定要保持住基因的纯洁性，原汁原味的纯手工技艺生产出来的蓝印花布才是真正的南通蓝印花布。另一派是以南通市通州二甲印染厂为机构的二甲派，主要传承人为曹炳康。他们主要想通过现代化的机械生产来代替传统的手工生产，试图以"老酒换新瓶"的方式使南通蓝印花布重新回到人们的日常生活中。

（1）南通蓝印花布启东派传承人

陈士高1954年在启东县东安镇德顺和染坊学徒，三年后学成出师，1959年离开印染行业到启东师范学校伙食房工作，1964～1990年又一直从事蓝印花布印染工作，1990年退休后被请到南通旅游工艺品研究所明清染坊负责染色技术。

吴元新1977年在启东工艺印染厂从事蓝印花布刻版设计工作，1982年考入宜兴陶瓷学校美术专业，1985年毕业后留校任教。1987年吴元新进入南通旅游工艺品研究所从事蓝印花布艺术研究的工作。1989年考入中央美术学院，得到民间美术系主任杨先让教授的指导。1996年，南通旅游工艺品研究所由于经济效益不好无法维持，被一家制帽厂兼并，吴元新毅然辞职，一心扑到了筹建"南通蓝印花布艺术馆"的工作中，直到建成中国规模最大的蓝印花布博物馆。经过三十多年的努力，吴元新在南通蓝印花布保护和传承方面成绩斐然。首先，吴元新设计和创作了近千件蓝印花布作品。其中很多作品获得省级或国家级大奖，1991年设计的民间工艺品《仿古彩陶》《蓝印敦煌飞天》分别获江苏省第三届轻工美术设计一等奖和二等奖。1998年"纺织图"（图5-7）在第四届中国民间艺术节上荣获金奖，2003年又入选中国邮政贺年片。2003年，"年年有

▲图5-7 "纺织图"

余"系列装饰品（图5-8）在首届中国旅游纪念品设计大赛荣获金奖，"蓝艺"系列作品又在中国民间艺术节上再获金奖。吴元新作品中的"年年有余"饰品、"凤戏牡丹"台布、"喜相逢桌旗系列"（图5-9）现已被国家博物馆收藏，并且还有四十三件作品也被中国美术馆收藏。其次，吴元新将蓝印花布印染技艺和收集、整理的实物和纹样图案资料融合起来，出版了一系列的蓝印花布技艺和纹样图案方面的著作，大力宣传南通蓝印花布相关的知识。如《中国蓝印花布纹样大全》藏品卷、纹样卷（2005年）、《蓝印花布》（2009年）、《刮浆印染之魂：中国蓝印花布》（2011年）等著作。再次，吴元新走进大学课堂，从2006年起先后在清华大学美术学院和中央美术学院讲授蓝印花布技艺课程，向大学生们传授蓝印花布印染技艺。最后，吴元新先后在国内外举办个展三十多次，为传播弘扬南通蓝印花布艺术作出很大的贡献，并努力宣传和销售南通蓝印花布，力图使南通蓝印花布走出博物馆重返民间。

▲图5-8　"年年有余"系列饰品

▲图5-9　"喜相逢桌旗系列"

（2）南通蓝印花布二甲派传承人

南通蓝印花布二甲派是以南通市通州二甲印染厂为机构，其主要传承人为曹炳康，目前担任二甲印染厂有限公司的董事长。曹炳康1979年进入二甲印染厂工作，成为一名染色操作工，在工作之余，他刻苦学习与蓝印花布相关的知识，并向老师傅虚心请教、总结经验，较快地掌握了蓝印花布的染色技术。1989年，曹炳康担任工厂领导后，努力推进蓝印花布的标准化生产，使蓝印花布的产量迅速增长，质量得到很大的提高，一等品率稳定在95%的水平。同时开发出扎染蓝印花布、复色蓝印花布、彩色蓝印花布等新品种。在当今工业化浪潮下，曹炳康选择了一条以现代化印染方式所取得的经济效益来维持传统手工印染的道路。笔者通过查看该工厂的相关资料得知，该厂经营范围包括印花布、制造、纺纱、机织棉布、化纤布、染化料、印染助剂、制造、工艺印染品加工。蓝印花布属于工艺印品加工的范围，可见，南通蓝印花布要想重返民间生活还需要一段很长的路要走。

《第四节》 蓝印花布元素在女装设计中的运用方式

蓝印花布是中国古代民间印染艺术的一朵奇葩，它集实用性与艺术性于一身，以其朴实、纯真、色调和谐的蓝白之美闻名于世[26]，它的工艺又称为灰缬，是一种古老的纸板花版漏浆防染印染技术。其出现时间不晚于南宋时期（1127~1279年）[27]，到了明清时期蓝印花布成为中国平民百姓常见的衣料，可谓流传广泛、影响深远，深受古代中国平民阶层的喜爱。然而，到了20世纪80年代，随着中国印染技术的发展以及人们审美倾向的转变，蓝印花布逐渐退出了人们日常生活的舞台。目前，在从中央到地方各级政府都不断加大非物质文化遗产保护力度的时代背景下，国内外一些设计师已经将蓝印花布一些元素应用在女装设计上，如加利亚诺、梁明玉、曾凤飞、武学凯、武学伟、马可等。然而，这些尝试都是从设计师个人喜好的角度，对蓝印花布部分元素自觉或不自觉地运用，从学理上还缺乏系统性和整体性的研究。对于蓝印花布元素在女装设计中的运用方式、路径的研究，笔者认为，确定蓝印花布元素的运用原则是其应用的基础，蓝印花布元素的运用方式则是在其原则的指导下的具体应用方法，而运用路径的分析则是在蓝印花布元素运用原则和方式的基础上的系统化整理和归纳。

一、蓝印花布元素在女装设计中的运用原则

蓝印花布元素在现代女装设计中的运用本质上是对其元素的合理运用，进而进行创新并运用到女装设计中。笔者认为，蓝印花布元素在现代女装设计中的运用应当确定掌握女性消费者审美倾向、保留蓝印花布的风格特征、运用合理图案设计方法三大原则。

1. 掌握女性消费者审美倾向是蓝印花布元素运用的基础

蓝印花布生于民间，长于民间，本质具有平民的色彩。如果一味强调艺术性、表演性则有失其根本，让其从T型台上回归民间才是其正常发展的关键。尽管女装设计师的个人偏好很重要，但掌握女性消费者的审美倾向则是目前蓝印花布元素运用的基础。通过对蓝印花布图案典型设计元素与消费者态度的调研数据，不难发现，符合现代消费者审美倾向的蓝印花布纹样被使用的频率非常高。反之，不符合现代消费者审美倾向的纹样则很少使用，即使这种纹样在传统蓝印花布纹样中频繁被使用。从题材上看，植物纹样中的梅、菊、牡丹，器物

黄道婆文化的历史解构与当代建构

纹样中的绣球、花瓶、铜钱，符号文字纹样中的寿、盘长、福，几何纹样中的如意纹、云纹、回纹，人物纹样中的戏曲历史人物在普通百姓中的使用频次较高[28]。从色彩上看，白底蓝花（图5-10）的色彩形式较之蓝底白花（图5-11）更加受到人们的青睐。笔者认为，造成这种情况的原因有二。一方面，白底蓝花布因其刻版的复杂、刮浆的难度，一般要由技艺较高的染匠才能完成，白底蓝花的纹样造型本质上也是蓝印花布中具有代表性的经典图形[29]。另一方面，白底蓝花的色彩已经广泛为国外女装设计师所运用，能产生类似于青花瓷般的宁静、淡雅的艺术风格，已深入百姓的心中。简而言之，只有在掌握不同年龄层次的女性消费者审美倾向的基础上，才能设计出具有现代意义的蓝印花布元素女装。

▲图5-10　白底蓝花蓝印花布

▲图5-11　蓝底白花蓝印花布

2. 保留蓝印花布的风格特征是蓝印花布元素运用的根本

蓝印花布元素运用既要保留其自身的艺术文化特色，又要符合现代人的服装审美需求。而艺术文化特色的具体表现则为其风格特征，蓝印花布元素运用的根本则是其风格特征的保留。毕竟，任何一项非物质文化遗产元素运用，都是对其风格特征的提取，然后加以创新使其适合现代人的审美情趣。保留风格特征才可以称得上是对一项或几项非物质文化遗产元素的运用，否则成为无本之木。众所周知，蓝印花布元素包括材质、色彩和纹样三方面的内容，传统蓝印花布的材质为土织棉布，色彩主要是蓝白两色，纹样则题材丰富。毫无疑问，没有特色的服装作品绝对不会成为世界性的服装设计。因此，保留蓝印花布的风格特征是蓝印花布元素在女装设计中运用的根本。服装设计师们将蓝印花布的丰富花色、淳朴容颜加以发挥进行创新设计，应用在与服装相关的包括项饰、头饰、衣裤、鞋、包、手机袋等方面[30]，都是对蓝印花布元素的合理运用，而这些运用都应对蓝印花布的风格有所保留。

3. 运用合理的设计方案是蓝印花布元素成功运用的手段

服装设计中"设计"是一种构思、计划和安排、布局，也含有绘图、意象的意思。它包含了制作及过程，是一种创造性的、创新性的活动。创新需要求变，它是突破常规，别出心裁、独辟蹊径并赋予新内涵和时代精神的过程[31]。将蓝印花布元素提取出来进行女装设计需要合理的设计方案。笔者认为，蓝印花布元素提取有两种思路，一种是常规式，即将蓝印花布的款式、色彩、纹样直接运用于女装设计中；另一种则是非常规式，就是突破蓝印花布元素提取常规式的限制，寻找出创新的设计方案。正如南通蓝印花布博物馆馆长吴元新指出，"要吸收传统印染技艺的精髓，体现拥有深厚文化内涵的创新设计，必须使南通蓝印花布融入现代元素，真正做到蓝印花布技艺的传承、发扬。"[32]以蓝印花布纹样图案的运用为例，笔者认为，蓝印花布纹样图案具有如下两方面的特征：

（1）造型的平面化

蓝印花布的纹样图案呈现出平面化的造型，采用点、线结合的方法，运用概括、夸张、变形等方法将现实生活和想象中的图景用二维平面的方式表现出来。由于蓝印花布的花版是镂空纸版，为了更好地表现纹样图案，其点、线的形态非常丰富。正是由于蓝印花布花版在造型上表现力的限制，不能非常细腻地表达景物的局部，为了克服这一缺憾，其纹样图案只能在点和线的形状上丰富起来，合理地运用概括、夸张、变形的手法，使点线能够准确、生动地表达景物。

（2）构图的规整化

通过对大量蓝印花布纹样的分析可知，一方面，它们中的许多纹样图案是以中心点或线为中心，采用上下、左右、旋转对称的组合形式，使稳定中显现出运动感[33]。另一方面，对称必然要求纹样图案以偶数的形式出现。同时，笔者还发现不仅对称性的纹样图案是以偶数形式出现，而且不对称的构图形式也会以偶数形式出现。究其根源，笔者认为中国人"成双成对"的观念可能是造成蓝印花布这一现象的文化因素，正是在平面化造型的限制和文化习俗的双重影响下，南通蓝印花布运用对称和偶数纹样图案来丰富景物的表达。因此，蓝印花布元素在女装设计中的合理设计方案应该在常规式和非常规之间合理地选择，在两者之间保持一定的张力，既保留了传统，又要对传统有所创新。

二、蓝印花布元素在女装设计中的运用方式

蓝印花布元素运用方式是指由组成蓝印花布的诸多元素的联结方式，运用元素不同以及联结方式不同，就形成不同的运用方式。显然，蓝印花布元素在女装设计中的运用方式则是在女装设计的范畴内对蓝印花布元素的合理提取。笔者认为，蓝印花布元素在女装设计中的运用方式应包括色彩纹样、构图、花版三个方面。

1. 色彩纹样元素的运用

传统织物色彩与纹样的运用是现代服装设计领域中常见的一种手法，蓝印花布色彩纹样在女装设计中也经常用到。笔者认为，蓝印花布色彩纹样在女装设计中主要有直接运用和立体运用两种方法。色彩纹样的直接运用可保留大量传统元素，体现了更多的传承，而立体应用则体现出时代的气息，体现了更多的创新。

（1）色彩纹样的直接运用保留大量传统元素

将蓝印花布色彩纹样直接运用到女装设计中，可以最直观地保留大量的传统元素。如2013年Valentino秋冬成衣系列中有一款服装（图5-12）[34]，设计师直接将其从青花瓷（青花瓷纹样与蓝印花布白底蓝花纹样具有相同的特征）中提取出的图案纹样应用于女装上，在青花白底的面料上仿制出青花瓷的清秀素雅，烘托含蓄婉约的东方气质。事实上，蓝印花布中有大量的传统纹样可运用到女装设计中。目前，服装设计师们只将蓝印花布纹样中很少的一部分纹样用于女装设计中，还有很多纹样图案有挖掘的空间。此外，笔者认为，在色彩方面，服装设计师们还可以突破蓝白两色的限制，根据设计的需要可以采用多种色彩达到色彩创新的目的。

▲图5-12　2013年Valentino秋冬成衣系列

（2）纹样的立体应用体现出时代的气息

众所周知，中国传统面料上的纹样大多是以平面的形式存在。所谓蓝印花布纹样的立体应用，是将蓝印花布的平面纹样转化为现代女装中的立体造型，可以突现出时代的气息。如图5-13所示，2009年Dior以中国青花瓷为元素设计的女装，将青花瓷的花朵纹样转化成立体花朵的形式，而叶片和藤蔓则采用原有平面的形式[35]。这种立体与平面的巧妙结合，不仅丰富造型、突出重点，

（a）　　　　　　　（b）

▲图5-13　2009年Dior青花瓷系列女装

还能体现女性身体美的特质，从而让传统的青花瓷元素呈现出强烈的立体感和时尚感。而蓝印花布和青花瓷纹样具有共同的色彩表现形式，内涵上具有一定的共性，因此，完全有理由相信可将这种平面转化为立体的造型应用到蓝印花布元素女装中，突显其立体性和时尚性。

2. 构图元素的运用

蓝印花布主要分为框式和散花式两种构图方式。在日常生活用品上一般采用框式的构图方式，如床单、门帘、桌旗等，而在服装上则采用散花式的构图方式。笔者认为，随着人们审美意识的转变，打破传统成为必然。因此，框式的构图方式和散花式的构图方式均能很好地运用到女装设计当中。

（1）框式构图增强了稳定感

传统蓝印花布框式构图本不太符合传统服装的纹样的审美情趣，但其框式结构却天然具有对称和均衡的感觉，给人一种稳定感。因此，在女装设计中也可以加以运用，以增强女性成熟、稳重的着装风格。如图5-14所示为蓝印花布框式构图在现代女装设计中的应用，蓝底白花框式构图的非对称处理，稳定中透出一丝轻盈，规整中又显出不规律的运动感[36]。

（2）散花式构图增强了运动感

散花又称碎花，即小花散碎分布。它的特点是花朵纹样分散排列，可分为横排、竖排或不规则排列，组织形式多变。散花式构图的蓝印花布明显可以增强服装的运动感，如图5-15所示为桐乡蓝印花布厂有限公司网上专卖店的一件蓝印花布旗袍，散花式的构图方式使花朵方向位置随意自由，聚散自如、疏密和谐，利用点的聚与散，加上布面优良的悬垂性，使女装能产生一种花朵在风中摇曳的运动感，具有清新、秀雅、别致的风格。

3. 花版元素的运用

蓝印花布除了色彩和纹样直接运用到服装设计

▲图5-14　蓝印花布框式构图在现代女装中的运用

▲图5-15　散花式构图在旗袍中的运用

中，它的镂空花版也可以通过改变材质的方式应用到现代服装上。图5-16[37]所示为蓝印花布花版直接运用到服装设计中的例子，具体的做法是以蓝印花布牡丹花纹样花版为基础，将花版的材质由纸版改为皮版，在皮革材质上采用蓝印花布雕版手法，镂空雕刻出生动的图案[38]。这种蓝印花纹样图案在新材质上创新融合，既保留了蓝印花布"以点带线""笔断气连"的图案风格，又加入了皮革的粗犷与质感，使蓝印花布元素在皮革制品中体现出层次感。笔者认为，蓝印花布的花版纹样图案不仅可以运用到皮革材质，还可以根据服装设计主题的需要运用到其他各种服装材质上，增强服装的层次感和立体感。

▲图5-16 蓝印花布花版作为女装腰部的装饰

综上所述，蓝印花布的色彩纹样、构图形式、花版造型已经在现代女装设计中做了一些运用。这些元素的提取与运用体现了服装设计师对蓝印花布某些元素的偏好。笔者认为，服装设计师会按照自己对蓝印花布元素的理解，选取适合女装设计的元素。国内很多服装设计师注重的是对蓝印花布制作工艺、文化背景的研究和分析，以至于蓝印花布元素仍然只出现在古典女装和表演性服装中，而非出现在日常女装设计中。国外的服装设计师的情况则有所不同，一方面，他们少了文化背景的限制，能够大胆地将蓝印花布的元素灵活地运用到现代女装设计中；另一方面，由于文化的差异，国外的服装设计作品中并不能体现深邃的中华文化内涵，只能从形式上进行运用。

三、蓝印花布元素在女装设计中的创新运用方式及其实现路径分析

蓝印花布元素在女装设计中的创新运用方式是在调查女性消费者对蓝印花布审美倾向的基础上，突破直接、常规地运用蓝印花布元素的新方式。而蓝印花布元素在女装设计中运用路径则是在女装设计的主题与蓝印花布特征融合的基础上，设计具有蓝印花布元素的女装的过程。

1. 蓝印花布元素在女装设计中的创新运用方式

笔者认为，蓝印花布元素在女装设计中的创新运用方式，可以从纹样运用、色彩运用、材质运用三个方面的创新展开。

（1）纹样运用的创新

蓝印花布纹样具有平面化的造型和规整化的构图两大特征，如何突破它成为蓝印花布元素女装创新设计的关键。可以通过不同的填充、多层覆盖等丰富的造型手法来实现蓝印花布元素女装立体化的改进，这种方法可以剔除蓝印花布陈旧、古朴的视觉感观，从而具有时尚感。如图5-17[39]、图5-18[40]所示分别为填充和多层覆盖手段实现蓝印花布纹样平面化转立体化的手法，由图中可知，填充的手法在保留蓝印花布风格方面比多层覆盖手法要好一些。然而，从实际着装角度来看，它们只适合运用在表演性时装设计中，因为这种服装至少在洗涤方面就存在着很大的难度。因此，蓝印花布元素女装创新设计方面还需要在表演和日常中保持必要的张力，使蓝印花布元素女装能延伸到日常生活领域。

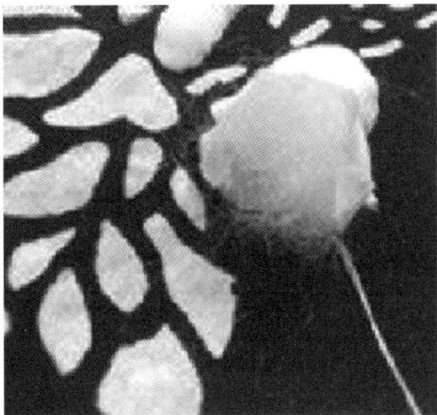

▲图5-17 填充手法

▲图5-18 多层覆盖手法

（2）色彩运用的创新

蓝印花布大都以天然靛蓝染料为染液，以单套花版的蓝底白花或白底蓝花为主，色彩较为素雅。但历史上也偶发性地出现过白底黑花和套色染[41]。在蓝印花布传世实物中偶见红色、赭石色及套色作品，可见历代艺人也曾大胆地对蓝印花布色彩作过革新[42]。由于蓝印花布艺术与剪纸艺术有着密切的联系，我们完全可以借鉴它们在蓝印花布元素女装色彩上进行创新[43]。如图5-19所示为喜字剪纸艺术[44]，非常值得蓝印花布元素女装设计的借鉴，丰富的颜色可以改变蓝印花布蓝白之间的色彩，在保留传统图案设计风格的基础上，满足现代女性追求色彩艳丽的需求，显现其美丽的身影。

▲图5-19 喜字剪纸艺术

（3）材质运用的创新

现代女装设计的材质可谓多种多样，包括棉、麻、毛、丝、皮革、合成纤维等多种面料。而传统蓝印花布一般采用土织纯棉坯布为印染面料，显然，单一的土织纯棉面料无法适应当代女性的审美情趣。因此，在蓝印花布元素女装设计过程中可以对材质进行创新性开发。笔者认为，一方面，可以突破蓝印花布元素女装土织纯棉面料的限制。如采用丝绸面料作为蓝印花布纹样的承载介质时，其设计的女装悬垂性明显要比纯棉面料好，可以展现女性摇曳多姿的身材。又如，高湿模量黏胶纤维面料作为一种染色性能好、色谱全，色泽鲜艳，悬垂性极佳的新型面料[45]，也可以运用到蓝印花布元素女装设计中。另一方面，可改进传统蓝印花布面料以适应现代女性的审美需要。如利用棉纤维具有遇浓碱膨化、发生收缩的特性，在蓝印花布上重新覆盖漏版，直接印碱，获得泡泡纱和蓝印花布叠加效果[46]。又如，将传统蓝印花布面料进行丝光处理，也能使蓝印花布元素女装获得时尚感。

2. 蓝印花布元素在女装设计中的运用路径

笔者认为，蓝印花布元素在女装设计中运用路径（图5-20）的关键是提取符合女装设计的主题元素。首先，服装设计师在熟悉蓝印花布艺术特征的基础上，按照女装设计的主题，对蓝印花布元素服装设计的要素进行选择的准备。蓝印花布元素服装设计的要素包括款式应用、色彩应用、纹样应用、面料应用四大元素。而这四大元素又包含了不同的类型，款式应用包括对蓝印花布整体和局部应用；蓝底白花、白底蓝花、偶发性色彩组成了色彩应用的类型；纹样应用则包括生殖崇拜、追求富贵、崇神敬仙三大主题大量纹样图案；面料的应用则指突破传统蓝印花布女装的限制，在棉、毛、丝、麻、新型合成纤维面料上的单独或组合式的运用。其次，依据款式、色彩、纹样、面料应用四大元素进行排列组合，形成多种单独式或复合式的元素提取模式。再次，根据女装设计主题、蓝印花布艺术特征以及元

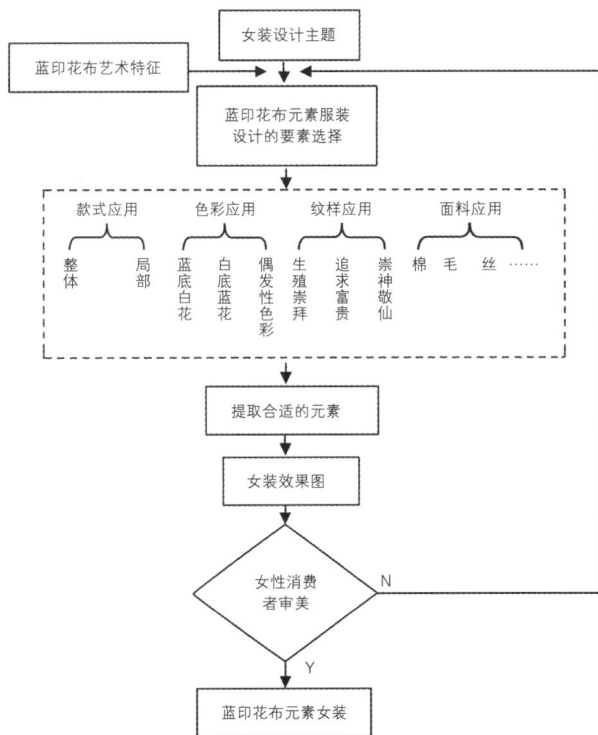

▲ 图5-20 蓝印花布元素在女装设计中的运用路径图

素提取模式提取合适的元素，并绘制女装效果图。最后，将女装效果图与女性消费审美倾向进行匹配判断。如果符合女性消费审美倾向，即可制作蓝印花布元素女装，完成蓝印花布元素女装的设计过程；如果不符合，则返回蓝印花布元素服装设计的要素选择阶段，重新提取合适的元素，在这种判断与选择中达到最优的设计。

参考文献

[1] 苏德荣.明代宗室出土文物的历史价值 [J].南方文物,1993(1):54-59.

[2] 嘉庆《松江府志》卷六,转引自论明清时期松江府的经济特色 [J].史林,1997(4):25-32.

[3] 武眉凌.松江——岁月湮没不了的辉煌 [J].今日中国,2010(9):74-79.

[4] 张春华,秦荣光,杨光辅.沪城岁事衢歌 上海县竹枝词 淞南乐府 [M].上海:上海古籍出版社,1989:169.

[5] 上海地方志办公室.二有关黄道婆及其影响的资料 [DB/OL].http://www.shtong.gov.cn/dfz_web/DFZ/Info?idnode=54218&tableName=userobject1a&id=36569,2001-12-21,2022-0619.

[6] 曹玲娟.乌泥泾纺织技艺传承人康新琴 [N].周口晚报,2008-11-6(15).

[7] 高小康.非物质文化遗产:保护与利用的再思考 [J].探索与争鸣,2008(4):65-67.

[8] 雷蓉,胡北明.非物质文化遗产旅游开发的必要性分析——基于保护与传承的视角 [J].贵州民族研究,2012(6):130-134.

[9] 宋俊华.文化生产与非物质文化遗产生产性保护 [J].文化遗产,2012(1):1-2.

[10] 廖远征.基于体验经济视角下非物质文化遗产的旅游开发——以西江千户苗寨为例 [J].怀化学院学报,2015(8):21-25.

[11] 仲明明.体验经济视角下滁州市非物质文化遗产旅游开发模式研究 [J].四川旅游学院学报,2016(5):63-66.

[12] 王忠,吴昊天.体验经济视角下的非物质文化遗产旅游开发研究——以澳门非物质文化遗产的旅游开发为例 [J].青海社会科学,2017(6):146-152.

[13] 刘安定,李斌,李强,等.黄道婆文化的再研究 [J].丝绸,2019(3):91-97.

[14] 赵向华.体验教育的理论与实践研究 [J].现代教育论丛,2007(6):19-21,41.

[15] 汪秀英.体验经济与非体验经济的比较分析 [J].中国工业经济,2003(9):73-80.

[16] 詹姆斯·克利福德,乔治·E.马库斯.文化——民族志的诗学与政治学 [M].高丙中,等译.北京:商务印书馆,2006:48.

[17] 李月英.关于博物馆与非物质文化遗产保护传承:以云南实践为例 [J].中国博物馆,2015(2):103-107.

[18] 于存海.黄道婆纪念馆在沪揭幕 [J].上海文博论丛,2003(1):94-94.

[19] 李强,杨小明,王华.染织类非物质文化遗产的概念和特征 [J].丝绸,2008(11):52-54.

[20] 张晓萍.文化旅游资源开发的人类学透视 [J].思想战线,2002(1):31-34.

[21] 刘建平,陈姣凤,林龙飞.论旅游开发与非物质文化遗产保护.贵州民族研究,2007(3):65-69.

[22] 吴文智,王丹丹.当代民宿的行业界定与发展辨识 [J].旅游论坛,2018(3):81-89.

[23] 仲明明.体验经济视角下滁州市非物质文化遗产旅游开发模式研究 [J].四川旅游学院学报,2016(5):63-66.

[24] 奚燕锋.南通蓝印花布的传承、保护和发展及其文化属性 [J].江南大学学报（人文社会科学版）,2010(4):125-130.

[25] 丁亚鹏.南通蓝印花布荣誉等身却市场萎缩——花布文化之路为何越走越窄? [N].新民晚报,2009-09-01(B3).

[26] 李斌,李强.织染江南——中国长三角地区染织类非物质文化遗产研究 [M].北京:中国纺织出版社,2016:65.

[27] 沈从文.花花朵朵坛坛罐罐:文物与艺术研究文集 [M].北京:外文出版社,1994:110.

[28] 邓洪涛,吴宣润,周继明.蓝印花布图案典型设计元素与消费者态度研究 [J].丝绸,2016(6):38-43.

[29] 吴元新,吴灵姝.刮浆印染之魂——中国蓝印花布 [M].哈尔滨:黑龙江人民出版社,2011:24.

[30] 奚燕锋,梁惠娥.南通蓝印花布的历史和现状以及发展优势思索 [J].纺织学报,2012(2):98-103.

[31] 奚燕锋.南通蓝印花布服装设计传承、创新思路 [J].东华大学学报（社会科学版）,2011(1):55-60.

[32] 吴元新.江海之滨,终朝采蓝:南通蓝印花布工艺的传承与创新 [J].南通航运职业技术学院学报,2009(2):5-8.

[33] 梁晓琴,王安霞.南通蓝印花布纹样艺术的文化内涵 [J].江苏经贸职业技术学院学报,2009(4):36-38.

[34] 沈徐.蓝印花布元素在现代女装中应用的研究 [D].浙江理工大学,2014:14.

[35] 沈徐.蓝印花布元素在现代女装中应用的研究 [D].浙江理工大学,2014:16.

[36] 邢圆青.南通蓝印花布的艺术特征及其在服装设计中的创新应用 [D].北京服装学院,2016:45.

[37] 邢圆青.南通蓝印花布的艺术特征及其在服装设计中的创新应用 [D].北京服装学院,2016:42.

[38] 邢圆青.南通蓝印花布的艺术特征及其在服装设计中的创新应用 [D].北京服装学院,2016:26.

[39] 沈徐. 蓝印花布元素在现代女装中应用的研究 [D]. 浙江理工大学,2014:27.

[40] 沈徐. 蓝印花布元素在现代女装中应用的研究 [D]. 浙江理工大学,2014:26.

[41] 刘月蕊,鲍小龙. 蓝印花布发展现状分析及其创新设计研究 [J]. 丝绸,2012(1):36–40.

[42] 潘春宇,高卫东. 偶发性色彩在蓝印花布创新设计中的应用 [J]. 纺织学报,2009(1):88–90.

[43] 鲍小龙,刘月蕊,陆云飞. 中国传统蓝印花布纹样与民间剪纸图案的分析比较 [J]. 丝绸,2015(1):66–70.

[44] 佚名. 彩色剪纸喜字鸳鸯戏水 [EB/OL].http://www.tupian114.com/photo_2758977.html,2014-06-23.

[45] 朱松文,刘静伟. 服装材料学 [M]. 北京:中国纺织出版社,2010:16.

[46] 潘春宇,高卫东. 偶发性色彩在蓝印花布创新设计中的应用 [J]. 纺织学报,2009(1):88–90.

第 六 章

染织类非物质文化遗产传承保护
的策略建构

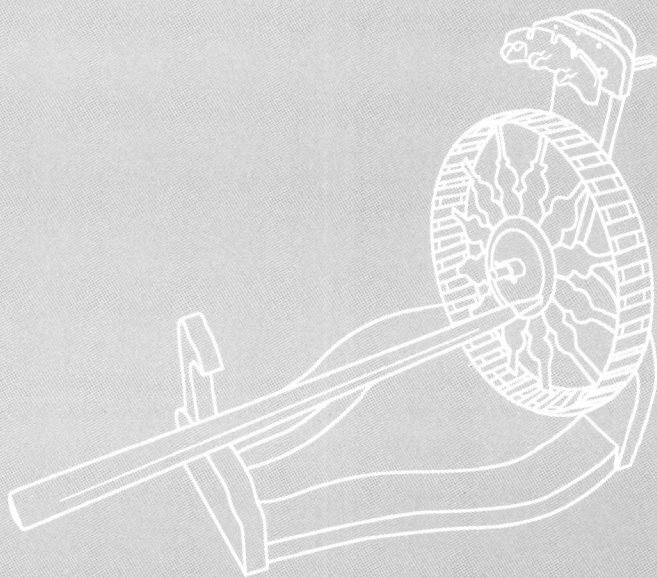

黄道婆文化与染织类非物质文化遗产之间既有联系又有区别。从黄道婆文化的技术内核看，上海乌泥泾棉纺织技术与南通蓝印花布印染技术均属于染织类非物质文化遗产的范畴，即黄道婆文化的技术内核内含于染织类非物质文化遗产之中。从黄道婆文化的社会外延上看，黄道婆文化强调的是长三角地区的棉染织文化与地域文化形成的关系，不仅涉及具体的棉染织类非物质文化遗产，而且涉及长三角地区传统棉染织技术——棉染织文化——地域文化的嬗变机制与过程。因此，黄道婆文化的技术内核的传承与保护的启示，必然要上升到非物质文化遗产的层面，只有这样才能体现黄道婆文化研究的价值。

第一节 染织类非物质文化遗产传承保护与工匠精神的培育策略

非物质文化遗产（下文简称"非遗"）涉及的领域十分广泛，不同领域的文化遗产特点各异，因此，针对不同的"非遗"类型自然应该有不同的保护措施[1]。染织类"非遗"指被各社区、群体(有时为个人)视为染织类文化遗产组成部分的各种社会实践、观念表述、表现形式、知识、技能及相关的工具、实物、手工品和文化场所[2]。工匠精神则是借助工匠之名而传达出来的"严谨专注、注重细节、精益求精、服务社会"的精神。目前，工匠精神的培育已经提到国家层面，如何培育工匠精神成为学界探讨的热点。同时，随着人们对传统文化的重视，染织类"非遗"的传承、保护、研究也逐渐方兴未艾。本质上，染织类"非遗"与工匠精神之间有着天然的联系，染织类"非遗"产品和传承人身上就散发着工匠精神。因此，利用染织类"非遗"传承保护来培育工匠精神不失为一条绝佳的路径。

一、工匠精神是染织类"非遗"的精髓

染织类"非遗"的内核是传统染织工艺，传统染织工艺的内在精髓则直指工匠精神。染织类非遗的外形是指运用染织类"非遗"的传统工艺物化的产品，这一点与工匠精神的物化形式产品也是一致的。染织类"非遗"内在精髓的非物质性包含了工匠精神，工匠精神的物化体现了染织类"非遗"载体的物质性。

1. 染织类"非遗"内在精髓的非物质性包含了工匠精神

"非遗"的根本特点是它的内在精髓没有固定物化形态，即它的内在精髓的非物质性。非物质性是以满足人们的精神生活需求为目的的精神生产，它是"非遗"的精神内核。所谓

非物质性，并不是与物质绝缘，而是指偏重以非物质形态存在的精神领域的创造活动及其结晶[3]。如染织类传统技艺中神话与社会实践、礼仪、节庆活动表达人民对染织类传统技艺发明者的崇敬，尽管对染织类传统技艺发明者的崇敬之情可以体现在文献资料和纪念性的建筑实体之中，但崇拜与敬意的感情内在精髓是非物质的，物质实体只不过是抒发人们感情的一种工具。元代的黄道婆（约1245～约1330年）就是典型的事例，据《南村辍耕录》中所言："国初时，有妪黄婆者，从崖州来，乃教以作造杆弹纺织之具，至于错纱配色，综线挈花，各有其法，以故织成被褥、带、帨，其上折枝、团凤、棋局、字样，粲然若写。未几，妪卒，莫不感恩洒泣而共葬之；又为立祠，岁时享之，越三十年，祠毁，乡人赵愚轩重立。今词复毁，无人为之创建。道婆之名，日渐泯灭无闻矣。"[4]。

　　黄道婆的工匠精神就体现了染织类"非遗"的非物质性。一方面，黄道婆对技艺的精益求精的工匠精神体现在"粲然若写"的描述中。然而，这种使棉织物"粲然若写"的技艺现在已不可知，只能从陶宗仪（1329～约1412年）的描述中体会黄道婆棉纺织技艺的精湛。另一方面，黄道婆对技艺传播的目的体现了工匠精神的"非利唯艺"的纯粹精神，黄道婆传播棉纺织技艺并没有为自己谋取任何私利，因此，黄道婆得到了乡民的敬重和崇拜。元明清（1279～1911年）三代，仅松江及上海老城就建有黄母祠、黄婆庙、先棉祠、布匹庙等数十处纪念场所。其实，在其他门类的非物质文化遗产中也能反映出"非遗"内在精髓的非物质性包含工匠精神。首先，传统染织类手工技艺本质上是工匠的一种技能和态度，只有在染织类产品制造过程中才能看见。通过分析产品只能窥其产品的特色，并不能看到染织类手工技艺的流程。很多时候人们将染织类产品特色误解为染织类传统手工技艺，这是忽视染织类"非遗"内在精髓的非物质性所致的结果。其次，染织工匠对产品"精益求精"的态度，即工匠精神的核心，也体现出非物质性，如果不亲临制造过程，我们就无法领会"精益求精"的精神。最后，染织类工匠在技艺传承上又体现在其传播的无私性，即不以私利为目的，以技艺本身的发展为根本。综上所述，"非遗"内在精髓的非物质性是工匠精神的具体体现。

2. 工匠精神的物化体现了染织类"非遗"载体的物质性

　　众所周知，精美的传统染织物和所使用的制造设备是工匠精神的物化形式，反映了染织工匠的工艺水平和工作态度。同样，染织类"非遗"载体也体现了物质性，"物质"成为整个染织类"非遗"流传过程中的结构内核。任何染织类"非遗"的呈现和展示，大多依赖于物化形态的工具，甚至其举止和声音也需要物质载体进行保存。因此，在把握和认识染织类"非遗"的时候，不能对其"物质"因素视而不见。实际上，染织类"非遗"都是在塑造或重构某一物质形态。时下各地兴起的对"非遗"的抢救工作，毋庸讳言，在一定程度上也属于事物化或固化的处理[5]。如上海乌泥径手工棉纺织技艺、南通蓝印花布印染技艺、苏州宋锦、缂丝织造技艺、南京云锦织造技艺等一批国家级染织类非物质文化遗产，其内在精髓都是非物质性的，但

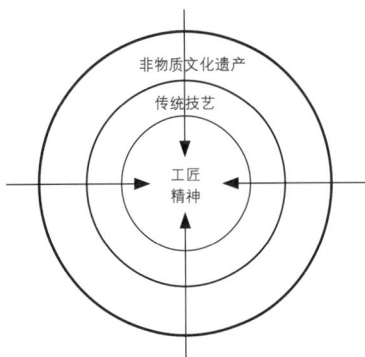

▲图6-1 非物质文化遗产与工匠精神的关系图

是其载体都是物质性的。这些传统染织类手工技艺以木制织机、金属缫染工具和各式各样的织物作为手工技艺的物质表现形式，也只有通过这些载体才能证明这些染织类手工技艺的存在。不难发现，工匠精神的物化体现了染织类"非遗"载体的物质性。

综上所述，染织类"非遗"内在精髓的非物质性与载体的物质性同工匠精神的内在与物化有着高度的契合。笔者认为，染织类"非遗"与工匠精神的关系可以用图6-1进行表述。染织类具体"非遗"项目的内核部分为非物质性的工艺流程与技艺，而染织类某项具体"非遗"项目的工艺流程与技艺通过积累与提升又泛化为工匠精神。因此，工匠精神亦可称为染织类"非遗"的精髓所在。

二、利用染织类"非遗"传承与保护培育工匠精神的策略

利用染织类"非遗"传承与保护培育工匠精神的策略应是"自上而下"的实施过程，上层是政府层面、中层是染织类"非遗"传承与保护机构层面、下层则是染织类"非遗"传承人层面。政府层面提供的是工匠精神培育的氛围，染织类"非遗"传承与保护机构层面提供工匠精神培育的具体客观条件，染织类"非遗"传承人层面则需要提供工匠精神培育的内驱力。

1. 政府层面需要营造培育工匠精神的良好氛围

工匠精神是一种爱岗敬业的奉献精神，其养成需要树立正确的人生观、价值观、信仰，拥有良好的思想品格素质和健全的人格。良好的社会文化环境对人们的思想和行为有一种无声的感染力，能够将科学的理论、思想、观点渗透到人们的思想意识中，帮助人们形成符合社会发展要求的高尚思想道德品质，坚持正确的发展方向。在当今社会出现的极端个人主义、拜金主义、享乐主义影响下，人们的人生观、价值观或多或少地出现了一定的扭曲，营造培育工匠精神的良好社会氛围就显得格外重要。虽然，李克强总理已经将"培育精益求精的工匠精神"提到实现中华民族伟大复兴的高度，但具体如何实施培育工匠精神的步骤还需要深入探讨。笔者认为，首先，中央以及地方各级政府应该净化舆论环境，一方面，从宣传的角度多报道一些体现工匠精神的传统染织类"非遗"传承人与事迹，如上海市就曾大量报道过上海乌泥泾棉纺织技艺传承人走进校园，传播传统棉纺织技艺的事迹；另一方面，各级广播、电视、媒体机构要减少、限制甚至禁止播放一些低俗的综艺类节目，如一些相亲、情感类综艺节目，它们或多或少地从侧面夸大了社会的负能量，因此很有必要对其进行限制。只有在这种一增一减的趋势下，社会的正能量才能得到弘扬，工匠精神的培育才能形成良好的社会氛围。其次，各级政府

还要引导和鼓励传统染织行业培育工匠精神的行为，甚至成立培育工匠精神的机构，从政策、财政、税收等方面支持鼓励具有工匠精神的企业、机构或个人。目前，在各省市政府的主导下建立了各级染织类"非遗"保护中心，并且也取得了一些成果。同时，染织类非物质文化遗产中本身就蕴含着工匠精神。笔者认为，可以在染织类"非遗"保护中心的基础上成立培育当代工匠精神的机构，科学系统地对培育工匠精神做出合理的规划。简而言之，只有在政府层面营造出培育工匠精神的良好氛围，才可能在传统染织行业中培育出工匠精神。

2. 染织类"非遗"传承保护机构培育工匠精神的具体措施

除了政府层面需要营造培育工匠精神的良好社会氛围外，各项染织类"非遗"传承保护机构的建立也是很有必要的。只有染织类"非遗"的传承与保护工作顺利开展，其工匠精神才能得以传承。笔者认为，染织类"非遗"传承保护机构具体需要从以下三个方面开展工作，才能取得更好的效果。

首先，染织类"非遗"传承保护机构的建立表面上是对传承人及其技艺的保护，但其本质是对工匠精神的传承。在鼓励老一辈染织类"非遗"传承人主动招收学员或徒弟的同时，还应该积极鼓励新一代传承人积极参与，以使老一辈染织类"非遗"传承人的艺术技能与经验以及蕴含其中的工匠精神能够保存并系统地传播开来。这样就需要染织类"非遗"传承机构对传承人的培养作出系统的规划，以使更多的人能有领悟工匠精神的机会。笔者认为，染织类"非遗"传承机构要根据不同的条件选择合理的技艺传承方式，同时工匠精神的传承则是最核心的任务。目前染织类"非遗"技艺的传承主要有传统的"师徒相传"、现代的"课堂传授"以及网络＋时代的"网络传授"三种方式，这三种方式构成了利用染织类"非遗"弘扬工匠精神的三个层次。①"师徒相传"的传承方式为工匠精神培育的最高层次，它不仅能传承技艺，而且还能通过师徒朝夕相处，能将工匠精神潜移默化地传递给徒弟。显然，这种层次工匠精神的传承，具有传承受众少、效果好的特点。②"课堂传授"的传承方式则为工匠精神培育的中间层次，它可以通过班级授课的形式将染织类"非遗"技艺传承给学生，具有传承受众较多、标准化的特点，但在工匠精神传承效果方面则不如"师徒相传"好。③"网络传授"的传承方式为工匠精神培育的最低层次，它是通过网络平台将染织类"非遗"技艺以广播的形式大受众地传授出去，具有技艺传承速度快、人数多的特点，但在工匠精神培育方面，则更多地需要受众自身的感悟与理解。

其次，染织类"非遗"传承保护机构要建立良好的传承保护机制，在染织类技艺的传承与保护中将工匠精神一代代地传承下去。染织类"非遗"发展模式可分为静态发展和活态发展两种模式。静态发展模式即以学术研究和制作或复原传统染织类"非遗"产品为主，显而易见，这种发展模式属于染织类"非遗"的抢救性保护，是最基本的发展模式。当然染织类"非遗"还有活态发展模式，即将染织类"非遗"产品融入当代人的社会生活中去。其实，静态的发展模式非常容易做到，相关的政府主管部门与认定的某项染织类"非遗"保护机构或传承人合作即可初步完成。然而，活态的发展才是染织类"非遗"发展的关键。笔者认为染织类"非遗"传承保护机构要建立良好传承保护机制，首先，选择合理的宣传方式、传授技艺方式以及研究方式是染织类"非遗"传承与保护的基础；其次，在行政管理、法律与财政和教育科研方面建立协调的机制则是染织类"非遗"传承与保护强有力的支撑；最后，师徒传承、学校传承、社会传承的多维度传承模式和产学研融合的发展模式建构了系统和科学的保护模式，指导染织类"非遗"传承与保护的方向。总之，在染织类"非遗"的传承与保护过程中，染织类"非遗"传承保护机构根据自身的条件选择不同的保护模式，在协调的保护机制下采取合理的方式，将染织类"非遗"技艺传承下去，使得工匠精神在技艺的外壳下得到最大限度的培育。

最后，染织类"非遗"传承保护机构要主办"非遗"技艺体验活动，使大众通过体验活动深深地领悟到工匠精神。众所周知，染织类"非遗"传承保护机构目前几乎均将其"非遗"技艺打造成为旅游项目。比如，在旅游景区开设染织类"非遗"技艺的表演，让游客有体验的经历。体验经济，会让更多的人熟悉"非遗"技艺，领悟工匠精神。例如，红网湘西10月5日讯，10月1日至4日，重庆市马可波罗大型联合自驾游车队，一行45辆汽车、150人，驾车先后游览有"中国美地——湘西画廊"之称的湘西土家族苗族自治州龙山县，并在里耶古街上的土家织锦木机上体验织女生活和观看了土家族文艺节目（图6-2），总之，在这种"非遗"技艺术体验活动中，游客对工匠的技艺惊叹不已，对其工匠精神也有切身深刻的体验，有利于工匠精神的弘扬。

▲ 图6-2　土家织锦体验活动

3. 染织类"非遗"传承人层面需要多措并举培育下一代传承人的工匠精神

染织类"非遗"传承人的培养对于工匠精神的培育具有积极的意义。众所周知，传统染织类非遗的传承方式为"师徒相传"。这种一对一的传承方式具有言传身教、悉心传授的优点，通过师徒的朝夕相处很好地传承技艺和工匠精神。然而，笔者认为，"师徒相传"在传承技艺方面具有无法比拟的优势，但在传承工匠精神方式方面，基于课堂教学和网络教学的方式可以取得扩大化的效果。因此，染织类"非遗"传承人层面上需要解放思想，在坚持"师徒相传"的传承方式的基础上采用更多方式去弘扬染织类"非遗"技艺，从而推动工匠精神在全社会的扩散。当然，还需要染织类"非遗"传承人能以技艺本身的发展与工匠精神的培育为根本，体现出工匠精神中"服务于社会"的目的。

第二节 染织类非物质文化遗产保护方式、机制和模式

目前，学界对"非遗"保护模式的研究很多，但针对染织类"非遗"保护模式的研究却不多见。如曹新明[6]、吐火加[7]等从法律保护的角度探讨"非遗"保护的措施。赵丽娜[8]、王丹[9]等则从模式的角度对"非遗"保护进行研究。这些研究虽然对染织类"非遗"保护有一定借鉴作用，但它们似乎并没有明确"非遗"保护方式、机制、模式三者之间的关系。笔者认为，方式是解决某一问题采用的方法和形式；机制是指在正视事物各部分存在的前提下，协调各个部分之间关系以更好地发挥作用的具体运行方式；而模式则是方式和机制的基础上，对所要解决问题的具体措施的高度总结。因此，我们讨论染织类"非遗"保护问题无法避开对其保护方式、机制和模式的分析。

一、合理的保护方式是染织类"非遗"保护开展的基础

众所周知，染织类"非遗"保护效果的好坏与其保护方式是否合理有着紧切的关系。所谓"工欲善其事，必先利其器"，这里的"器"就是好的染织类"非遗"保护方式，"其事"就是"非遗"保护的效果。通过查阅大量的文献资料以及对染织类"非遗"的实地调查，笔者认为，染织类"非遗"的保护方式大致可分为宣传、传承、研究层次展开。

1. 宣传"非遗"保护的方式

染织类"非遗"保护工作是个系统工程，需要全社会的参与。要做好宣传必须抓好传统平台和网络平台上的宣传力度。传统平台上的宣传媒介又可分为单向式媒介和互动式媒介，单向式媒介是指宣传主体通过电视、报纸、广播、展览等专项节目来宣传"非遗"，这种宣传方式具有宣传受众庞大的优势，在一般情况下存在缺乏与宣传者交流的缺点。互动式媒介则是指宣传主体利用讲座、论坛、图书推荐、知识竞赛、读书活动等双向交流活动宣传"非遗"。这种宣传方式由于宣传场地的限制从而影响宣传受众的数量，但与单向式媒介比较，受众与宣传主体之间有着良好交流的条件，宣传效果也要好一些。而网络平台上的宣传是指在网络环境下，通过网页、音频、视频的形式向受众的计算机、便携通信设备传播"非遗"信息的方式。这种方式具有宣传受众基数大、突破时空限制、互动性好的优点。如宣传主体建相关的染织类"非遗"保护网页、电子邮件、QQ、微信公众号等形式，形成互动交流的机制。但其技术要求高，

需要前期的推广和维护，并非每一个宣传主体都能达到。通过宣传培养全社会的保护意识，努力在全社会形成共识，营造保护"非遗"的良好氛围。当然，宣传主体可以是各级政府文化主管部门、"非遗"项目申报单位或个人、各级学校、图书馆、博物馆等。

2. 染织类"非遗"技艺的传承方式

染织类"非遗"技艺的传承方式包括师徒相传、传统课堂教学、网络课堂教学三种方式，这三种技艺传承方式各有各的优缺点。师徒传承方式是染织类"非遗"的传统传承方式，传统课堂教学是基于现代学校教育的染织类"非遗"传承方式，而网络课堂教学则是在网络环境下开放式教学在染织类"非遗"传承的一种尝试。

（1）师徒传承方式

通过初步对全国染织类"非遗"实地调研，笔者发现染织类"非遗"技艺的传承大多采用师徒相传的方式。这种一对一的传承方式虽然具有言传身教、悉心传授的优点，但还有其致命的缺点，即带有垄断式、家长式的缺点。首先，从传承人上看，染织类"非遗"传承人文化水平普遍不高，虽然技艺高超，但设计能力较差，对下一代传承人的培养仅限于技艺、经验的传承；其次，从传承对象上看，传承人一般会将技艺传承给自己有一定亲属关系或社会关系的后辈，如父子（女）相传、母子（女）相传、亲友相传等。显然，这种方式在一定程度上并不利于技艺的传承和发展。因此，笔者认为现有的传承模式急需转变，要对现有的传承模式进行适当调整，既要吸收现有传承模式的优点，又要打破它的禁锢。

（2）传统课堂教学方式

课堂教学是指教师根据教学计划、大纲和进度等要求，在规定时间内，针对既定教育对象，以课堂为环境，利用适当的教学手段和形式，对学生集中传授知识、培养能力和素质的活动[10]。传统的课堂教学则是教师在固定的教学场所和班级组织形式以及非网络环境下的教学方法（黑板、粉笔、PPT等），以明确的教学目的为指导的教学方式。目前，各级学校都有将"非遗"技艺请入课堂的尝试，并且取得了一些可喜的成绩。笔者认为，传统课程教学在染织类"非遗"技艺传承方面具有很明显的优势。一方面，染织类"非遗"课堂一般注重于实践能力的培养，往往会以"非遗"作品的形式作为结课成绩，会在班级中形成相互学习、相互竞争的效果，有利提高学生的学习积极性。另一方面，染织类"非遗"课堂的规模一般不大，人数不超过30人。这种适量的人数不仅能突破师徒传承人数的限制，传承人又能集中传授染织类"非遗"技法，而且也能做到面对面地传授、手把手地教。当然，这种传统课堂传承方式也有明显的缺点。首先，人数规模有所限制，如果人数过多则传承人没有精力去认真手把手教学生，流于形式达不到技艺传承的目的。其次，学生只是在课堂上学习，达不到师徒传承那种精细的程度。最后，工匠的精神是在师徒在共同的生活、学习、工作的过程潜移默化地传授，仅凭传统的课堂教学很难取得。

（3）网络课堂传承方式

随着信息化时代的发展，各行各业的教学方式正在"互联网＋"的推动下开展微课、慕课、翻转课堂的教学实践。微课又名微课程，它以微型教学视频为载体，针对学科的一个知识点而设计的在线网络视频课程，面对的学习者为高校师生以及社会学习群体（没有学习基础）[11]。慕课就是大规模的在线网络开放课程，它是为了加快知识和技术的传播，由个人或组织制作的，发布于网络上供全球用户自主学习的免费或收费的开放课程[12]。翻转课堂则要求学生在课前通过教师发放的学习资料先进行自学，然后在课堂上进行批判性思考和开展小组间协作[13]。

从微课、慕课、翻转课堂的概念看，染织类"非遗"技艺课程相比其他课程似乎更适合这一形式的教学。首先，微课讲授的时间一般不超过10分钟，非常适合染织类"非遗"技艺某个流程、技法的讲授。如笔者所在团队的公众号"纺道服途"，就曾发布笔者团队制作的大量中国古代各种类型织机的视频，详细地解析中国古代织机的结构与操作原理，在3～5分钟的视频中给学生形象生动的知识导入，取得了非常好的教学效果。又如清华大学美术学院贾玺增博士2016年6月在学堂在线开设的《生活、艺术与时尚：中国服饰七千年》慕课，邀请中国最优秀的史学专家、收藏家和复原团体，运用丰富的考古实物、图像资料，从中国服饰的历史、文化、制作工艺的角度出发，使学生学习和吸取服饰类"非遗"中的传统元素，并运用到现实的设计中。短短一个月的时间，已有1万多人报名听课[14]；最后，翻转课堂的特征也非常符合"非遗"技艺的顿悟性。"非遗"技艺的传授不仅需要教师的教，还需要学生多加练习、领悟，其实"非遗"技艺的传承本质上更加强调受传者的主动性，只有变被动为主动才能真正学到技艺和本领，这一点上与翻转课堂的精髓不谋而合。目前，虽然翻转课堂还未见在"非遗"技艺传承中开展，但笔者深信这一方式将会有良好的前景。

3. 研究染织类"非遗"的方式

在分析染织类"非遗"研究方式前我们必须对其研究的主体、内容、客体有所了解。笔者认为，染织类"非遗"研究主体主要是染织类"非遗"传承人和传承机构、高校以及相关的组织或个人等。研究内容包括染织起源和发展的历史、工艺工序、神话传说、礼仪思想等。研究客体则是"非遗"以及"非遗"传人和传承机构。由此可知，染织类"非遗"研究非常复杂，其传承人和传承机构有时是主体，有时又是客体，其研究内容则涉及科学技术史、古代染织工程、文学、哲学等学科。然而，不管染织类"非遗"研究如何复杂，根据研究主体对研究客体在研究内容中的地位和作用主要分主导式和参与式两大类。染织类"非遗"主导式研究方式是某一研究主体在研究过程处于单独或重要研究地位；参与式研究方式则是在两个或两个以上的合作研究主体中处于次要地位参与者。如某位研究染织"非遗"文化的学者，他（她）在研究过程中处于单独研究的地位，进行文献搜集、田野调查、论文撰

黄道婆文化的历史解构与当代建构

写都是独自完成，他的研究方式属于主导式研究。又如，某位服装设计师在使用传统染织面料在现代服装设计中的运用，他（她）极可能要与某一类"非遗"传承人合作，就设计部分服装设计师属于主导式研究，而传承人处于参与地位。但如果为了更好地将传统染织面料运用到现代服装设计中，传承人对传统染织工艺进行了创造性改进，那么，传承人在面料设计部分则处于主导作用。

二、协调的保护机制是染织类"非遗"保护强有力的支撑

目前，染织类"非遗"的抢救、保护、传承和利用工作主要由文化馆、"非遗"申报单位或个人、高校、图书馆、博物馆及部分与"非遗"相关的企事业单位、社会团体来组织实施。然而，由于染织类"非遗"资源具有分散性的特点，长期以来对它的宣传、研究、传承与发展的工作缺乏统一协调的机构，形成各自为战、重复建设的状况。因此，建立协调的保护机制对于染织类"非遗"显得非常重要。笔者认为，染织类"非遗"保护机制至少要在行政管理、法律与财政、教育科研三个层次建立协调保护的机制。

1. 行政管理机制建设

就某个国家、民族、族群或者地区而言，只有通过调查才能明确非物质文化遗产保护的对象[15]。染织类非物质文化遗产作为中国古人"衣食住行"中首要地位"衣"的上游产业，内容非常丰富，各地都有染织类相关的传统文化。然而，并不是所有与染织相关的传统文化都需要保护，否则就失去了保护的重点和意义。因此，在有限的资金下，选取一些曾经在古代生活中起到深刻影响作用的染织文化作为保护的重点非常有必要。虽然，国家允许相关的组织和个人对非物质文物遗产进行调查，但其是否被纳入到各级政府"非遗"保护的范畴还需要政府认可。因此，政府需要组织染织文化相关专业的专家和学者就某些申报项目进行论证，决定它们是否被批准为染织类代表性"非遗"。染织类"非遗"的认证之权掌握在政府的手中，首先，由于政府的认定要比任何组织或个人的认定更具权威性和公平性；其次，能体现政府的行管理权，规范保护的原则，防止在人们在利益驱使下过度开发，破坏毁灭染织类非物质文化资源原貌，或者任意改变传统艺术的内涵以迎合时尚，严重扭曲损害遗产意蕴。

2. 法律与财政机制建设

染织类"非遗"的法律保护机制应该是建立在整个"非遗"保护立法的基础上，我国非物质文化遗产传承保护工作起步较晚，虽然现在已经出台了《中华人民共和国非物质文化遗产法》《国务院办公厅关于加强我国非物质文化遗产保护工作的意见》《保护非物质文化遗产公约》等法律法规，但是立法仍然相对比较滞后，法律管理体系不健全[16]。目前，相关的法律、法规从法律层面确立、提高了"非遗"、传承人的地位，有利于"非遗"保护的制度化，同时

也促进相关的组织和个人共同保护"非遗"。但是这些法律法规基本上只是对"非遗"保护的最基本问题作了概括规定，很多具体的保护问题并没有予以明确，很多内容更像原则性的规定。而对于染织类"非遗"只是在其分类中提到而已，因此，对于染织类"非遗"保护不具有操作性，而更多的是宣言性和象征性。染织类"非遗"不仅包括染织技艺，而且包括相关的文学作品、礼仪以及蕴含其中的思想。这些都是人类智慧的结晶，具有知识产权的特征，即"无形性"。然而，染织类"非遗"与知识产权又有所区别。染织类"非遗"毕竟是从古代传承下来的染织文化，其技艺、文学、礼仪等并非某个人、某个时间内所能创造出来的，它具有历史性和群体创造性。这样就会在知识产权保护的主体、时效上产生问题，即染织类"非遗"传承人能否是知识产权保护的主体，保护的时效多长这些问题都需要解决。这些问题在现行的《中华人民共和国非物质文化遗产法》中并没有明确，虽然各省（自治区）相应地颁布了相关的条例或规定，但仍然无法解决这一问题。笔者认为，可以在染织类"非遗"的公权性基础上，衍生出一些私权的规定。即"非遗"的知识产权属于国家的全体公民，并且具有永久的时效性，但如果公民在运用染织类"非遗"在其技艺、文学、礼仪等方面的改进或创作所得到的成果，如果通过知识产权相关部门的认定，法律应在有限的时效内予以保护。如我们运用传统的染织面料进行相关的服装设计、对染织神话在不改变原旨的基础上进行时代性的改编的成果均应在法律上给予保护，以促进染织类"非遗"在现代社会的某种形式上的复活。

有关染织类"非遗"保护的财政建设其实从中央到地方均已有明确的规定。早在2005年12月22日，国务院下发了《国务院关于加强文化遗产保护的通知》文件，明确规定了安排专项资金，要求各级人民政府要将包括"非遗"在内的文化遗产保护经费纳入本级财政预算，保障重点文化遗产经费投入。抓紧制定和完善有关社会捐赠和赞助的政策措施，调动社会团体、企业和个人参与文化遗产保护的积极性[17]。相应地，各省（自治区）也制定了"非遗"保护条例，如2012年9月29日，湖北省人大常委会公布了《湖北省非物质文化遗产条例》，其中规定了县级以上人民政府应当将非物质文化遗产保护、保存工作所需经费列入本级财政预算，并随着财政收入的增长而增加。同时，对高龄或者经济困难的代表性传承人，发放生活补贴[18]。由此可知，包括染织类"非遗"在内的"非遗"保护的经费主要是以各级政府的拨款为主，辅以相关组织和个人的资助。

3. 教育科研机制建设

由于参与某项染织类"非遗"教育和研究的单位并不仅仅是染织类"非遗"政府认定的传承机构或个人，还涉及在一些高校或社会组织内建立的"非遗"研究中心。因此，染织类"非遗"教育和科研需要在政府相关主管部门、染织类"非遗"传承机构或传承人以及社会相关机构或个人三者之间建立协调机制。某类或某项"非遗"保护的单位协作形成共同保护的机制显得非常有必要。笔者认为，染织类"非遗"教育科研协作机制如图6-3所示，一方面，染织类"非遗"传承机构或个人、参与染织类"非遗"保护的社会机构及个人在政府主管部门的指导、管理、协调下开展染织类非遗的教育与科研。教育包括染织类"非遗"的宣传和传承，研究包括其理论和应用研究。染织类"非遗"理论研究则包括其工艺的起源和发展的历史、工艺工序、神话传说、礼仪思想等，而应用研究则是如何将传统染织产品运用到当今的服装、装饰等领域；另一方面，染织类"非遗"传承机构或传承人与相关的社会机构或个人之间通过指导、参与、主持三种方式跨单位协作参与到互相的教育和科研项目中。我们不难发现，政府主管部门、染织类"非遗"传承机构或传承人以及社会机构或个人共同组成染织类"非遗"保护的三主体。政府主管部门作为规则的制定者、财政拨款的控制者从整体上把握染织类"非遗"保护的方向和重点。染织类"非遗"传承机构或传承人与社会机构或个人则构成平等、协作的主体，具体实施染织类"非遗"教育和科研，并通过评价体系将成果反馈给政府主管部门，作为政府主管部门下一步政策制定的依据。

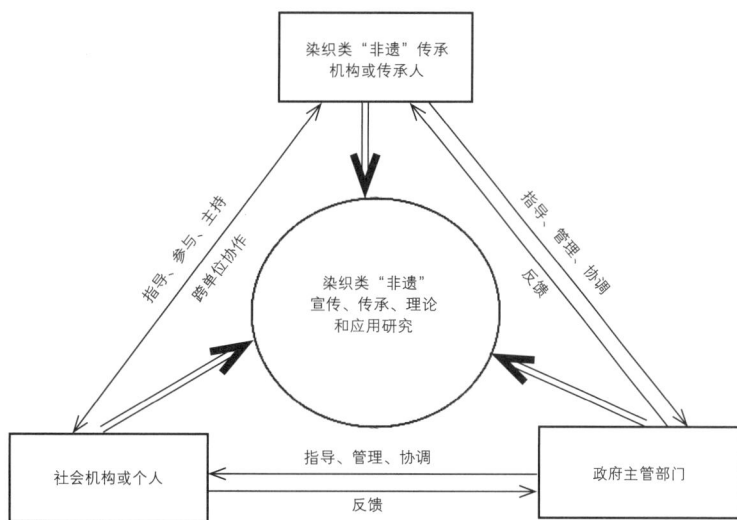

▲图6-3 染织类"非遗"教育科研协作机制图

三、染织类"非遗"的保护模式分析

染织类"非遗"的保护包括技艺的传承、文化的研究、产品的开发三方面内容，因此，笔者认为，染织类"非遗"的保护模式也应该由传承模式和发展模式（文化和产品开发的研究）组成。

1. 染织类"非遗"传承模式的分析

笔者认为可通过师徒传承、学校传承、社会传承三种方式建立多维度的传承模式。师徒传承属于高层传承方式，毕竟传承人的精力有限，一对一的传承方式无法扩大传承受众，只能通过学校传承、社会传承方式为师徒传承方式提供可选择的传承受众。学校传承属于中层传承方式，学校是高效的教育机构，具有师徒传承所无法比拟的优势，传承人可以在具有设计能力的学生中教授技艺，进行一对多的学校教育，为下一代传承人的培养奠定人才储备的基础。社会传承属于低层传承方式，即传承人基于计算机网络环境、移动网络环境将染织技艺通过微课或慕课的形式向全社会传播，扩大低层传承受众的规模。

2. 染织类"非遗"发展模式的分析

染织类"非遗"发展模式可分为静态发展和活态发展两种模式。静态发展模式即以学术研究和制作或复原传统织物为主，显而易见，这种发展模式属于染织类"非遗"的抢救性保护，是最基本的发展模式。当然染织类"非遗"还有活态发展模式，即将染织类"非遗"产品融入当代人的社会生活中去。其实，静态的发展模式非常容易做到，相关的政府主管部门与认定的染织类"非遗"保护机构或传承人合作即可初步完成。然而，活态的发展才是"非遗"发展的关键。当某一项染织类"非遗"创新产品很久不出现在我们的生活中，这项"非遗"离消亡的时间也就不会太远了。笔者认为，染织类"非遗"的活态发展必须走上产、学、研融合发展的道路。一方面，染织类"非遗"传承机构或传承人与"非遗"研究平台以及相关社会组织或个人合作，设计出符合现代人审美观的染织类"非遗"产品，通过各种宣传和比赛等积极向当代社会生活渗透；另一方面，染织类"非遗"相关的研究机构要积极与时尚企业合作，在企业产品中全部或局部运用染织类非物质文化遗产因素，提升染织类"非遗"产品的品位，促进其活态生存。

参考文献

[1] 王丹. 仪式类非物质文化遗产保护模式研究——基于长阳"撒叶儿嗬"保护的分析 [J]. 湖北民族学院学报 (哲学社会科学版),2011(5):110-115.

[2] 李强,杨小明,王华. 染织类非物质文化遗产的概念和特征 [J]. 丝绸,2008(12):52-54.

[3] 杨浩. 非物质文化遗产的特征和价值界定 [J]. 各界文论,2007(2):20.

[4][元] 陶宗仪. 南村辍耕录 [M]. 沈阳:辽宁教育出版社,1998:288.

[5] 万建中. 不能片面理解非物质遗产的"非物质性" [J]. 北京观察,2007(10):54.

[6] 曹新明. 非物质文化遗产保护模式研究 [J]. 法商研究,2009(2):75-84.

[7] 吐火加. 论哈萨克族非物质文化遗产保护模式 [J]. 长春理工大学学报,2012(6):30-32.

[8] 赵丽娜. 浅谈非物质文化遗产保护的方法与措施 [J]. 艺术科技,2013(8):110-110.

[9] 王丹. 仪式类非物质文化遗产保护模式研究——基于长阳"撒叶儿嗬"保护的分析 [J]. 湖北民族学院学报,2011(5):110-115.

[10] 向征,江婷,汪庆春. 高校优秀教师课堂教学特征的实证研究 [J]. 黑龙江高教研究,2006(1):111-113.

[11] 王玉华,张敏惠. 浅谈微课、慕课和精品课程以及对教学的作用 [J]. 内蒙古医科大学学报,2014(S2):729-731.

[12] 张明,郭小燕."互联网 +"时代新型教育教学模式的研究与启示——微课、慕课、翻转课堂 [J]. 电脑知识与技术,2015(12):167-171.

[13] 宋艳玲,孟昭鹏,闫雅娟. 从认知负荷视角探究翻转课堂——兼及翻转课堂的典型模式分析 [J]. 远程教育杂志,2014(1):105-112.

[14] 贾玺增. 生活、艺术与时尚:中国服饰七千年 [EB/OL]. http://www.xuetangx.com/courses/course-v1:TsinghuaX+30806872X+2016_T1/about,2016-07-31.

[15] 张传磊. 对我国非物质文化遗产保护模式的探讨 [J]. 学周刊,2012(34):4-6.

[16] 赵丽娜. 浅谈非物质文化遗产保护的方法与措施 [J]. 艺术科技,2013(8):110.

[17] 匿名. 国务院关于加强文化遗产保护的通知 [EB/OL]. http://www.gov.cn/gongbao/content/2006/content_185117.htm,2016-07-31.

[18] 匿名. 湖北省非物质文化遗产条例 [EB/OL]. http://www.hbfgw.gov.cn/hbgovinfo/ywbm/fgzc/flfg/201311/t20131114_72220.html,2013-10-14/2016-07-31.

保护传承篇小结

　　上海乌泥泾棉纺织技艺作为长三角地区重要的染织类非物质文化遗产之一，既具有器具简单、操作简便的特点，又具促进长三角地区地域文化形成的特质。因此，上海乌泥泾棉纺织技艺非常适合通过体验式的方式来传承长三角地区传统棉纺织技术和保存传统文化价值和意义。笔者认为，从乌泥泾棉纺织技艺体验式保护传承模式的角度看，其保护传承主体可分为官方机构主导的传承机构以及传承人与经济实体主导的旅游文化机构，保护传承的场景又可分为博物馆、学校、景区特色街区、"民宿＋"、节庆活动等不同的场景。为了能更有效地保护传承上海乌泥泾棉纺织技艺及其衍生出的地域文化，应该在其保护传承主体、场景之间因地因时制宜、社会与经济效益相兼顾灵活地使用产品展示、操作表演、产品体验、体验操作、文化体验等各种保护传承方式，尽可能有效、活态地保护传承乌泥泾棉纺织技艺及其文化。

　　对于蓝印花布元素在女装设计中的运用，不能简单错误地走复古性、表演性路线，更重要的是在理解、尊重传统的基础上有所创新。此外，在研究蓝印花布元素提取方式与女性消费者审美倾向的同时，创新不能脱离蓝印花布纹样图案的特征，这正是蓝印花布元素在女装设计运用的意义与价值所在。要使蓝印花布元素更好地在女装设计中运用，一方面，在准备阶段需要确定其元素运用的原则，即服装设计师对女性消费者审美倾向的掌握、蓝印花布的风格特征的保留、合理设计方案的运用；另一方面，在设计过程中需要根据女装设计的主题对蓝印花布元素要素进行选择，即服装设计师对蓝印花布元素在女装款式、色彩、纹样、面料按主题合理地选择，继而绘制出女装效果图，最终挑选出符合女性消费者审美倾向的设计方案，完成蓝印花布元素女装的设计。

　　工匠精神不仅在具体内容上具有普适性，而且在价值观念上也具有普适性。笔者认为，工匠精神是借助工匠之名而传达出来的一种对工作精益求精的精神。同时，染织类"非遗"的内核涵盖了工匠精神，一方面，染织类"非遗"内在精髓的非物质性包含了工匠精神，另一方面，工匠精神的物化体现了染织类"非遗"载体的物质性。因此，染织类"非遗"的传承保护本质就是弘扬工匠精神。工匠精神重在"精神"的弘扬，而不是"工匠"的培训。利用染织类"非遗"传承与保护培育工匠精神的策略，首先，在政府层面需要营造培育工匠精神的良好氛围，为工匠精神的培育提供良好的外部环境；其次，染织类"非遗"传承保护机构在培育工匠精神中发挥着关键性的作用。一方面，需要染织类"非遗"传承机构对传承人的培养作出系统的规划，以使更多的人能有领悟工匠精神的机会。另一方面，染织类"非遗"传承保护机构要建立良好的传承保护机制，在染织类技艺的传承与保护中将工匠精神一代代地传承下去。此外，染织类"非遗"传承保护机构要主办"非遗"技艺体验活动，使工匠精神通过体验者的活动扩散到大众中去。最后，染织类"非遗"传承人层面需要多措并举培育下一代传承人的工匠精神。

染织类"非遗"保护的内容几乎涵盖"非遗"保护的所有内容，从染织技艺衍生出染织文学、哲学、表演与礼仪等。因此，染织类"非遗"保护的方式、机制和模式的研究对于"非遗"保护研究具有一定的普适性。笔者认为，首先，选择合理的宣传方式、传授技艺方式以及研究方式是染织类"非遗"保护的基础。其次，在行政管理、法律与财政和教育科研方面建立协调的机制则是染织类"非遗"保护强有力的支撑。最后，师徒传承、学校传承、社会传承的多维度传承模式和产学研融合的发展模式建构了系统和科学的保护模式，指导"非遗"保护的方向。总之，在染织类"非遗"保护过程中，不同的保护主体根据自身的条件选择不同的保护模式、在协调的保护机制下采取合理的方式，一定会取得良好的保护效果。

附录

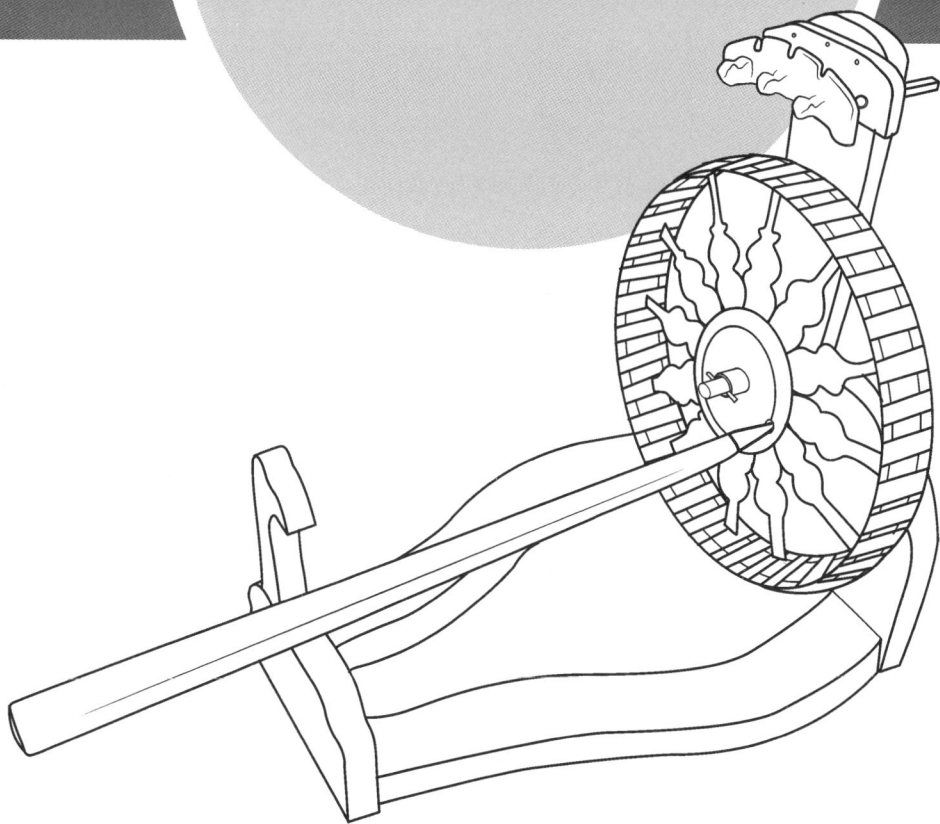

附录一　黄道婆在上海地区的民间传说

1．黄道婆的传说

大约七百年前，春申江附近，乌泥泾镇（今龙华乡华泾）一带有一个童养媳妇，姓黄，因为从小没了爹娘，没名字，村上人都叫她黄小姑。

讲起黄小姑做童养媳，日子可实在是苦啊！春天，小姑一时没有早起，婆阿妈就扯耳朵、揪头发。夏天，小姑想去树荫下透透气，婆阿妈一棒头把她赶下水田里。秋天，小姑想把单衣翻成夹衣，婆阿妈却把一捆稻草塞到她手里，恶狠狠地说："先搓绳，慢翻衣，等到落雪来得及。"冬天，落雪了，小姑见婆阿妈穿起新棉衣，也想把自己夹衣翻成棉衣。婆阿妈却拿出几箩筐棉花对她说："落雪不及化雪冷，先剥棉花再翻衣。"过了几天，雪化了，小姑想总可以翻棉衣了，谁知婆阿妈脸一板，眼一弹："嗨！化雪不如出太阳，再翻棉衣无用场。"黄小姑只好挨冻受饿剥棉籽，十只手指生满冻疮，烂得像胡蜂窝。一年到头，说人不像人，说鬼像三分。

可是，事情还没这样简单。这一年正遇上朝廷招雇官妓，地保见小姑已长大成人，便同婆母商定身价。这消息给隔壁三婶晓得了，她偷偷地指点小姑，还是早想出路为好。

小姑趁着婆阿妈外出未归，就逃离虎口，来到了黄浦江边。只见江水翻滚，白浪滔天，天色就要黑下来了。可是，眼前没有摆渡船，后面有人在追，怎么办？幸亏这时开来一艘过路客船，帮她摆渡到江对岸。

天黑下来了，小姑心想，到啥地方去过夜呢？忽然，附近传来"嘀笃、嘀笃"的声音。小姑顺着声音寻过去，见有一座道院，山门还掩着，她乘势挤了进去。走到大殿门口，见有一位老师太在敲磬诵经。她不敢惊动老师太，轻手轻脚走到供桌边坐了下来。老师太念完经，回到像前跪拜祈祷，突然看到睡着一个人，吓了一跳，想啥人敢在黑夜闯进道院？再仔细一看，是个小姑娘，老师太这才定了心，轻轻把她叫醒。老师太是个好人，非常同情小姑的遭遇，就把她收留下来。从此，这道院里又多了一位道女，大家叫她黄道姑。

冬去春来，黄道姑的心总不能平静下来。她想，离开婆家只隔条黄浦江，万一给婆家晓得了，非但自己又要吃苦，还要连累别人，怎么办？

道院里来了一位四十来岁的妇女，黄道姑匆匆躲进了禅房。可是不到半炷香的工夫，老师太叫人把她从禅房领到主院，拜见那位新来的师姨。黄道姑这时才知道，这位师姨是从海南岛崖州到此探亲的。黄道姑听师姨谈论海南风光，听入了神。她想，原来天下还有这么好的地方！特别听说崖州盛产棉花、棉布，又看见师姨穿的一身衣衫的确同本地棉布不同。她想起自己当初用手剥棉籽，剥得脱指甲的情景，很想去看看崖州百姓是怎样种棉织布的。要是真去了崖州，既可避开婆阿妈的追寻，又能学到种棉织布的本领，那该有多好啊！她把这个想法向师姨提了出来，得到了她的同意。于是拣了个好日子，黄道姑跟随师姨奔向崖州。

黄道姑来到崖州一看，确是另有一番天地。她以师姨道观为家，很快就和当地黎族姐妹结下了友情，和她们一起种棉、摘棉、轧棉、纺纱、染色、织布。黎家姐妹织出的五彩缤纷的"黎锦"花被，她更是爱不释手。后来，还同姐妹们共同研究改进纺织技术……

黄道姑在崖州一住就是三十多年，由一个孤苦伶仃的小姑娘，变成鬓发斑白的老婆婆了。

一年春天，她在地里种棉花，突然有人叫了声："黄道婆，你看呀！天上那些鸟儿飞得多整齐呀！"黄道婆抬头一看，见一群大雁结队向北飞去，顿时勾起了她思乡之情。唉，树高千丈，叶落归根！现在我该回去看看家乡了。她主意打定，告别了黎族姐妹，回故乡来了。

半路上，黄道婆得知，元世祖已设立了"江南木棉提举司"，征收棉布，松江府一带已广种棉花。她回到乌泥泾，还认得几条老路，幸喜隔壁三婶婶还在，不过人们都叫她"三阿婆"了。三阿婆见黄道婆回来，免不了畅叙旧情。三阿婆说："小姑啊！你想想，当年你起早落夜用手剥棉籽，又吃苦头又费工夫，布怎么会织得多呢！官府只晓得要布收税，勿管百姓的死活，到今朝还是老样子。"黄道婆听了，就同她这样长那样短地商量如何改进轧棉纺纱的事情来。

三阿婆的男人是个木匠，黄道婆就请他来帮忙，一商量，决定先改进轧棉籽的办法。崖州轧棉籽是靠两根细长铁棍压的，黄道婆根据记忆画出图样，老木匠按图加工起来。

三天以后，黄道婆来寻老木匠，见一部木制手摇轧棉车已经做好。两人手摇，一人下棉籽，功效既高，剥得干净又省力（后来改进为一人手摇车）。黄道婆又开动脑筋，把原来一尺来长的弹棉花的竹弓，改成四尺多长的木制绳弦大弓，功效又高了。她还大胆设想，把原来一只锭子的手摇纺纱车，改制成三只锭子的脚踏纺纱车。经过多次试验，又从三锭加到五锭，纺纱工效更高。

工具革新后，黄道婆又在织布技术和工艺上加以改进，结果织出了"错纱""配色""提花"等五光十色的棉布和"乌泥泾被"，很快就传遍了松江一带。人们到处唱起："黄婆婆，黄婆婆，教我纱，教我布，两只筒子两匹布。"

2. 黄道婆智斗官府 [1]

黄道婆是松江乌泥泾人，从小死去爹娘，无依无靠。她8岁当了童养媳，受尽虐待和折磨，后来她漂洋过海来到海南崖州，落户在黎寨内草村。

黄道婆到了内草村，向姐妹们学习纺织手艺，因为她心灵手巧，很快就学会了，而且能织出色彩鲜艳、花样别致的筒裙和被面，大家见了都啧啧称赞。

墙内栽花墙外香，黄道婆的美名从此传四方。有一天，突然有个外地商人窜进她家，用高价向她买纺织品，说是要化为贡品献给皇朝。黄道婆婉言谢绝说："我织布还不够自己穿，哪里有布出卖。"商人威胁说："宁愿自己没有穿的，也要把贡品朝给皇朝，否则怕你担罪不起。"黄道婆答道："你们有钱人只知道跟皇朝打交道，我们没钱人只知跟土地打交道。你要贡品献给皇朝就自己织布去。"那商人冷笑说："这也是州官的旨意，你若不答应，别想有站脚之地。"黄道婆也毫不示弱，下了逐客令："这里是我的家，也没有你的站脚之地，快给我滚！"那商人无可奈何，只好灰溜溜地走了。

过了几天，州官果然来命令："不准黄道婆在内草村安家落户。"乡亲们舍不得黄道婆离开，都劝说道："暂且到我家躲躲，不要出头露面。"黄道婆说："鸡蛋碰不过石头，我不愿连累大家，我还是自己别找避身之处。"夜里，认她为女儿的一个老大妈给她准备了干粮和行李，带她悄悄上路，到远离内草村一百多公里的保定村，安置在亲戚家里。

黄道婆到了保定村，很快又跟保定村的姐妹们熟悉起来，经常在一块琢磨纺纱织布工艺。"人怕出名猪怕壮"，一天，当地多建峒的头人忽然登门道："黄道婆，你要在三天之内，给我织出一幅最美最美的崖州被，我要作为贡品献给皇帝。"天下乌鸦一样黑，黄道婆晓得到处有这般人，这次她没有推辞，说："好吧，请明天来取。"当天晚上，她忙了一整夜，织出了一幅崖州被，染上了颜色，鲜艳极了。

多建峒的头人来取崖州被，笑得合不拢嘴，他回到家里大摆酒席，宴请远近头人，当众夸耀自己的贡品。大家也都称赞不已，开怀畅饮，闹腾到半夜，个个烂醉如泥。第二天，那头人准备启程上京献贡品。当差人从橱中取出贡品时，他大吃一惊：美丽的崖州被怎么一夜之间变成了一幅黑粗布？他把牙齿咬得格格响，命令差人马上把黄道婆抓来处死。但当差人来到保定村时，黄道婆早已出逃了。

原来，黄道婆有意捉弄他，把一种容易变色的染料染上崖州被，当天看来十分鲜艳美丽，隔天却全变了黑色。黄道婆晓得头人一定会来抓她处罪，便在姐妹们的陪伴下，逃进五

---

[1] 黄道婆智斗官府的民间传说，笔者认为，它应该是海南那边的民间传说，同时，可能是中华人民共和国成立之后建构出来的传说。一方面，关于海南崖州内草村以及多建峒的描述，在上海应该没有这样的场域提供类似传说的建构；另一方面，黄道婆在上海的传说中一般以黄道婆在上海的活动为重要内容，在海南只是略笔带过。

指山腹地去了。过了很长时间，她才重返家乡，把自己的手艺传给乡亲们。黄道婆去世之后，当地人为了纪念她，还修造了一座木棉祠。

3. 黄道婆的故事

在我们那儿纺纱织布的农村妇女都知道黄道婆的故事，相传纺织这一行就是黄婆婆传下来的，大家都供敬她。

黄婆婆从小给人家当童养媳，白天下田做活，晚上回来做家务。一天到晚辛苦劳累，还常常挨公婆的打骂，动不动就把她关到柴屋里，打得她遍体鳞伤。

一天，公婆说她干活偷懒，又打了她一顿，关到柴屋里，柴屋里放的净是芦苇。那时候富人穿丝绸，穷人穿麻衣，黄婆婆当时人小体弱，身上披着几片麻衣，冻得直打战，就在柴堆里揪些芦花絮包脚缠手，遮风避寒。她躺在柴堆上，伤心地哭，觉得自己这一生不知要苦到什么时候才算个头。哭着哭着，她就睡着了，忽然柴门开了，进来一个老者。这位老者仙风道骨，长眉白髯，面目慈善，对她说："你在这里太受苦了，愿意不愿意给我当徒弟呀？我可以带你到很远很远的地方去，教你本事。你要学会了，就能帮助天下人不再受冷受冻了。"黄婆婆当时听了就说："好吧，我跟你走，就是到了天涯海角，也要学会这个本事。"老道见她很有决心，就对她说："那好，明天你上田里干活时，见有一条黄狗，你就跟上它，它走哪儿你就跟哪儿，遇上什么也不能停步，只要你心诚就行。"说完，那老者转眼就不见了。黄婆婆心想，怕是遇到了神仙了吧。

第二天，黄婆婆又被公婆赶到田里干活。临到天快晌午的时候，果然看见一条黄狗从田里蹿出，朝着西南方向跑去。黄婆婆想起了昨天梦中那位老者说的话，就径直跟了上去。就这样黄婆婆一直跟着那条黄狗，跑呀跑呀，一直跑到大海边上。谁知那条黄狗还不停步，一头就跳进了大海。呀，这可怎么办呢？黄婆婆来不及多想，跟着就往海里跳去。哪知跳下去却落在一张木筏子上。这时风暴来了，木筏子顺风漂去，一眨眼间就不知去向了。

也不知过了多久，木筏子靠了岸，黄婆婆上了陆地。她一看，这里的人穿得花团锦簇，人人乐得喜笑颜开。黄婆婆就问他们："你们穿的是什么？"人家说："是衣服。"她又问："是啥做的？"人家说："是吉贝草。"她说："叫我看看是啥样的？"人家就领她认认地上长的一种草。这种草长着很多小桃子，桃子熟了，就裂开来，里面露出又白又软乎的东西。人家告诉她，就是用这种又白又软的东西做成的衣服。黄婆婆高兴极了，又跟着人家看怎么种"吉贝草"，怎么样掐"桃"，怎么织布，一边看一边帮人家干活。人家看她又机灵又勤快就把她留下来，什么都教给她了。

黄婆婆在那个地方住了很长时间，生活得蛮好的。有一天，她突然想起家来，觉得应当回去看看。虽然公婆对她不好，可她觉得她们会变的，会对自己好的。而且家乡的山山水水都清清楚楚地呈现在眼前，总也忘不掉，说什么也得回去看看。可是自己连家乡在哪儿也记不得了，可怎么回去呀？想来想去，想出一身病来。正在这时候，那个老者又出现在眼前，对她说："你的心思我知道了。你要走就走吧。明天是顺风，正好赶回去。我也没啥送你的，就送你一点'草籽'吧。"说完又不见了。黄婆婆低头一看，手上果然拿着一包东西，打开一看，原来是一包"吉贝草籽"。她高兴得一下子病就好了。

第二天，果然刮起了西南风，她就结了一个木筏，从海上漂了回来。谁知到家一看，公婆早已去世了，家里什么人也没有了。原来她去的是一个仙境，在那儿觉得没多久，可一回来才知道已经过了好几百年了。真是"洞中才一日，世上几千年"啊。

从那以后，黄婆婆把"吉贝草籽"种下，就成了现在的棉花。黄婆婆又把纺纱织布的技术全部教给人们，人们就有了棉布穿了。一直到今天，这一带还流传着这样一首民谣："黄婆婆，黄婆婆，教我纱，教我布，两只筒子两匹布。"因为黄婆婆本领高，大家又传说她遇见过神仙，修行过，所以又都称她为"黄道婆"。人们传颂着黄道婆传授纺织技术的故事，奉她为纺织业的祖师，表达了群众对她的无限敬仰和尊重。

附录二　黄道婆在海南地区的民间传说

1. 黄道婆在水南村的传说

相传，很久很久以前，在崖州(现三亚市)的水南村住有一户汉族黄姓人家，膝下有一女儿叫黄道婆。她有一个黎族"同年"名叫王亚妹，家住在水南河那边的大丹村。

有一天，黄道婆的父母带着黄道婆看望"同年"来了。"同年"的爹拿出埋了三年的山兰酒款待他们，席上，亚妹闹着要她爹留黄道婆和她做伴几天。她爹答应了，日头西斜时，黄道婆的父母就回家了。

第二天早晨，一个不幸的消息传到亚妹家：黄道婆的父母亲过河回家时被水淹死冲走了。父母死后，亚妹爹就将她当亲生儿女一样收养着，逢年过节，就带黄道婆烧香点烛。有一年清明节，黄道婆与王亚妹回到家里，见有香烟袅袅，香炉里插满了烧余的香脚。她俩感到蹊跷，想看个究竟。不久，就见一个与她俩年龄相仿的小伙子从外面进来了。经询问才得知，小伙子名叫张亚当，是从大陆那边漂海过来的，他见此宅无人就在这里住下来，并每天烧香点烛。黄道婆听后，感动地对亚当说："亚当哥，感谢你了，以后你就在这宅里长住下吧！"说完，她偷看了亚当一眼，拉起亚妹就往回走。

回到亚妹家，黄道婆就忙着织起布来，她被"同年"家收养后，亚妹娘不仅在生活上给她好的照顾，还向她传授纺纱织布的技术，心灵手巧的黄道婆很快掌握了黎族纺织技术和工艺，织出了彩色鲜艳、图案大方、有奇花异草、飞禽等花纹的筒裙和棉被来。

不久，黄道婆的美名传开了。有一天，大丹村"头人"的家丁忽然登门道："黄道婆，头人命你在三天之内给他织出最美丽的崖州七彩棉被来，他要作为贡品送给皇帝。"黄道婆见来者口气很大，就婉转地说："织布都不够自己穿，哪里够来做贡品？头人要贡品就自己去织，我不会织。""头人"家丁见状就跳了起来道："好吧，你不答应，就等着瞧吧！"说后就气愤地回报头人去了。几天后，头人果然下令：不准黄道婆在大丹村落户。一个漆黑的夜里，亚妹娘就带着黄道婆到南山村附近的一个旧庙里躲藏下来。后来，亚妹娘要给她找个婆家，黄道婆流着眼泪对她说："同年娘，你的心情我是知道的，但我等亚当哥回来。"原来黄道婆自从那次和亚当相遇后就产生了爱慕之情，不久，他俩就成了一对不可分开的恋人。几个月后，张亚当突然得讯他父母病重，就回大陆去了。临走前，亚当和黄道婆还在海边双

附
录

175

双立誓：火烧雷打，永不分离。

黄道婆等啊等啊，两年过去了还见不到亚当的形影。原来亚当回到大陆后，他父母亲不久就相继去世了。因无钱买棺材安葬双亲，亚当只好与一船家卖身打工两年来葬双亲。

两年后，亚当回来了。他找到了黄道婆，不久就带着黄道婆回大陆去了。黄道婆回大陆后，就把崖州的纺织技术传授给乡亲，并在原来的崖州纺织基础上，加以改进，纺出的产品闻名天下。

2. 黄道婆在保定村的传说

黄道婆，崖州南山村人，黎族，1245年生，1295年随夫去上海松江乌泥泾镇。至今已700多年了。黄道婆出身贫苦，父亲叫黄南壮，母亲陈氏。黄南壮生了二男二女，黄道婆排列第四，小名叫黄四妹。宋朝淳祐八年冬，有一天，知吉阳军毛奎、吉阳军学录陈继先等人，带领大帮兵马窜入南山村，强迫黎族人民缴交赋税，迫钱迫粮。由于当时黎人刀耕火种，生产落后，加上自然灾害繁多，连自己也养活不起，哪有钱粮交赋税？知军毛奎就令官兵牵牛拉羊，把全村的牛羊一抢而光。这激起了黎族人民的愤怒，黄四妹的父亲黄南壮和四个黎族男人出面向毛奎下跪求情，要求退回耕牛给百姓耕田。毛奎不依，官民之间发生争执，毛奎就叫官兵把黄南壮等五人捆绑起来，拉到宁运河边杀害。当时，黄四妹仅4岁。父亲被害后，全家生活全靠母亲一人操劳，哥哥姐姐年纪尚小，生活贫寒。黄四妹从小养成热爱劳动、勤俭节约的好品德，经常跟着母亲学习纺纱织布。她织吉贝、织花被、幔布、黎单、黎锦，还学习绣花、缝补衣服，四妹很聪明，智力过人，十五六岁就会黎族的纺纱织布和绣花裁剪衣服的全套技术，是当时崖州南山一带一流的织布能手。在旧社会男耕女织的年代里，黎族妇女人人都纺纱织布裁剪衣物，供自家的成员使用。黄四妹织得最好最快，她织的花被有花草、鸟兽、树木、仙女等图案花纹，光彩夺目，栩栩如生，灿烂如画，甚得当时人们的喜爱。开荒种地搞生产，黄四妹也样样能干，村里的婶嫂叫她为黄巧姑。因她生得美丽，所以有歌传唱：

黄四妹长得帅，丹凤眼配清秀眉。半圆脸里笑相随，肤如豆芽刚出蕊。身苗腰细骏马腿，跑路轻如燕子飞。害得后生流口水，村里村外都来追。上百后生她不随，四妹心里装着谁？母亲早已订婚配，情人就是董阿魁。家住上村槟榔园，同饮宁远一江水。阿魁年方二十岁，身体壮实人可爱，打猎捕鱼样样会，开荒种粮种吉贝。品行端庄心诚实，村里老少都敬佩。黄四妹与董阿魁，恰是生来好一对。

景定三年，黄四妹18岁时，有一天她同姐姐把自己织的花被挑到街上出售，由于她的被子很有特色，许多人都抢着要买，还有好多人同她约定以后织好被子就卖给自己。当时正在街上巡查的官兵，看见许多人围着两个姑娘不知何因，便挤上去看个究竟。当他们看见黄四妹的被子时，个个伸出拇指称绝。又看到黄四妹长得一副匀称的身材，有些人死死围着看不够，久久不愿离去。官兵回到州城后，几天几夜议论说黄四妹的被子如何好看，卖被子的姑娘怎样的漂亮。黄四妹是崖州人，被子产于崖州，后来商人就把黄四妹织的被子取名为崖州被。从此崖州被就出了名，而最会织崖州被的黄四妹也同她的被子一样扬了名。有歌传扬：

黄四妹像天仙，织出被子不平凡。春天盖它志气高，夏天盖它身凉爽。秋天盖它免着凉，冬天盖它暖洋洋。小孩盖它快成长，老人盖它身健康。学生盖它振前程，农夫盖它谷满仓。商人盖它财源广，官兵盖它防身伤。黄四妹与崖州被，世世代代人颂扬。

3. 黄道婆与七仙岭的故事

上辈人都说黄道婆是在保亭出生的，她从小就在这里嬉戏成长，最初的纺织技艺也在这里学会。后来因为逃婚才离家出走，流落到现在的三亚市崖城镇一带，在水南村与木匠宋五哥结婚。不久宋五哥遇难，她住进附近的一个道观。好多年过去了，碰巧有一艘商船要从崖城大疍港开往广州，她便和另一位道姑乘船北上传教。她们先到了广东北部和福建，接着辗转到江浙一带，最后在松江乌泥泾落户。一路上，她们一边虔诚地布道和修炼，一边把自己掌握的纺织技艺毫不保留地教给当地群众，受到大家的欢迎，并受到后人的敬仰和崇拜。

黄道婆原本是天上的仙女，在七仙姐妹中排行老四。仙女们在天国里自由自在地生活，时间长了自然觉得无聊，因为什么事情都那么顺顺当当、无忧无虑的，一点挫折和刺激都没有，平淡得实在乏味。有一回天国放假，她们趁把门的不注意，偷偷地溜到凡间来玩耍。到了保宁地界一看，七姐妹都乐开了，因为这里实在太迷人啦，山清水秀，景色如画，美不胜收。她们越看越心动，流连忘返，都不想回天国去了。天帝发现她们开小差，起初非常恼怒，可仔细一想，让她们见识见识外面的世界，就是尝一些苦头也无妨，姑娘家总得锻炼成长嘛。而且她们那股执着的劲儿，一下子也拗不过来，所以决定放她们一马，让她们投胎变成凡人，等到她们年老的时候再召回天国。

七姐妹于是在保亭选了七户淳朴的黎家，分别投胎转世。她们在天国时都各有专长，在凡间出生后社会适应能力特别好。到了逐渐懂事和开始劳作的时候，她们过人的本领显现出来了。大姐擅长酿酒，二姐擅长饲养，三姐擅长栽种，四姐擅长纺织，五姐擅长制药，六姐擅长歌舞，七姐擅长吹奏。虽然七姐妹平时没有在一块生活，但心有灵犀一点通，发生什么事情都会心灵感应，互相照应救助。

四姐在天国是个名副其实的"织女"，天上的云霞和彩虹都是她亲手织作和布设的。她

附录

如今降生在一户姓黄的人家，童年正是七仙岭一带度过的，黎峒上下的人都称她为黄四娘。黎族地区是自给自足经济，深山老林里商品交换很少，所以妇女们个个都得学会纺纱织布，全家人的穿着都靠她们打理，祖上就是这样一辈一辈地传下来的。女孩子从七八岁就开始学织造，谁要是不好好学，不仅自己生活不便，将来想找个好婆家也不容易。黄四娘本来就天资聪颖，所以很快就学会了这里的织造技术。在此基础上，她又不断地进行改进和创新，织出许多有美丽花纹图案的黎锦和龙被来。她还把自己的做法和经验传授给邻近的妇女们，使当地的纺织水平大大提高。周边的人没有不夸赞她的，小伙子们更是个个迷恋她。因为她是感情专一的女孩，从小与附近黎峒的宋五哥相好，两小无猜，情深似海，其他的人都只能是可望而不可即。

峒里的奥雅（头人）看到黄四娘容颜美如天仙（本来就是天仙嘛），黎锦又织得比其他人好得多，所以早就对她垂涎三尺，癞蛤蟆想吃天鹅肉哩，害了"相思病"。他既想霸占黄四娘的美貌，又想利用她的技艺，织造黎锦和龙被向朝廷上贡，于是顿生邪念，派手下的人到黄家去逼婚。黄四娘死活不肯，她找宋五哥一起商量，宋五哥说："你现在已掌握了很好的技艺，保亭一带的织造也很普及了，不如到崖州去躲躲风头，同时也在那边继续发展。那边汉族人的纺织与咱们的黎族的有区别，可以取长补短，用其所长，将来肯定有大进步。"黄四娘觉得宋五哥说得挺在理，所以约好第二天一早，由宋五哥护送她去崖州。

正当他们要走出保亭地界的时候，半路上碰上了奥雅带着一帮人马在围猎，他们发现黄四娘和宋五哥结伴逃跑，立即集中起来追赶。双方扭打了一阵，结果寡不敌众，黄四娘和宋五哥被五花大绑，押回奥雅的寨里。奥雅软硬兼施，又是拳打脚踢，又是威逼引诱，黄四娘还是不肯就范。宋五哥一样地坚贞不屈，不肯低头。奥雅拿他们没有办法，只好先把他们锁进两间水牢，待以后慢慢处置。

其余姐妹得知黄四娘和宋五哥被关在水牢，心里焦急得就像火燎似的。她们知道这位奥雅是野猪王投胎的，仗着舅舅的权势为非作歹，是个杀人不眨眼的恶魔。他30年前犯了天条，天帝迫于公论把他下放到保亭黎地来进行改造。可是江山易改本性难移，他仍然在凡间横行霸道，无恶不作，残害百姓。有一年保亭闹水灾死了不少人，只是因为他赶路口渴找不到水喝而向水神谎报旱情，说是凡间已经土地龟裂到让牛陷进缝沟都爬不起来，河床干枯见底，好像烧山那样冒着浓烟。水神拉开天河的水闸，不停地往地上灌水，结果造成凡间死伤无数。有一年果真发生旱灾了，野猪王为了报复几位顶撞过他的猎手，又对火神说："凡间每年都要烧荒种山栏稻，现在气候干燥，是烧山的最好时节，如果您肯行好事，就往地上抛一把火苗，地上的人就省事多了。"火神原来就是个酒鬼，脸色经常喝得紫红紫红的。那天也是喝高了，不问青红皂白就往地上吹了一口气。这可害苦了地上的人们，大片大片的树木和房屋全都烧焦，人间的哭声撼天动地。

该如何对付如此横蛮的敌手？其余姐妹赶紧凑到一块，共同商量办法。她们你一言我一语地议论开来，最后统一了意见，就是要借此机会，一方面确保把黄四娘和宋五哥救出，另一方面坚决惩治屡教不改的野猪王，为老百姓除害。有姐妹担心这样会得罪天帝，但最终还是觉得顾不了那么多了，因为这是维护一方安宁的大事，能让万千民众过上好日子。故而事不宜迟，就定在当晚二更时分行动。

那天正是保亭人欢度"嬉水节"的夜晚，男女老少都汇聚到现在的七仙岭广场一带的平坡上，围着篝火欢歌起舞，一片其乐融融的气氛。到二更时分，忽然人声安静了下来。慢慢地又走散了不少人，原来野猪王来到了。每年"嬉水节"夜晚他都会带着大帮人出来，一是凑个热闹，好显示自己的势力和威风；二是趁机物色美貌年轻的女子，抢回去过把"一夜风流"的瘾。

七姐是位远近闻名的吹奏能手，她一看见野猪王到场，马上扬起洞箫吹起一道欢快热烈的迎宾曲，接着换一把横笛，演奏黎家节庆的传统曲目。野猪王自我感觉良好，兴致也很高，因为大家从来都没有像今天这样敬重他，欢迎他。能歌善舞的六姐没等七姐的笛声停下，又拉着几对男女青年上场对山歌，歌声优美动人，野猪王他们个个看得目瞪口呆，眼睛一直都没眨过，口水滴湿了地皮也没有察觉。姐妹们紧接着又搬来竹竿，跳起了打柴舞。野猪王兴致大发，摇晃着笨重的身子也加入舞阵中来。过了好一会儿，大家都跳累了，大姐便挑着她亲手酿制的槟酒进场，二姐则把家里养的肥猪宰了煮熟送来，三姐把家里种的山栏米也蒸成香喷喷的三色饭端上。野猪王那帮人看到这些美酒佳肴，不等姐妹们开口就一窝蜂抢着抓吃，大碗喝酒，大口吃肉，像一群饿狼似的。他们哪知道五姐早就和三姐做好安排，把山上采来的迷魂药在酒肉饭菜里做了手脚。因而，只见这帮饿狼几口下肚，便一边嘟囔着"好酒""好肉"，一边醉倒在坡地上，东歪西倒地躺倒一大片。六姐妹和众人一看时机到了，一起冲进奥雅的峒寨，把黄四娘和宋五哥从水牢里救了出来。

这时候，天空中忽然乌云密布，一阵惊雷响起，暴雨哗啦啦地倾盆而下。野猪王他们被雨水浇醒了，赶紧打道回府。村边是一条小溪，平时溪水才没过脚背。可当抬着野猪王的轿子和他的几位亲信来到河沟中时，山洪瞬间暴发，把他们连人带轿一起冲走……原来是姐妹担心斗不过野猪王，特向山神求助，山神施展法力，三下两下就把野猪王押送到龙王府。

野猪王来到龙王府，受到了应有的惩罚。他只能淹在苦咸的海水中，永远不得见天日，不能再回到地面上来坑害百姓。保亭地区从此恢复昔日的平静，山变得更青，水变得更绿，人们又满怀希望地过上新的生活。七姐妹继续发挥她们各自的专长为当地民众服务，传授各种生产生活的知识和本领。大姐教人们酿酒，二姐教人们养猪养牛，三姐教人们种山栏和粟米，五姐教人们采药治病，六姐教人们唱歌舞，七姐教人们吹箫弹琴。这些本领和技艺又从保亭传到海南黎族各地，人们普遍学习和运用，逐渐形成黎族共同的习俗和传统文化。

　　黄四娘因为保亭妇女们个个都是织造高手了，便按照她和宋五哥原先商定的计划，到崖州一带继续发展。崖城附近有个水南村，村中一户没有子女的人家收留了黄四娘，认她做女儿。黄四娘和养父母相依为命，感情非常融洽。她靠纺纱织布赡养老人，同时发现崖州汉族织艺很有特点，织造工具和方式比黎族还先进，生产效率更高，所以虚心拜师学习，深入钻研，结果把崖城最出色的织造能手的技艺也学了过来。她把黎、汉两种织造方式和技术有机地结合起来，融会贯通，不断探讨、试验，工艺比崖城师傅的还更高一筹，不出几年就誉满琼崖了。

　　黄四娘从保亭来到崖城后，宋五哥很快也过来了，不久两人便在水南村结了婚。小两口恩恩爱爱，一起照顾养父养母，日子过得挺美满。宋五哥在崖城从事木工手艺，经常协助黄四娘设计和改进纺织技术与机具，大大提高了工艺水平和织作效率。可惜几年后，宋五哥就因为官军抓差而遇难了。黄四娘悲痛欲绝，住进崖城的一个道观，一边虔诚修炼，一边指导人们学织吉贝和黎锦、龙被。年纪大后，当地人都称她为"黄道婆"。

　　黄道婆后来又带着高超的纺织技术北上传播，在江浙一带迅速发展，使老百姓的生活逐渐富足起来。因为劳苦功高，贡献非凡，天帝也为其精神所感动，便将她召回天国，封为"先棉"，受世上万民奉祀。

　　保亭民众感激七仙女的大恩大德，决定在她们的投胎出生地立碑纪念她们。天帝由于曾经错怪过七姐妹而心有愧疚，他就下令负责塑像的天师，依七姐妹的形态和功劳造出七尊巨像，安放在保亭县城的正北面，既为当地遮挡寒流阴风，又看护这里的社会稳定，保佑民生安康。其中最高大的那尊巨像就是特别为黄道婆塑造的"织女峰"。经历无数年代的风吹雨打后，七尊巨像就逐渐变成现在七仙岭的样子。

　　村边那条小溪本是三姐当年栽种灌溉和饮用的水源，现在仍然长流不息。据说哪家姑娘照一照水面，就会变得像三姐一样灵秀。当年二姐酿酒时蒸馏出来的热水，就是现在人们经常泡洗的七仙岭温泉的源头，据说男人们只要泡上一会，便会有使不尽的魔力……

附录三 蓝印花布的传说

蓝印花布是桐乡的传统工艺品，俗称石灰浇花布。这种布色彩明快，朴素大方。它是用植物染料靛蓝印制的，有洗不褪色的特点，很受人们欢迎。过去，农村人家常用这种布做包头巾、斗方、包袱、被面等，上面还设计了双龙抢珠、麒麟送子、龙凤牡丹、梅兰竹菊等图案，是一种体面的陪嫁品。

从前，遍布桐乡各地的染坊、染店都能染制这种花布。现在，桐乡工艺品厂生产的蓝印花布，品种多，花样新，远销日本、法国、美国等十多个国家。

蓝印花布是怎样来的呢？据说一个叫葛洪的农夫染出来的。葛洪的妻子美青是个勤劳的妇女。她从家里到地里，起早摸黑做活，日头晒，雨露淋，天长日久，一头黑发变得又枯又黄，像一丛野茅草。俗话说："头要紧。"美青为了遮遮自己这难看的头发，就寻了块绵绸作头巾，朝头上一扎。葛洪见妻子头上包块白头布，对她说：

"美青，这头巾白搭搭，像戴孝，人家要讲闲话。"

美青说："另外又没合适的布，要不你给画上几朵花好了。"

葛洪想了想说："花我画不来，听人说，草的汁水可以染颜色，我去拔株草来试试看。"

葛洪从埂滩上拔来一株辣蓼草。这草叶子翠绿，梗子殷殷的，扎在头上像只红头苍蝇，美青不喜欢。后来，他又用石榴树叶子的汁水来染，染出来黑赤赤的，美青更不中意。有一天，葛洪和美青二人一同下地做生活，在岸滩边发现了一株青蓝色的草。这草像棵菜，碧青透蓝，看上去蛮舒服。葛洪把它采了回来，放在一只石灰缸上，准备明朝再多采几株一道捣汁染头巾。下一天发现，这株草跌落在石灰缸里，缸里的石灰水变成了青蓝色。他一看，这草汁已经浸出来了，就叫妻子剪块绵绸揿缸里泡。三天之后晒干一看，这条头巾布青里泛蓝，上面还散布着一些白点子。原来这粘牢石灰的地方染不上颜色。葛洪心想，如果用石灰在布上印上花纹，再放到这种蓝靛草汁水里去浸，然后刮掉石灰，不就可以染出有花纹的蓝布了？后来，他就用这种方法给妻子染出了好看的蓝花头巾，还染出了蓝花围裙。

葛洪用蓝靛染出头巾的消息，很快传了开去。村上的姑娘阿嫂，都拿了头巾来请他染，于是他田地不种了，索性开起了染坊。直到现在，染坊师傅还把葛洪拜为祖师哩！

附

录

181

后记

　　拙著是笔者与李斌博士、邱夷平教授近十年来关于黄道婆文化研究方面的相关成果，写作的过程充满艰辛。笔者近年来与李斌、李强两位博士组建了"纺道服途"研究团队，目前该团队成员包括东华大学、华中师范大学两名在读博士研究生、武汉纺织大学服装学院二十余名在读硕士研究生。我们一直坚持从事中国古代纺织工程与中国服饰艺术与文化方面的研究，希望能培养出更多优秀学生。在拙著完稿之际，笔者内心既喜悦又充满感激之情。

　　首先，感谢广西民族大学万辅彬教授与东华大学邱夷平教授。正是由于两位导师的悉心栽培，才能成就现在的笔者。假如人生的道路中没有遇到两位导师，笔者的人生可能会是另一番景象，正是两位导师在人生的分岔口，给笔者的人生指明了方向，奠定了基础——毫不夸张地说，他们是笔者人生中的贵人与伯乐。同时还要感谢纺织史学界等众多的专家学者。虽然，笔者与他们中的大多数人并未谋面，但他们的专著与文章滋养了笔者，同时在笔者心中也早已与他们熟识，促使笔者对本专业有了深刻的领悟，在此深表谢意。

　　其次，感谢武汉纺织大学服装学院硕士研究生孙婉莹、李艳芳、秦雨萱、向丰萍四位同学为拙著的文字与图片进行了认真的校对，付出了辛勤劳动；感谢武汉纺织大学研究生处王栋、肖乃涛、常莉莉等各位领导以及服装学院陶辉、袁大鹏、叶洪光等各位教授对本书出版事宜的关切；感谢武汉纺织大学学术著作出版基金对本书的大力资助。

　　再次，感谢笔者的父亲、母亲（已故）、姐姐给了笔者最美好的童年陪伴与回忆。特别是笔者母亲逝世后的二十余年，父亲与姐姐为笔者的学业、生活、工作操碎了心，直至去年笔者购房还提供了经济上的支持，笔者愧疚之余，无以为报。家人中，笔者还要特别感谢先生李斌博士和儿子李东庭小朋友。感谢李斌这些年在生活、学习、科研上给予的帮助与关心，他是笔者人生路上难得的伙伴与亲人，亦师亦友。正是我们在学术上的深入交流与探讨才不断迸发出一些好的思路与新的观点。感谢东庭给笔者带来的欢乐与期待，希望他快乐成长、勇往直前。

　　最后，感谢中国纺织出版社有限公司的各位编辑老师，他们为本书的出版付出了很多艰辛的劳动。

　　谨以此书献给笔者的老师、家人和朋友，他们默默与无私的关爱是笔者前进的精神支柱与力量源泉。

　　本书不足之处，敬请方家指正！

刘安定

2022 年 6 月 20 日

后记